本专著的出版获湖南省自然科学基金年度项目"数字经济赋能文旅融合高质量发展的路径及效应研究"（20241J72406）、"应用经济学"湖南省应用特色学科（湘教通〔2018〕469号）、国家社科规划基金项目"我国相对贫困地区文旅融合高质量发展的动力机制与实现路径研究"（21BGL150）、娄底市哲学社会科学评审委员会项目"数字经济赋能娄底市文旅深度融合发展的路径研究"（202302B）、湖南人文科技学院校级委托项目"农文旅深度融合助力乡村全面振兴的路径研究"（2024WT07）、湖南省高校青年骨干教师培养项目的资助。

农旅融合发展及其
共同富裕效应研究

王晶晶　　周发明　　朱　强　　谢爱良　著

中国财经出版传媒集团

经济科学出版社
Economic Science Press

·北京·

图书在版编目（CIP）数据

农旅融合发展及其共同富裕效应研究／王晶晶等著.
北京：经济科学出版社，2024. 12. -- ISBN 978 - 7
- 5218 - 6626 - 1

Ⅰ. F592. 3；F124. 7

中国国家版本馆 CIP 数据核字第 2025RJ6561 号

责任编辑：谭志军
责任校对：杨　海
责任印制：范　艳

农旅融合发展及其共同富裕效应研究

NONGLÜ RONGHE FAZHAN JIQI GONGTONG FUYU XIAOYING YANJIU

王晶晶　周发明　朱　强　谢爱良　著
经济科学出版社出版、发行　新华书店经销
社址：北京市海淀区阜成路甲 28 号　邮编：100142
总编部电话：010 - 88191217　发行部电话：010 - 88191522
网址：www. esp. com. cn
电子邮箱：esp@ esp. com. cn
天猫网店：经济科学出版社旗舰店
网址：http://jjkxcbs. tmall. com
北京季蜂印刷有限公司印装
710 × 1000　16 开　17. 25 印张　300000 字
2024 年 12 月第 1 版　2024 年 12 月第 1 次印刷
ISBN 978 - 7 - 5218 - 6626 - 1　定价：68. 00 元
（图书出现印装问题，本社负责调换。电话：010 - 88191545）
（版权所有　侵权必究　打击盗版　举报热线：010 - 88191661
QQ：2242791300　营销中心电话：010 - 88191537
电子邮箱：dbts@ esp. com. cn）

目　　录

第一章　绪论 ·· 1

　第一节　研究背景 ·································· 2

　第二节　研究目标与意义 ·························· 4

　第三节　研究内容与技术路线 ······················ 7

　第四节　数据来源 ·································· 9

　第五节　可能的创新之处 ·························· 10

第二章　文献回顾 ···································· 12

　第一节　农村产业融合相关研究 ···················· 12

　第二节　农旅融合相关研究 ························ 18

　第三节　共同富裕相关研究 ························ 24

　第四节　文献述评 ································ 27

第三章　相关概念和理论基础 ························ 29

　第一节　相关概念 ································ 29

　第二节　理论基础 ································ 34

第四章　我国农旅融合发展演进及评价 ················ 45

　第一节　我国农旅融合发展演进的特征 ·············· 45

　第二节　农旅融合水平测度分析 ···················· 51

　第三节　农旅融合发展成效及存在的问题 ············ 63

　本章小结 ·· 68

第五章　农旅融合发展的内在机理 ···················· 70

　第一节　农业和旅游产业互动关系的认识 ············ 70

　第二节　农旅融合发展的内在机理 ·················· 73

　第三节　农旅融合发展的实现机理 ·················· 79

本章小结 ·· 83

第六章　农旅融合发展的驱动因素 ······················· 85
　　第一节　基于扎根分析的驱动因素识别 ················· 85
　　第二节　基于微观调研的驱动机理检验 ················· 100
　　第三节　基于宏观视角的驱动机理检验 ················· 109

第七章　农旅融合发展模式及路径 ······················· 126
　　第一节　农旅融合发展的主要模式 ····················· 126
　　第二节　农旅融合发展的主要路径 ····················· 132
　　第三节　不同融合模式下的融合路径比较 ············· 140

第八章　农旅融合发展赋能共同富裕的路径 ············· 143
　　第一节　农旅融合发展与共同富裕目标之间的内在联系 ··· 143
　　第二节　农旅融合发展助推共同富裕的主要路径 ······· 145

第九章　农旅融合与农村经济增长 ······················· 148
　　第一节　理论分析 ····································· 148
　　第二节　模型设定与变量说明 ························· 149
　　第三节　普通面板模型估计 ··························· 152
　　第四节　空间面板模型估计 ··························· 156

第十章　农旅融合与农村产业结构升级 ················· 162
　　第一节　机理分析与研究假设 ························· 162
　　第二节　变量说明与模型设定 ························· 164
　　第三节　检验结果与分析 ····························· 167

第十一章　农旅融合与农村居民收入增加 ··············· 174
　　第一节　理论分析 ····································· 174
　　第二节　基于宏观层面的检验 ························· 176
　　第三节　基于微观视角的检验 ························· 182

第十二章　农旅融合与农村公共服务水平提升 ··········· 187
　　第一节　理论分析 ····································· 188
　　第二节　变量选择与模型设定 ························· 189
　　第三节　估计结果与分析 ····························· 191

第十三章　农旅融合与农村生态环境优化 ················ 194

　　第一节　农旅融合影响农村生态环境质量的机理分析 ·········· 194

　　第二节　变量与模型设定 ······························ 196

　　第三节　实证分析结果 ······························ 200

　　本章小结 ·· 204

第十四章　农旅融合赋能共同富裕的综合效应评价 ·········· 206

　　第一节　研究假设 ·································· 207

　　第二节　共同富裕水平测度 ·························· 208

　　第三节　实证模型设定与数据处理 ···················· 211

　　第四节　空间面板模型估计结果与分析 ················ 213

　　第五节　门槛效应检验结果与分析 ···················· 220

　　本章小结 ·· 225

第十五章　研究结论与政策建议 ······················ 227

　　第一节　研究结论 ·································· 227

　　第二节　对策建议 ·································· 232

　　第三节　研究不足及未来展望 ························ 238

附录1　访谈大纲 ································· 239

附录2　农业与旅游产业融合发展驱动因素调查问卷 ········ 240

附录3　农旅融合收入效应调查问卷 ·················· 244

参考文献 ··· 246

后记 ·· 268

第一章　绪　　论

共同富裕是社会主义的本质要求和奋斗目标，也是我国社会主义的根本原则。党的十九届五中全会在科学研判国际国内形势和我国发展条件的基础上，对扎实推进共同富裕作出重大战略部署。这在党领导全国人民团结奋斗的历史上具有重要的里程碑意义。国家"十四五"规划和2035年远景目标纲要提出，"十四五"时期全体人民共同富裕迈出坚实步伐；到2035年，人的全面发展、全体人民共同富裕取得更为明显的实质性进展。党的二十大报告进一步明确指出，实现全体人民共同富裕是中国式现代化的本质要求之一。在高质量发展中扎实推动共同富裕已经成为当前我国的重大理论和实践议程。

农村产业融合作为推动农村产业振兴的重要途径，对于推动乡村振兴高质量发展和实现共同富裕目标具有重要意义。习近平总书记强调，推动乡村产业振兴，要紧紧围绕发展现代农业，推进农村产业融合发展以构建现代化的乡村产业体系。为此，各地积极实践与探索，农村产业融合新模式和新业态备受关注。农业和旅游产业融合（以下简称"农旅融合"）作为农村产业融合发展的典型形式之一，近年来发展态势较为良好。农旅融合是乡村旅游和休闲农业发展的新模式，是实现产业融合的新手段。它是在充分尊重农业产业功能的基础上，合理开发利用农业旅游资源和土地资源，以所开发的农业旅游休闲项目、农业配套商业项目、农业旅游地产项目等为核心功能架构，形成服务品质较高的农业旅游休闲聚集区的过程。农旅融合可有力助推农村经济发展模式转换、产业结构升级换代，可为解决城乡差距问题、推动城乡融合发展提供动力支持，是繁荣农村经济、推动共同致富的重要路径。

第一节　研究背景

一、现实背景

我国当前已成为世界经济总量第二的国家，人均国民生产总值已进入中等收入水平国家的行列。然而，2022年我国居民收入基尼系数仍然高达0.48，在全球经济体中和南非、美国等高收入差距国家差不多。其实，我国收入差距较大的原因主要来自城乡差距。单看城市和农村内部，两者的基尼系数都小于或等于0.4，这个水平在国际上居于中游。截至2022年，我国城乡收入比仍然高达2.45，城乡差距在全球范围内仍算高。虽然近年来城乡差距有不断缩小的趋势，但是城乡之间在产业现代化水平、基本公共服务方面的差距仍然十分突出，农村长期落后于城市的发展格局没有明显变化。相关研究认为，即便到了2035年，城镇化率达到70%以后，我国也仍将有4.5亿人在农村生活。如果这部分农村居民的发展问题没有得到解决，全体人民共同富裕也就难以实现。由此可见，新时期推进实现共同富裕最艰巨最繁重的任务依然在农村。

近年来我国农业产业呈现加速发展，农民收入有了较大幅度提升，但随着国内外环境的变化，农业农村发展仍面临着以下困境：一方面，农业生产受到成本地板不断攀升、价格天花板不断下压的双重挤压，农村居民单靠种植、养殖所获利润比较有限，农村内生发展动力不足，农村居民持续增收乏力（孙军娜等，2020）。农业收益下降也使农业资源要素流失加快，大量青壮年劳动力选择外出务工，农村"空心化""老龄化"等社会问题日益突出。另一方面，农业发展面临的生态环境日益恶化、资源约束不断加强等问题越来越严峻。为此，2015年，中央一号文件首次提出要推进农村产业融合发展。2017 年，党的十九大报告提出实施乡村振兴战略，并提到要构建现代农业产业体系，促进农村产业融合发展。2018 年中央一号文件进一步明确，乡村振兴的重点在于产业振兴，产业振兴的关键在于构建农村一二三产业融合发展体系。2022 年 10 月，党的二十大报告强调要全面推进乡村振兴战略，加快建设农业强国，扎实推动乡村产业、人才、文化、生态、组织振兴。农村产业融合发展成了解决农业供给侧结构性难题和促进农民增收的重要途径，因此也是助推乡村振兴战略和农村共同富裕的重要推动力。

农业和旅游产业作为农村产业融合发展的典型形式之一，近年来发展态势良好。文化和旅游部的数据显示，2019 年我国乡村休闲旅游总人次达 32 亿，旅游消费规模总额达 8500 亿元。截至 2022 年年底，全国范围内累计创建了 388 个全国休闲农业和乡村旅游示范县，累计推介了 1973 个"中国美丽休闲乡村"和 1597 个国家级乡村旅游重点村镇。据全国 1000 个农旅融合重点村 2022 年度数据显示，农旅融合就业贡献度平均为 47.1%，其他基础设施建设各项指标也较为突出。农业与旅游产业为什么能实现融合发展？在我国农旅融合发展主要受哪些因素驱动呢？农旅融合发展水平又如何呢，是否存在区域差异呢？对于实现农村共同富裕，农业和旅游产业融合发展究竟能产生什么样的影响效应？对这些问题的回答有利于理清农旅融合发展规律，评估农旅融合发展在助推农村实现共同富裕过程中的作用与成效，并为推进农旅融合深入发展提供方向性指引，这亦是本书研究的出发点。

二、理论背景

学者们从农旅融合的具体形态，比如乡村旅游或休闲农业入手对农旅融合发展的具体问题进行了系列探讨。研究内容主要集中于发展路径、发展模式、发展过程中存在的问题探讨等。随着农村产业融合成研究与实践热点，农旅融合发展问题才于近年开始受到关注。

农旅融合发展相关研究为本书研究的开展奠定了基础，但仍存在一些不足。其一，已有研究中针对农旅融合内在机理的分析甚少，仅有部分学者对两者融合发展的驱动机理进行了分析。剖析农旅融合的内在机理及实现路径有利于刻画两产业在融合过程中的作用关系，从而揭示两产业融合的本质及过程，在理论层面上可为测度农旅融合水平提供依据，在实践层面上可为农旅融合水平提升与融合效应的发挥提供启示。针对融合驱动因素的研究多停留在理论归纳层面，即通过案例或区域发展实际提炼影响融合的主要因素。其二，基于微观调研对农旅融合驱动机理进行提炼及检验的研究鲜见，仅有少数从宏观层面上就农旅融合驱动因素的实证分析也是从截面数据出发进行的，并未对驱动因素的异质性进行过分析。事实上，不同地区经济社会发展水平不同，不同驱动因素对不同地区的影响必然会存在异质性特征，因此对其异质性进行探讨很有必要。其三，针对农旅融合效应的研究中，单独就其增收效应分析居多。全面推进乡村振兴战略和实现共同富裕目标背景下，农旅融合发展对城乡收入差距缩小、农村产业结构升级、公共服务水平提升等的影响效应同样值得关注。这些研究不足之处为本书研究的开展提供了方向。

第二节　研究目标与意义

一、研究目标

第一，总结评价我国农旅融合发展演进态势。从定性和定量维度、时间和空间维度对我国农旅融合发展演进态势进行刻画，明确农旅融合发展的主要特点、取得的主要成效和存在的主要问题，为后续农旅融合机理分析与效应检验奠定基础。

第二，揭示农旅融合发展的机理及驱动因素。从两产业融合的内在机理和实现机理三个层面对农旅融合的机理进行剖析：其一，基于微观企业视角对农旅融合发展的条件和原因进行分析，基于系统演化视角对农业和旅游产业融合演进过程进行数理模型推演；其二，基于产业价值链理论，对两产业融合发展的实现机理进行刻画；其三，基于实地调研访谈，借助扎根理论分析法对农旅融合发展的驱动机理进行提炼并检验，明确两产业融合发展的主要驱动因素及机理。

第三，总结农旅融合发展的主要模式与路径。其一，基于融合过程中两产业的相互作用关系，总结农旅融合发展的主要模式；其二，基于案例分析对农旅融合发展的路径进行推演，梳理两产业融合发展的主要实现路径及形式。

第四，构建农旅融合发展助推农村共同富裕分析框架并实证。基于共同富裕内涵维度明确农旅融合发展助推农村共同富裕路径及效应分析框架，重点检验农旅融合发展对于促进农村经济增长、农村产业结构优化、农村居民增收与城乡收入差距缩小、农村基本公共服务水平和农村生态环境质量提升等方面的影响，并对农旅融合发展对推进共同富裕的综合效应进行评价。

第五，探索推动农旅融合深入发展的对策路径。结合我国农旅融合现状及问题，在定量分析、实地调研和案例借鉴基础上，提出促进农旅融合深入发展的具体对策。

二、研究意义

（一）理论意义

第一，本书有利于深化农旅融合研究内容。通过梳理国内外有关农旅融合发展的文献，发现我国农旅融合发展研究总体处于初级阶段，已有研究多是从融合形成的具体业态及模式展开探讨。比如，较多学者探讨了休闲农业或乡村旅游发展过程中的某一具体问题，而对于农旅融合发展机理及效应等的分析尚不深入。本书将从农旅融合发展的内在机理、驱动机理和实现机理三个层面对农旅融合发展的机理进行剖析；借助定量模型检验农旅融合发展对于实现共同富裕目标的影响效应，在研究视角和内容上实现有力的拓展和创新。

第二，本书有利于构建农旅融合研究的理论框架。基于交易成本与资产专用性理论从微观视角剖析农旅融合发生的条件，基于系统演化模型对农旅融合发展过程演进进行刻画，基于扎根理论分析法对农旅融合发展的驱动因素及机制进行总结，并基于产业价值链理论和多案例分析基础上对农旅融合的实现机理与路径进行分析，对"两大产业为什么会融合""两大产业是怎么样实现融合""融合过程受哪些因素影响"等融合机理相关问题进行解答；基于我国农旅融合发展态势演进分析与农旅融合水平测度，回答"我国产业融合实践过程中农业和旅游产业融合得怎么样"这一问题；基于共同富裕内涵对农旅融合发展助推共同富裕的路径进行分析，结合面板数据对各主要效应和综合效应进行检验，阐释"农旅融合对推动实现共同富裕产生着什么样的作用"这一问题。各研究内容构成了较为完善的农旅融合研究分析框架。

（二）实践意义

第一，本书研究有助于探索农旅融合发展的突破口。通过对农旅融合水平测度和机理分析，探明当前农旅融合发展过程中存在的不足和可以加以利用的条件，找到提升农旅融合水平的依据，从而明确未来深化农旅融合发展的突破口，为农旅融合深入发展提出针对性的建议，以充分发挥农旅融合在助推乡村全面振兴过程中的作用。

第二，本书研究有助于检验农旅融合发展的成效。通过构建农旅融合水平评价指标体系对我国农旅融合水平进行测度，同时基于异质性视角分析我国农旅融合发展的态势及地区差异，以明确农旅融合发展的现实状态。通过分析农旅融合发展对农村经济增长、农民收入增加、农村产业结构优化、农村基本公共服务水平和农村生态环境质量提升等方面的影响，检验农旅融合发展对于推动农村共同富裕的具体效应。通过上述分析，更为客观地评估农旅融合发展成效，为未来农旅融合政策的制定与实施提供借鉴。

第三节 研究内容与技术路线

一、研究内容

第一章为绪论。主要介绍研究背景、研究目的和意义，对主要研究内容进行概述，明确研究开展的技术路线，阐明研究的基本思路与方法，对研究可能的创新之处进行梳理。

第二章为文献回顾。梳理国内外学术界关于共同富裕、农村产业融合、农旅融合等的研究成果，梳理已有研究的焦点与不足之处，明确研究可能的理论创新之处。

第三章为相关概念和理论基础。对共同富裕和农旅融合发展相关理论进行梳理，并分析各理论在研究中的应用之处，为后续研究提供支撑。同时确定研究的核心内容，对逻辑框架进行构架，理顺研究思路。

第四章为我国农旅融合发展演进及评价。对我国农旅融合发展演进态势与特征进行了全局梳理，并就农旅融合发展主要成效和存在的主要问题进行总结，并结合数理分析工具对农旅融合发展水平进行了测度，以从定性和定量、时间和空间等维度对农旅融合演进规律进行了总结。

第五章为农旅融合发展的内在机理。在对融合过程中两产业的相互作用关系分析基础上，从微观企业和宏观的系统演进视角对农旅融合发展的内在机理进行了推演，理清两产业融合发展的原因及演进过程；基于扎根理论对农旅融合发展的驱动机理进行提炼并分别从微观和宏观两个层面对此进行了检验，明确两产业融合发展的主要驱动因素及其作用机理；借助产业价值链理论对农旅融合发展的实现机理进行了刻画，基于案例分析从实践层面出发梳理两产业融合发展的实现路径。

第六章为农旅融合发展的驱动因素。基于实地调研与访谈，借助扎根分析工具提炼农旅融合发展的驱动因素。在此基础上借助问卷调查，从微观层面上论证和因素的影响作用。同时借助省级面板数据，从宏观层面上分析各因素的影响是否存在时空异质性特征。

第七章农旅融合发展模式及路径。基于农旅融合发展实践，总结当前我国农旅融合主要发展模式以及典型的案例。结合典型案例分析农旅融合的主要路径，分析不同路径的特点以及所体现的融合程度状态。

第八章为农旅融合发展赋能共同富裕的路径。基于共同富裕内涵体系，从农村经济增长、农村产业结构升级、农民收入增加与城乡收入差距缩小、农村公共服务水平及农村生态环境质量提升等方面入手分析农旅融合发展助推共同富裕的主要路径及表现形式。

第九章至第十三章为农旅融合发展对农村经济增长、农村产业结构升级、农民收入增加与城乡收入差距缩小、农村公共服务水平和农村生态环境质量提升的影响效应检验，分别借助面板回归模型进行实证分析。

第十四章为农旅融合赋能共同富裕的综合效应评价。基于线性与非线性模型、普通面板和空间模型检验农旅融合发展对共同富裕的影响效应，分析农旅融合对共同富裕影响的溢出特征和非线性特征。

第十五章为研究结论与政策建议。本章将对整个研究所得结论进行总结。结合实证分析和案例剖析，从强化农业基础地位、强化政府引导监督职能、强化农旅融合品牌建设、强化融合发展创新驱动、强化融合产业集聚发展等方面入手探索推进农旅融合深入发展，以使其更好赋能共同富裕的具体对策。同时分析研究过程中存在的不足之处，提出未来的研究方向。

二、技术路线

本书研究的技术路线如图 1-1 所示。

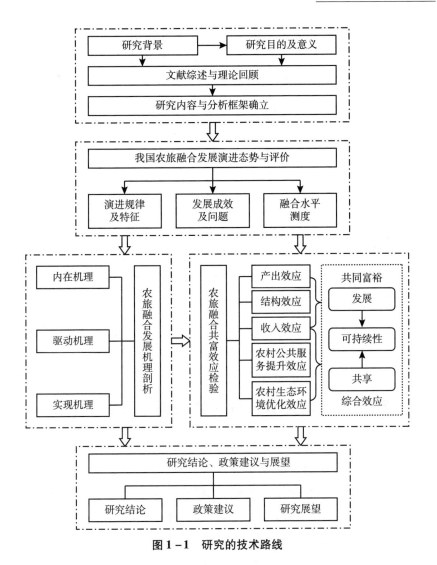

图 1-1 研究的技术路线

第四节 数 据 来 源

基于我国各省农业和旅游产业发展基础、农旅融合发展态势以及产业
数据的可获得性，本书主要以 2006~2019 年全国 28 个省区（不包括北京、

上海、天津、香港、澳门和台湾地区）数据为基础进行宏观分析①。经测
算，北京、上海和天津这三个直辖市在研究期间内，城镇化率较高，其历
年农业产值占地区 GDP 的比重均在 5% 以下，在此未将上述三市列为宏观
实证分析时的研究样本。另外，由于数据获取的难度与统计口径的不一
致，亦未将香港、澳门和台湾三个地区列入研究样本之中。数据来源于
《中国统计年鉴》《中国农村统计年鉴》《中国农业年鉴》《中国旅游统计
年鉴》《中国人口和就业统计年鉴》《中国固定资产投资统计年鉴》《中国
金融年鉴》《中国财政年鉴》等及各省统计年鉴、国民经济和社会发展统
计公报（2006～2019 年）等（各章亦有说明）。由于国家各部门公布的统
计数据一般是当年的名义值，为了消除物价等因素影响，以 2006 年为基
期，计算出各年的 GDP 平减指数，然后用各变量名义值除以 GDP 平减指
数从而得到实际值。另外，微观分析时的数据来源于访谈与问卷调查，调
研的具体信息见第五章、第六章和附录。数据分析过程中使用 R 语言、
Excle、SPSS、AMOS、ArcGIS 和 Geoda 等软件进行。

第五节　可能的创新之处

第一，理论体系的充实与拓展。具体体现如下：①深化农旅融合发展
机理的研究内容。现有针对农旅融合机理的研究仅就两产业融合发展的驱
动因素做了分析，对于融合过程中两产业的相互作用关系解释不够。本书
从微观视角剖析农旅融合发生的条件，基于系统演化模型对农旅融合发展
动态过程进行刻画，基于扎根理论分析法对农旅融合发展的驱动机理进行
总结，并基于产业价值链理论和多案例分析对农旅融合的实现机理与路径

---

① 本书中东部地区包括河北、辽宁、浙江、江苏、福建、山东、广东和海南等 8 个省份；
中部地区包括山西、黑龙江、吉林、安徽、江西、湖北、湖南和河南等 8 个省份；西部地区包括
内蒙古、广西、重庆、四川、贵州、云南、西藏、陕西、甘肃、青海、宁夏和新疆等 12 个省区。
考虑到2020 年初起受新冠疫情因素使得旅游产业发展受到重创，所以 2020～2022 年数据不纳入研
究范畴之内。

进行分析，可充分解释融合过程中两产业动态演进过程及融合实现形式，从而可有效深化农旅融合发展机理的研究内容。②拓展农旅融合发展效应分析框架。现有针对农旅融合发展效应的研究，多是针对其经济效应展开。事实上农旅融合发展对于农业农村发展的影响具有多维性。因此，本书研究就共同富裕目标框架就农旅融合对农业农村发展的主要影响及综合效应进行检验，有助于充实农旅融合发展效应的研究框架。

第二，研究方法的优化与完善。已有研究对于农旅融合机理的分析仍停留在理论阐释层面，而本书在数据模型推演基础上对农旅融合发展的内在机理进行了刻画，在实地调研基础上借助扎根理论分析提炼出关键驱动因素并构建相应的驱动机理模型，同时运用微观调研数据和宏观数据对此进行了检验，研究方法集质化分析和定量分析于一体，较为严谨完善。另外，目前针对农旅融合效应的分析多是基于案例进行总结，而本书综合运用线性和非线性计量模型、动态和静态计量模型等进行效应评估，从不同层面审视农旅融合对共同富裕的影响效应，是对已有研究方法的有效补充。

第二章 文献回顾

第一节 农村产业融合相关研究

一、农村产业融合概念提出

农村一二三产业融合思想源自产业融合理论。国外学界针对产业融合的研究主要围绕第二和第三产业的融合问题展开，如制造业与信息技术或服务业等，较少涉及一二产业或一三产业融合问题。20世纪90年代，日本学者今村奈良臣提出了"第六产业"概念，这是最早的针对农村产业融合的概念（见图2-1），自此农业才得以被正式纳入产业融合的范畴（芦千文，2016）。"第六产业"可看作农村地区各产业乘积之和，即农村各产业之间相互渗透交叉，形成一体化的产业链条。由于日本推进"第六产业"战略背景跟我国农村较为相似，所以这一概念的内涵提出与应用对我国农村产业融合内涵的阐释具有较强启示作用。

国内方面，20世纪90年代中后期，随着我国农业产业化发展实践的推进，农村产业融合问题开始受到关注。1994年，江登斌提出的农村多元经济协调发展和经济融合观点，标志着国内农村产业融合研究的发端。步入21世纪后，随着"第六产业"理论的引入及应用的深入，学者们基于

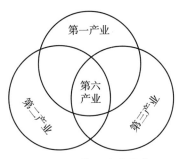

图 2 – 1 第六产业示意

多维角度对农村产业融合概念内涵进行了阐释。王昕坤（2007）认为，农业产业融合是指在农业内部不同行业或与农业紧密相关的产业，通过交叉或重组融合成为一个整体的过程。席晓丽（2008）认为，农业与其他产业在市场、技术和产品等方面存在交叉、渗透甚至延伸融合，使得农业与第二、第三产业间的界限逐渐变得模糊，农业因此而成为具有高度融合特征的"大农业"。2015 年，中央一号文件首次提出农村一二三产业融合发展，农村产业融合研究因此而成为热点研究领域。学者们在已有研究基础上，分别从特征、路径、结果及目标等方面对农村产业融合的内涵进行了深化。马晓河（2015）认为：农村一二三产业融合发展指的就是以农业为基本依托，通过产业联动、产业集聚、技术渗透、体制创新等方式，将资本、技术以及资源要素进行跨界集约化配置，使得农村一二三产业之间紧密相连、协同发展，最终实现了农业产业链延伸、产业范围扩展和农民增加收入。姜长云（2015）指出：农村一二三产业融合发展是以农村一二三产业之间的融合渗透和交叉重组为路径，以产业链延伸、产业范围拓展和产业功能转型为手段，推动要素、技术、资源、市场需求在农村的整合、重组，甚至农村产业空间布局的优化。虽然学者对农村产业融合内涵的表述存在细微差异，但其内涵多涉及以下要点：其一，农村产业融合必须以农业为基本依托；其二，农村产业融合以技术、制度和经营管理模式创新为重要驱动力；其三，农村产业融合以产业链延伸、产业功能拓展和新业态形成典型特征；其四农村产业融合以实现农村产业兴旺、农民持续增收和农村繁荣和美为最终目标（见表 2 – 1）。

表 2-1 农村产业融合内涵的构成要件

主要代表	依托	引领	纽带	路径	特征	结果（基本目标）	最终目标
姜长云 (2015)				农村一二三产业融合渗透、交叉重组	产业链延伸产业范围拓展产业功能转型	形成新技术、新业态、新商业模式；带动资源、要素、技术、市场需求在农村整合集成和优化重组	
马晓河 (2015)	农业			产业联动产业集聚技术渗透体制创新		实现要素跨界集约化配置；实现农村一二三产业一体化	实现农业增效、农民增收
国家发展改革委宏观院和农经司课题组 (2016)	农业	新型经营主体	利益联结	要素集聚技术渗透制度创新	产业链延伸产业功能拓展	促进农业生产、农产品加工流通、农资生产销售和休闲旅游等服务业有机整合、紧密相连；推进各产业协调发展和农业竞争力提升	实现农业现代化、农村繁荣和农民增收
孟秋菊 (2018)	农业	新型经营主体	利益联结	技术创新制度创新商业模式创新	产业链延伸产业功能拓展新业态形成	资源在农村优化重组农业相关产业有机整合	农业增效农民增收农业繁荣

二、农村产业融合水平的测度

学者们对于产业融合水平内涵的认识不一样，导致对产业融合水平的测度学界暂无统一的标准或方法。部分学者从产业关联或产业互动关系入手对产业融合水平进行了评价，这一视角的研究更侧重于产业间的互动融合状态的评价。另有学者从产业融合发展水平入手，通过构建多维指标体对产业融合状态及成效进行了评价。

当前学界对农村产业融合水平仍缺乏统一测度和评价标准，常用测度方法有：①熵值法。王玲（2017）从农业与关联产业融合互动和农业产业链延伸两个层面出发，构建了基于多功能性发挥、产业链延伸、农业服务业融合等维度的农村产业融合水平评价体系，并借助熵值法测度了江苏省农村产业融合水平。②层次分析法。李芸等（2017）基于产业链延长、农业多功能拓展、农民持续增收等农村产业融合三大核心层面，利用层次分析法评估了北京市农村产业融合水平。姜峥（2018）也采用此法进行了类似的研究。③投入产出分析或产值贡献分析法。曹祎遐等（2018）基于投入产出表实证研究其农业与二三产业融合水平。王艳君等（2016）采用产值贡献度法和主成分分析法对四川农业与服务业以及农村一二三产业融合度进行了评价。④耦合协同度模型法。程莉和孔芳霞（2020）基于农村产业融合类型构建了农村产业融合水平评价体系，并运用耦合协调度分析法对其进行了测度。此外，陈学云等（2018）从三次产业各自的规模指标、成长指标和绩效指标三个体系来评估农村产业融合发展水平，运用耦合度模型对其展开定量测度。⑤灰色关联分析方法。梁树广和马中东（2017）借助面板数据，通过灰色关联分析方法测度了农业与18个相关产业的关联度。孙光彩和田东林（2016）、陈林生等（2019）的研究与此类似。⑥其他方法。苏毅清等（2016）综合运用定量和定性分析工具，构建了农村三产融合程度、方式和目的指标体系，结合客观实际评价了浙江、湖北等省农村三产融合发展状况（见表2－2）。

表2－2　　　　　　　　　农村产业融合水平常用测算方法

测度方法	指标体系	研究者
投入产出分析法、产值贡献度法	①直接消费系数、完全消耗系数、直接分配系数和间接分配系数；②投入指标：第三产业的5个细分部分、农业资本投入、农业人力资本投入，产出指标：农业生产总值	王艳君等（2016）、曹祎遐等（2018）
灰色关联分析方法	农业增加值和相关数个产业的增加值	孙光彩和田东林（2016）、梁树广和马中东（2017）
	农业与其他产业融合互动情况、金融保险支持情况、整体经济社会情况	陈林生（2019）
熵值法	农业与关联产业融合互动（农业产业链延伸、农业多能性发挥）、经济社会效应（农业服务业融合发展、农民增收与就业、城乡一体化）	陈盛伟和冯叶（2020）、王玲（2017）

续表

测度方法	指标体系	研究者
耦合协同度模型	从三次产业各自的规模指标、成长指标和绩效指标三个体系评估其发展水平	张康洁和蒋辉（2017）、陈学云等（2018）
	农业内部整合型融合、农业产业链延伸型融合、农业功能拓展型融合、高技术对农业的渗透型融合	程莉和孔芳霞（2020）
	现代服务业与农业各自的规模指标、效益指标和增长指标	胡亦琴和王洪远（2014）
层次分析法综合指数法	农业与二三产业融合的行为，融合发展的经济社会效应（农民增收与就业促进、农业增效和城乡一体化发展）	陈俊红（2015）、姜峥（2018）
	农村产业融合行为、农村产业融合经济社会效应和农村产业融合可持续性	柴青宇（2021）
主客观分析法（非定量）	产业融合程度指标（形成产业公地、发生技术融合、放松管制、形成产品与服务融合、市场融合），方式指标（纵向融合、横向融合），目的指标（农民收入的增长）	苏毅清等（2016）

三、农村产业融合发展机理

部分学者从产业融合的驱动力及路径出发对农村产业融合的机理进行了阐释。农业多功能性和联合生产、外部经济、公共产品等的特殊性使农业产业化实体从单一企业拓展到整个产业（王昕坤，2007）。产业融合可以节约交易成本、降低贸易成本等，有利于满足融合主体的利益诉求，因此主体利益驱动便成为了农村产业融合的首要因素。梁伟军（2010）基于交易成本理论从纵向和横向两个角度分析融合机制，纵向融合主要有产业链延伸、技术渗透等模式，横向融合则以产业整合为主要融合模式。张义博（2015）认为民众对农业多功能需求增加、新兴技术普及和农村市场化改革等因素为农村产业融合互动创造条件，而降低贸易成本和创新驱动则是农村地区产业融合的核心动力与关键所在。陈学云等（2018）指出农业本身的属性使得农村三产融合具有一定的必然性与必要性，加法效应和乘法效应使得农村三产融合成为可能。加法效应指延长农业产业链，即产前、产中、产后的融合，结果是创造新产品，可谓之"工序性融合"；乘法效应指一二三产业之间的交互融合、形成新业态，结果是产生新功能、创造新业态，可谓之"结构性融合"。李洁（2018）指出农村多元价值形成的主要动力有农业多元价值、科技驱动力和居民消费升级等，实现多元价值必须要走产业融合之路，农业多元价值背景下农村产业融合的方式主要有技术渗透型产业融合、产业延伸型产业融合和交叉重组型产业融合。李冰（2019）则认为农村社群关系网络、技术扩散和过程创新是农村三产融合的重要影响因素，并指出在农村社群中存在关系驱动型、技术驱动型、复合驱动型三条显著正向影响的"三产融合"路径。靳晓婷和惠宁（2019）指出新时代背景下城乡居民消费新特点是农村产业融合的需求动力，降低交易成本是内生驱动力，技术创新提供了推动力，农村经营制度改革为产业融合提供了制度环境。

四、农村产业融合发展效应

宏观层面上，农村产业融合有利于实现产业创新、技术进步，节约经济资源，降低交易成本，提升产业竞争力；微观层面上，有利于改变单一农业结构，促进农民收入增长，改善农村生态环境（梁伟军，2010；靳晓婷和惠宁，2019）。针对农村产业融合效应研究，学者们多探讨了其经济效应，具体又分为宏观和微观经济效应两大方面内容。

其一，农村产业融合的宏观经济效应。主要效应有：①农村产业融合对产业结构变迁的影响。农村产业融合改变了原有的市场结构、市场行为和市场绩效，横向拓宽了现代农业产业体系、纵向深化了现代农业产业体系，打破了传统产业结构变动顺序，使得各产业部门多元化并行发展，推进农村产业结构优化升级（王昕坤，2007；梁树广和马中东，2017）。②农村产业融合对农业自身的影响效应。农村产业融合拓展了农业多元价值，使农业资源得到合理配置，也推动了先进技术的应用，因此可有效提

17

高农业投资回报率（杨培源，2012）。同时，农村产业融合发展会加速资本积累，将促进农业全要素生产率提升（叶锋等，2020）。比如农村电子商务强化了农产品信息沟通效率，减少了中间环节，降低了交易费用，对农业综合效益和竞争力提高具有积极作用（成晨和丁冬，2016）。另外，亦有学者论证了农业与服务业的融合发展对农业经济增长具有显著作用（胡亦琴和王洪远，2014）。

其二，农村产业融合的微观经济效应。①农村产业融合对农民增收的作用及机理。李云新等（2017）采用2016年农户家庭微观调研数据分析发现：相较于传统农业单一生产模式，农村一二三产业融合拓展了农户收入来源渠道，可显著提高农户收入。李乾等（2018）指出农村产业融合发展促进增收的较有效的途径有增加工资性收入、获得土地流转收入、获得经营性收益等，而技术、物质资本等路径增收效应相对较少。②农村产业融合对地区贫困及城乡收入差距的影响。农民收入增加也会进一步减缓贫困并缩小城乡收入差距。杨歌谣等（2021）基于云南省红河州调查分析了农村产业融合对农户多维贫困的影响，李晓龙等（2019）实证检验了农村产业融合发展对农村贫困减缓的基准影响以及非线性效应。另外，李晓龙等（2019）还论证了农村产业融合对城乡收入差距的影响，发现农村产业融合不仅对城乡收入差距存在直接缩小效应，另外还可以通过促进农村经济增长和加速城镇化两个途径间接对城乡收入差距缩小产生影响。

第二节　农旅融合相关研究

一、农旅融合概念的源起

20世纪60年代，国外学者开始就农业与旅游产业融合发展问题进行探讨，国外学者对农旅融合发展的研究多是以某一地区为例分析该地区农业旅游或乡村旅游发展的现状和问题。至 20 世纪 90 年代中期，这一问题引起了国内学界的广泛关注。

为此，学者们首先对农旅融合发展的原因进行了阐述。蔡等（Cai et al.，2005）指出，旅游产业本身综合性强，涉及的行业众多，而且与多个行业和产业相互交织，因此旅游产业与农业及其相关产业存在融合的可能性。坎贝尔等（Campbell et al.，2007）认为产业间耦合发展的根本原因在于某些产业可通过前后向联系从而与关联产业建立密切关系，旅游产业本身就属于关联性较强产业，因此可与关联产业交叉渗透引起关联产业结构的变化。石培华（2011）指出，旅游产业与其他产业的融合是由旅游产业关联度高、综合性强的内在本质决定的，旅游产业与农业融合的重点就是要充分利用农业遗产、农业遗存和农村特色资源来加快发展乡村旅游。目前学界对农旅融合的概念未形成统一界定，但已形成其的基本认识。如张莹（2006）指出，农旅互动实质上是两大产业利用各自资源要素，实现市场共同扩展与各自发展的过程。陈洁（2014）基于共生理论认为旅游产业与农业的融合是两产业主体基于市场需求、经济增长、竞争推动而出现的产业间分工内部化，产品、市场和资源共享化，进而实现两产业共生发展过程。王玉婷（2016）认为农旅融合是指在一定的农村经济社会背景下，相关利益主体为追求经济、社会和生态效应的最大化而实施的农业旅游资源开发和农业旅游产品经营管理等过程。这些概念里均涉及了农旅融合的路径、特征和目标等要素。

二、农旅融合水平测算

文献回顾发现，针对农旅融合度的测度方法与农村产业融合度测算方法较为类似，学者们多从农业和旅游产业的融合度、关联程度、协调度及产业互动关系等入手，对农旅融合水平进行测度。测度方法主要有投入产出法、耦合模型、灰色关联分析法、协整分析法、层次分析法和向量自回归模型等（见表 2 - 3）。梁红宏（2018）、叶露等（2018）运用投入产出分析法分别对贵州省和海南省的农旅融合水平进行了测度。陈俊红等

（2016）、王丽芳（2018）、周蕾等（2016）分别运用物理学中的系统耦合理论模型对北京市、山西省和四川省农旅融合协同度进行了测算，以判断两大产业系统在融合发展过程中的协调程度。张珺等（2020）采用灰色关联分析法和耦合协调度模型对湖南省生态农业和生态旅游产业的关联度与耦合协调度进行了测算。陈洁（2014）从两产业融合的广度、融合的深度和融合的贡献度三维度出发构建了农旅融合度评价指标体系，并运用层次分析法和熵值法进行了实证。杨珧等（2021）从融合条件、融合水平和融合效益三方面出发构建了农旅融合水平评价体系，运用层次分析－模糊综合评价法对恩施贡水白柚产业的农旅融合度进行了测算。聂磊等（2019）运用协整分析法评价了海南省农业与旅游产业、乡村旅游业的定量因果关系。夏杰长等（2016）运用向量自回归模型检验了中国农业和旅游产业的均衡及互动关系，研究表明中国农业和旅游产业在融合过程中相互促进的。类似的，苏飞（2017）、刘广宇等（2020）运用向量自回归模型分别就徐州和云南省农业和旅游产业发展的耦合关系和相互影响进行了实证。另外，从系统动态演化视角，方世敏等（2019）分析了地区农旅融合系统演化过程及其影响因素。

表 2－3 农旅融合度主要测算方法汇总

研究视角	研究方法	研究者
关联度	灰色关联分析法、投入产出分析法	梁红宏（2018）、叶露等（2018）、张珺等（2020）
综合评价	层次分析法、熵值法	杨珧等（2021）、陈洁（2014）、牛若铃（2014）
协同度	系统耦合模型	陈俊红等（2016）、王丽芳（2018）、周蕾等（2016）、张珺等（2020）
产业互动关系	协整分析法、VAR法	聂磊等（2019）、夏杰长等（2016）、苏飞（2017）、刘广宇等（2020）
系统演化	演化模型分析法	方世敏等（2019）

三、农旅融合发展机理

学者从农业和旅游产业互动演进、耦合发展等视角对农旅融合发展机理进行了分析。如朱湖英和杨洪（2015）基于共生理论剖析了农业和旅游产业融合的内在机理，并运用数理模型对两产业共生发展实现均衡状态的运作机制进行了推演。袁中许（2013）分析指出产业耦合促进了产业融合发展，从而催生了融合系统功能。另外从农旅融合发展的驱动因素对融合机理进行探讨的研究较多。国外学者洛柏等（Lobo et al.，1999）通过对圣地亚哥农业与旅游产业融合发展问题进行分析，发现政府支持、供求结构变化、资源优势互补、科技进步与创新等均可推动产业融合发展；海斯勒（Haeussler，2012）指出资源优势互补是旅游产业与第一产业融合发展动力之一。国内学者牛若铃（2014）指出农业与旅游产业融合是农业旅游产业自身特征所决定的，追求范围经济、节约交易成本等是两产业融合的内在因素，农业技术进步、经济水平提高、社会需求增长、政策管制放宽等是推动融合外在动力，在内外动力共同作用下两大产业实现融合发展。蒋淇（2017）结合案例分析认为农旅融合发展的外生动力主要包括旅游产业战略导向、旅游产业拓展新领域、旅游市场需求增长、政府政策推动；内生动力包括地方经济、乡村建设发展的需要等。危浪等（2020）借助系统动力学模型对农旅融合系统中各要素的互动关系进行了模拟仿真，结果发现旅游消费需求转变与农业农村转型发展需求是推动农旅融合的根本动力，农业农村生态保护、市场需求和政策支持是影响融合系统演化的重要因素（见表 2-4）。

表 2-4   农旅融合的驱动因素相关研究

学者	驱动因素
洛柏	资源优势互补、政府管理政策、供需变动、科技进步
牛若铃（2014）	追求范围经济、节约交易成本等成为两产业融合的内在因素，而农业技术进步、经济水平提高、社会需求增长、政策管制放宽是两产业融合的外部推动因素

学者	驱动因素
蒋淇（2017）	外生动力主要包括旅游产业战略导向、旅游产业拓展新领域、旅游市场需求增长、政府政策推动；内生动力包括地方经济、乡村建设发展的需要等
王玉婷（2016）	旅游消费观念转变、农业升级发展需求是农旅融合的动力源，技术进步、制度政策等是农旅融合的外生动力，而市场需求刺激和企业竞合态势是农旅融合的内生动力

　　融合路径是产业融合机理研究的重要内容，它体现着产业融合的实现形式。针对农旅融合路径的具体研究较少见，仅少数学者基于旅游产业融合视角对此进行过较笼统的概括。比如，王朝辉（2011）认为其他产业资源要素以旅游资源的形式融入到旅游产业中来，形成旅游新产品的过程可看作是旅游产业融合。何建民（2011）认为旅游产业融合发展的路径可看作是实施产业融合的具体方式，包括设施融合、功能融合、形象融合等。程锦等（2011）指出应结合具体案例进行产业融合路径的探讨，不同案例可能呈现出不同融合路径。

四、农旅融合发展效应

　　国外学者多针对农旅融合效应研究的视角较为微观，以特定地区为例的探讨居多，只是案例的异质性导致研究结论存在差异。①经济效应方面，学者认为建立农业和旅游产业的有效链接不仅将引致新的市场空间和消费需求，也将促进旅游和农业产品高质量（Torres，2003；Torres & Momsen，2004；Tew & Barbieri，2012）。旅游产业所需的农产品虽仅是全部农产品的一部分，但它却对保障农产品质量安全、营养和促进经济发展具有重要作用（Barbieri，2013）。同时，农旅融合发展有利于解决部分地方性问题，比如解决旅游产业劳动力不足和农产品市场需求不足等（Veeck et al.，2016；Schilling et al.，2012），但也可能造成当地居民与政策制定者之间也会存在利益冲突（Ringkar，2019）。还有不少学者就农旅融合对农村及区域经济增长的作用展开了实证检验（Van & Mcfadden，2016）。②社会效应方面，学者认为农业旅游的发展可为农民提供经济激励和稳定保障，可提高山地区农村人口的生活质量，应对人口向外迁移和经济变化的挑战（Chen et al.，2019）；还有利于加强城乡联系，促进自然或文化遗产的保护（Kitahara et al.，2003；Streifeneder，2016）。③环境效应方面，学者认为旅游产业为农业提供了另一种收入来源，有利于农业可持续发展。农业旅游的发展将抽取部分农业劳动力，并为农民提供资金，让他们采用化肥等创新技术，这些技术的应用可使农民扩大生产而不增加耕作频率或开垦新土地来间接减少环境的退化（Shishir，2017；Hutanaserani et al.，1992）。巴里奥斯等（Barrios et al.，1990）认为从农业中抽取劳动力也可能使具有土地管理技能的农民流失，使得农业生态环境恶化。

国内学者对于农旅融合效应的研究既有基于微观农户的调研，又有基于区域面板数据的宏观分析，只是效应分析内容多是围绕经济效应而展开。农业与旅游产业融合而生的农业旅游或乡村旅游等有利于现代农业功能拓展，促使普通农业转化为时空利用高效、变现成本低、成本投入少、产出形式多以及综合效益高的高效农业（左冰和杨艺，2021）。杨阿莉（2011）发现发展现代休闲农业可促进农村产业结构优化升级。袁中许（2013）运用时间序列数据证实了农旅融合对农村第一产业和第三产业发展的动力效应。钟漪萍等（2020）运用全国休闲农业与乡村旅游示范县数据，实证检验了农旅融合对农村产业结构优化的影响及其作用机制。杨启智等（2009）分析认为乡村旅游的发展能够使农民获得打工薪金收入、为农家乐提供农产品（原材料）所获得的收入、经营或投资收入、租金收入等，促进农民增收。刘宇鹏等（2015）基于农户调查数据分析发现生态农业与乡村旅游兼业产业化模式对增加农户家庭收入的作用很显著。同时，有学者就乡村旅游与城镇化的关系进行了探讨：孙九霞等（2021）分析表明乡村旅游发展具有的城乡循环修复功能有助于建构新型城乡关系；邓静等（2020）以南充市为例分析了丘陵地区乡村旅游发展与城镇化耦合协调度进行了测算。也有个别学者分析了乡村旅游对农民就业与创业影响（姚海琴，2014）。此外，还有学者分析了农旅融合的综合效应，如方世敏等（2013）从经济效应、社会效应和生态效应三层面出发构建了农旅融合综合效应评价体系，并通过熵值法测评了南洞庭湖区农旅融合发展的综合效应。

第三节 共同富裕相关研究

一、共同富裕的内涵

国外学界并无"共同富裕"这一概念，但常讨论公平与效率、反贫困、社会福利、分配公平等与"共同富裕"相关主题。在公平与效率的关系研究方面，学者们的看法存在一定的差异：部分学者认为效率和公平是此消彼长的关系（Grand，1990；Blank，2002）；另一部分学者认为公平与效率的关系并非如此简单，如瓦里安（Varian，1974）认为在古典交换经济中，公平与效率不冲突，若存在信息不对称，公平和效率就不可能兼顾。还有学者认为效率与公平可以相互促进，如阿吉（Argy，1996）的研究表明立足于评估福利政策的长期效应、满足渐进式福利分配改革等条件时，能实现公平与效率统一。在分配公平、发展和反贫困的关系研究方面，库兹涅茨（Kuznets，1955）的倒"U"形假说认为在发展过程中，收入差距总是会先扩大后缩小。布尔吉尼翁（Bourguignon，2004）对上述理论进行了深化，对贫困、经济增长、不平等三者间的关系进行了推演，认为不平等程度的降低有助于减贫。海迪奇（Haidich，2018）基于拉美国家的数据研究发现每单位 GDP 与不平等的演变关系不符合倒"U"型假设，塔达志（Tadashi，2017）基于越南数据的研究也得出了类似的结论。在提高社会福利和反贫困的相关研究方面，福利经济学的开创者庇古（Pigou，1920）指出向穷人转移部分财富能有效缩小收入差距。特拉等（Tella et al.，2019）的研究表明，福利是一种补偿力量，增加更多的失业救济金就能提高国民福祉；安娜（Anna，2019）认为为儿童提供福利津贴能够提高社会幸福水平。关于缓解贫困的研究，桑杜（Sandhu，2014）认为良好的生态系统能改善农村贫困生活。

作为社会主义语境中的重要概念，我国对于共同富裕的理解经历了一个发展的过程。改革开放前，共同富裕意味着"平均富裕""同步富裕"。当前，社会主义新时期共同富裕的内涵亦有所升华，对此的探讨亦日益增加。对于共同富裕科学内涵的界定，国内学者从不同视角对此进行了阐述。

一是基于理论视角的阐述。李瑞军等（2021）认为，共同富裕是共产主义社会的必然属性。社会物质创造潜力的不断发展将持续为人类从贫穷走向富裕形态的这段道路提供保障和支撑。杨兴林从两个方面对共同富裕的内涵进行了论述。一方面，共同富裕是经典作家们关于未来社会发展的基本规定；另一方面，共同富裕作为社会主义的目标旨归，其最终追求是要在完整发达的生产链基础上，消灭剥削，消除贫富差距，使所有劳动群体共享社会进步的红利。

二是基于社会主义本质视角的阐述。薛宝贵指出，社会主义的本质内涵丰富，囊括了实现生产力的提高与民殷国富的这两大目标，这就需要精确权衡效率与公平二者之间的关系，在不同的时期有不同的侧重点。韩喜平（2020）认为，随着国家的发展进入农业社会4.0版本，收入差距问题对边际效益的抑制作用愈渐突出。消除贫困，推动各项差距保持在合理区间，实现共同富裕成为推动持续发展、稳定取其的金字标准。因此，实现共同富裕不仅要关注社会大众的最基本的生存痛点，还要关注社会主体所栖息的环境是否具有公平正义属性。

三是基于共享发展视角的阐述。杨静和陆树程从人民性层面出发对共同富裕的内涵作了论述，包括新时代发展要以坚持共创共享，促进分配正义为内核，以实现物质和精神双层充实为宗旨。同时强调共同富裕的推进具有鲜明的历史流变属性，每一次重大的阶段性成果都是由人民力量所创造、所熔铸。杨云龙和李燕燕等指出共同富裕既要求人民占有生活资料的比例得到加权，也表现在人民在各项实践活动的参与度的极大提高。这就从共享角度，强调了共同富裕内容的全面性，即共同富裕目标是要实现人的物质和思想层面的多维度富裕，本质是实现人的全面发展。

在梳理习近平总书记关于共同富裕的论断基础上，学者们普遍认为：新时代共同富裕是合理差距基础上的富裕，不是同时同步同等富裕，是兼顾效率与公平的富裕；是全体人民的共同富裕，不是少数人的富裕，是"共建"和"共享"相统一的富裕（赵磊，2021；董志勇，2022；陆卫明等，2022）。

二、共同富裕水平测度

程恩富等认为，当前我国经济增长的主要指标是财富分配状况和收入差距程度。"共富"往往需要站在"贫富分化"的对立角度来看待，而"贫富分化"的评判则是衡量"共富"的重要依据。社会的贫富分化越明显，共同富裕推进端的推力就越小。刘培林等（2021）从总体富裕和发展成果共享两个层面出发构建了共同富裕程度评价体系，韩亮亮等（2022）和王瑛等（2023）的做法与此类似。张金林（2022）基于微观调研数据从物质富裕、精神富裕和社会共享等三个方面对地区共同富裕水平进行了评价。刘心怡等（2022）借助居民收入水平和居民收入差距来衡量共同富裕水平。考虑到经济社会发展与人口、资源和环境的承载能力相协调适应是高质量发展与共同富裕的重要保障，郁建兴等（2021）和陈丽君等（2021）指出可持续性也应纳入共同富裕评价体系。

三、实现共同富裕面临的挑战与推进路径

学者们纷纷指出当前居民收入差距较大、区域城乡发展不均衡问题凸显等、城乡发展水平存在明显差异、农村内生发展动力不足、农村地区民生短板仍然存在等是制约共同富裕的主要因素（刘璇和杜方朝，2022；董志勇，2022；贾则琴和龚晓莺，2022）。为此学者们纷纷指出，实现共同富裕必须在坚持基本经济制度下实现经济的高质量发展，在分配上不仅要把"蛋糕"做大，更要把"蛋糕"分好，不断改善收入分配制度（赖德胜，2021；曹亚雄等，2019）。具体而言，学者就数字服务业（王雪莹等，2022）、金融科技（晏景瑞等，2022）、旅游产业（张奎力等，2022；徐紫嫣等，2022）对共同富裕的作用机制与路径对策进行了分析。农村共同富

裕是全面实现共同富裕的关键性，学者普遍认为要从乡村产业高质量发展、完善乡村治理机制、提升农村公共服务效率等方面入手推进农村共同富裕（黄祖辉，2021；徐凤增等，2021；吕德文等，2022；姜长云等，2022）。

第四节　文　献　述　评

自20世纪90年代日本学者提出的"第六次产业"理论之后，国内学者开始重视农村产业融合的研究，其研究的重点主要有农村产业融合的内涵、动力、模式及路径、效应、融合度测评及发展对策等方面。农旅融合作为农村产业融合的重要形式之一，其研究内容、方法、局限性与农村产业融合研究相似。文献回顾发现，农旅融合发展生产实践优先于理论研究发展，而且国外对此的研究远早于国内学界。国外针对农旅融合发展的具体形式展开的探讨较多，如针对农场旅游的分析较多；研究视角也较为多元化，社会学、人类学等视角较为常见；研究多采用案例分析等微观分析法。国内多数学者亦从乡村旅游和休闲农业等具体农旅融合形式入手展开了系列研究，针对农旅融合发展的探讨集中于农旅融合模式、动因、融合水平等方面；从研究方法来看，运用地区面板数据进行定量分析的研究呈逐年增长态势。

总体来看，农村产业融合及农旅融合研究的内容在不断深化，研究方法亦在逐步完善中。只是相关研究仍存在一定的局限性，主要体现在：①融合的概念内涵方面。日本学者提出的"第六次产业"概念为农村产业融合的概念界定奠定了基础，在此基础上，国内学者结合我国农村产业融合发展的路径、特征及目标对农村产业融合做了较为全面的阐述。农旅融合作为农村产业融合的重要形式之一，对其的概念界定目前学界并未达成共识。②融合水平评价方面。学界对融合发展水平的内涵亦并未形成统一认识，部分学者基于两产业的互动关系进行融合度测度，部分学者则基于两产业融合的过程状态进行融合水平综合评价。因此学者们选取了不同方法对融合发展水平进行测度，如投入产出法、耦合模型分析法、灰色关联度、层次分析法、综合指数法等，因选取的方法不同，相应的评价指标体系存在较大差异。③融合发展机理方面。学者们多从融合驱动机理和融合实现路径等方面对产业融合机理进行了分析。大多数针对融合驱动机理的研究仍停留在理论归纳层面，即通过案例或区域发展实际提炼影响融合的主要因素。另外，仅有的少数针对农旅融合驱动因素的实证分析，亦是从截面数据出发进行的，并未从时空维度对影响因素的异质性进行过探讨。④融合效应探讨方面。针对农旅融合效应的研究中，以经济效应分析居多，对其社会效应等的探讨甚少，就农旅融合对于助推共同富裕的作用关注更少。已有研究尽管存在上述不足，但已触及农旅融合发展的相关具体问题，研究成果对本书研究仍具有重要的借鉴价值。

第三章 相关概念和理论基础

第一节 相 关 概 念

一、农业

《辞海》中，农业是指"利用植物和动物的生活机能，通过人工培育取得农产品的社会生产部门"。自然科学领域认为：农业是人类通过社会生产劳动，利用自然环境提供的条件，促进和控制生物体（包括植物、动物和微生物）的生命活动过程来取得人类社会所需要的产品的生产部门（朱启臻，2009）。农业是人类社会与大自然关系最为紧密的物质生产部门，也是最古老的生产部门。随着人类社会发展，不同时期人们对农业内涵的认识亦存在差异。在古代中国，人们认为农业就是耕种土地。新中国成立后，农业内涵演化更为显著，其演化历程大体可以分为三个阶段：第一阶段（从新中国成立初期直至20世纪六七十年代）以种粮食为主的农业1.0版，这一阶段农业的首要任务就是种粮食，主要功能就是保障粮食供给；第二阶段（始于20世纪80年代）以农产品供给为主的农业2.0版，此时期农业生产的主基调是"多种经营"，满足市场和消费者对多种农产品的需求；第三阶段（进入21

世纪以来）以供给农业多功能性的 3.0 版"大农业"，此时农业已不再局限于为消费者提供农产品，而是逐步向实现其农业多功能性、促进实现乡村价值方向升级（宁夏，2019）。"大农业"是相对于传统的、单一的、平面的、在耕地经营的"小农业"而言的，它是以农业的多功能性为基础，整合农村生产、生活和生态资源，提供农产品、生态保护和社会服务的新型农业发展方式。农旅融合正是基于农业的多功能价值而发展起来的产业融合形式，因此本书农旅融合概念中的农业属于大农业的概念范畴。

二、旅游产业

针对旅游业和旅游产业，学者们看法不一。有学者认为旅游业是旅游产业的简称，亦有学者前者是行业层面的概念，而后者是产业层面的概念。如罗明义（2008）提出旅游业是以旅游资源为依托，以旅游设施为基础，通过为旅游者直接提供产品和服务来满足旅游者各种旅游需要的综合性行业；而旅游产业指旅游业和为旅游业直接提供物质、文化、信息、人力、智力服务和支撑的行业和部门的总称。这一观点受到较为广泛的认同，本书也采纳这一观点。旅游产业以下特点是推动农业和旅游产业融合的基础。

第一，行业聚集性。旅游资源开发、旅游要素及服务以及基础设施建设等行业凭借彼此间的横向或纵向联系，形成了庞大的旅游产业集群。"吃、住、行、游、购、娱"，这旅游六要素所属的行业有着不同的经营模式及产品，但由于它们共同服务于旅游消费者，因此必然会在同一地理区域内集聚，形成产业集群发展态势（徐虹等，2008）。

第二，效应外部性。由于旅游产业关联性强，使得产业链中各环节的行业或企业彼此间相互依赖、高度关联。产业链中某一行业或企业发展成功，必然造成产业其他环节受益，反之亦反之。因而，在旅游产业链中，各部门的协调发展对提升旅游产业的正外部性起着重要作用。

三、农旅融合

（一）农旅融合的内涵及本质

就产业融合本质而言，农旅融合属于典型的交叉型融合模式，这类交叉融合是休闲、体验、观光等农业多功能性在旅游产业链的应用及旅游产业功能在农业产业链中得以发挥的共同结果（谭明交，2016）。基于上述分析与前文文献回顾，在此将农旅融合定义为：基于农业和旅游产业两产业之间的交叉渗透，在农业系统中逐渐渗入旅游产业的价值创造功能，在旅游产业系统中植入农业多功能性，从而形成新型的产业形态的过程；其实质是对农业和旅游产业价值链的解构和延伸。

（二）相近概念辨析

1. 休闲农业

休闲农业于1924年兴起于欧洲，德国、日本、法国和我国台湾地区是休闲农业发展较领先的国家和地区，针对休闲农业的研究起步也较早。国外学界并无对此的统一界定，与此相关的术语有多个。由于不同地区休闲农业发展特征不一样，学者们便从不同视角对其进行了界定。另外，不同地区的政府部门，甚至同一地区不同政府部门对其也可能有各自的定义。因此，菲利普（Phillip et al.，2010）对相关概念进行回顾时发现这些术语常常被替代使用，也造成了概念的复杂与混乱。国内方面，1989年台湾地区"农委会"首次提出"休闲农业"概念，认为它是利用田园景观、自然生态及环境资源，结合农林渔牧生产、农业经营活动、农村文化及农家生活，提供国民休闲，以增进国民对农业农村体验为目的的农业经营活动（任开荣和董继刚，2016）。与此相近表达还有"观光农业""生态休闲农业""都市休闲农业""体验农业"等。对于休闲农业的概念内涵，学者们的观点可归为两大类，一类将其视为一种新型农业，另一类将其视为旅游产品，两大观点侧重点不同。

2. 乡村旅游

在国外众多术语与乡村旅游有关，为避免各含义不同引起的混淆，欧盟使用"乡村旅游"一词反映在农村地区发生的所有旅游活动（Lane，1994）。而当前国内学界和行政主管部门普遍认为，乡村旅游既是一种产业形态，又可作为一类旅游活动类型。作为产业形态，它以农业生产、农村风貌以及文化民俗风情等为吸引物，以城市居民为主要客源市场，以满足旅游者乡村度假休闲等需求的旅游产业形态（郑群明，2004）；作为旅游活动类型，它是指以农村自然景观和人文资源为旅游吸引物的旅游活动（高颖，2011）。常见的乡村旅游项目产品有：国家农业公园、休闲农场（牧场、农庄）、乡村营地（运动公园）、乡村庄园（酒店）、乡村博物馆（艺术村）、市民农园、高科技农业示范园、乡村民宿、农（洋）家乐、文化创意农园等。

3. 农业旅游

国外农业旅游的相关研究于 20 世纪 80 年代开始兴起，但是已有文献中对其的界定并未达成共识。在欧洲法律框架内，很长时期内乡村旅游和农业旅游被认为是同义词。现今国外学界开始认识到农业旅游和乡村旅游的定义有各自的倾向性，农业旅游是乡村旅游概念范畴中一特殊的子系统形式。国内学者程道品等（2004）认为农业旅游是一种以大农业资源和农村生态文化特色为基础，集休闲、体验、娱乐、文化、康养、教育等功能于一体的旅游活动；并将农业旅游分为农家乐旅游、观光农业旅游、乡村旅游（主要指田园风光休闲型农业旅游）和都市农业旅游等形式。由此可以看出，国内外不同学者对于农业旅游和乡村旅游之间的关系依然存在不同的看法。结合学者们的观点，大体可认为乡村旅游是以农业农村整体环境为基础开展旅游活动，而农业旅游主要以农业生产环境和条件为基础开展旅游活动。

由于国内外对农业、农村、乡村、旅游、休闲等概念范畴认识的不统一，休闲农业、农业旅游、乡村旅游等概念常常被混用，它们都与农旅融合发展的具体表现形式在这些融合形态中，休闲农业和农业旅游是农旅融合最直接的表现形式。乡村旅游更加侧重乡村性，包含的范围更广、内涵更丰富，它是一种多层面的旅游活动，而不仅指基于农业的旅游活动。从地域范围来看，乡村旅游产业多在广大乡村地区出现，而休闲农业或农业旅游等农旅融合业态还可存在于以都市农业为主的城市近郊地区。

四、共同富裕

"共同富裕"，是由"共同"和"富裕"所组合而成的具有丰富内涵的词组呈现。根据现代汉语词典表述，"共同"在日常语境使用中有两种说法，一是指大家一起做，二是指属于大家的、彼此都具有的。如果将这两种说法都延伸至"共同富裕"这个词组中，那"共同"就表示一种范围，指大家、全体一起做，最后实现对成果的共同享用。"富裕"一词出自宋代徐铉的《稽神录·蔡彦卿》，主要想表达的是经济上的一种充裕状态，也可以形容个体所拥有的土地、金钱、房屋等的数量之多。但"共同富裕"中的"富裕"，并不仅仅指社会经济状态的充裕，而是指一种多层次、多需求、多领域的"人的共同发展"。从字面来看，"共同富裕"首先与经济学的范畴密切相关，但同时它又超越经济学范畴，是一个以经济学为基础，包括政治学、文化学、社会学在内的重大理论问题。在马克思主义经典作家的理论视域中，共同富裕就是指生产力高度发展的一种社会状态，但严格意义上来说，他们未对共同富裕的科学概念做出具体界定。

2021年中央财经委员会第十次会议强调，共同富裕是全体人民的富裕，是人民群众物质生活和精神生活都富裕。刘培林等（2021）从政治、经济和社会三个层面将共同富裕定义为：国强民共富的社会主义社会契约、人民共创共享日益丰富的物质财富和精神成果、中等收入阶层在数量上占主体的和谐而稳定的社会结构、新时代的美好愿景。因此，共同富裕不仅要解决收入分配问题，而且要保障人民生活、拓展精神文化、解决阶层固化，缩小群体性消费差距，尤其是事关人力资本的形成和发展领域，如基础教育和医疗健康等（刘尚希，2021），是物质与文化全方位的"富裕"。据此，郁建兴等（2021）提炼出了当代中国推动共同富裕的几个关键元素：发展性、共享性和可持续性。首先，发展是实现共同富裕的前提。共同富裕首先要富裕，历史上诸种社会理想都是在物质、文化、技术高度发达的基础上描述分配问题，但是我国目前财富总量还不够高，发展阶段和财富积累总体上还赶不上人民对美好生活的期待，这决定了我们必须在发展中逐步实现共同富裕，其中包括：经济总量增强、中产阶层扩大、社会文化生态协调发展。经济总量增强是实现共同富裕的必要条件，中产阶层扩大为社会福利分配提供财税保障，社会、文化、生态等各方面全面协调可持续是高质量发展和高水平共同富裕的内在要求。其次，共享性是共同富裕的核心元素。共同富裕的共享性必须要体现"共同""公平""平等"等元素，但又要避免走入平均主义的歧路。共同富裕的第三个关键要素是可持续性，包括发展的可持续和共享的可持续。发展的可持续性意味着发展要与人口、资源和环境的承载能力相协调，要与社会进步相适应。在此参照郁建兴（2021）的观点，将共同富裕定义为：通过补偿和矫正某些制度性因素导致的不平等，让全体人民有机会、有能力均等地参与高质量经济社会发展，并共享经济社会发展的成果。

第二节　理 论 基 础

一、农旅融合发展相关理论

（一）农业多功能理论

1. 农业多功能性的内涵

20 世纪 80 年代，农业多功能问题首次在日本被提出来，当时主要是为了保护和传承其"稻米文化"（方平等，2020）。1992 年，联合国环境和发展会议（UNCED）（1992）通过的《21 世纪议程》中阐述了多功能农业概念，多功能农业概念在针对农业和农村未来发展的研究及政策讨论中发挥了越来越重要的作用。1998 年，经济合作与发展组织（OECD）农业委员会对农业多功能性概念进行了界定，指出农业是具有经济、社会与环境多方面价值的产业，农业不仅能提供基本农产品，还具有维持生态环境、促进再生性资源可持续与维护生物多样性等作用，并具有维持乡村地区社会稳定的功能。农业功能的多样性有多种划分方式，由于农业功能多样性问题不仅仅是一个理论层面问题更重要的是实践层面问题，因而较易为人们所接受和认同的方式是按其社会属性角度划分的四大类型（宗锦耀，2017），主要包括经济功能、社会功能、文化功能和生态功能。

2. 农业多功能性的实现路径

范德普洛格（Van der Ploeg，2003）等构架了农业多功能性实现路径的分析框架，这一框架又被称为范德普洛格"三角模型"（The Van der Ploeg "Triangle"）（见图 3-1）。除了传统农业的核心业务外，这一理论框架认为农业的多种功能可以通过其功能的深化、扩大和重新定位这三种途径来实现，这些途径适用于扩大农业经营活动，并可同时归类为新的业务、市场和管理方法（Fincocchio & Esposti，2008），具体体现在以下方面：第一，农业功能深化，主要是指将新的非常规活动纳入常规农业体系，如以更复杂、更综合的做法重组生产，创新产品，提高质量等。实现农业增值活动的农产品直接交易或加工即属于此类。第二，农业功能广化，主要是指发展反映新市场需求并可能创造新收入来源的非粮食生产活动，例如将基于农业活动及其场所开发出农业及农事休闲产品（Baldock et al.，1993）。第三，农业功能重整，主要涉及与主要农业活动相辅相成的所有非农业活动，目的是提供替代就业选择。这是使用最广泛的策略，它涉及农场与当地环境之间更广泛的融合形式（例如维护花园，生产动物饲料、造林），以实现自然服务（Menghini et al.，2014）。多功能农业的范围从初级粮食生产到满足农业以前没有考虑过的社会、生态和文化需求，如生物多样性恢复、生态修复和文化资源保护与传承等（Belletti，2002）。

1992 年，国家提出的"大农业"发展思路就是要以发展多功能、开放式、综合性农业为方向来推动农村地区脱贫致富。2007 年的中央一号文件正式提出要发挥农业的多样性功能。2015 年 10 月，党的十八届五中全会关于"十三五"规划建议中又提及此问题，指出要推动农村产业融合、拓展农业多种功能。旨在发挥农业多种功能的"大农业"具有以下主要特征：生产过程顺生态化、农产品供应差异化、农产品加工产地化、农业服务专业化和农业生态服务市场化等，于是大农业可以成为乡村资本积累的源泉和乡村振兴的重要产业基础。

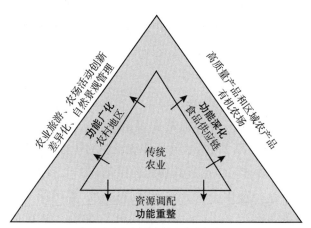

图 3 – 1 范德普洛格"三角模型"

资料来源：Van der Ploeg et al. (2003)。

农旅融合发展的核心正是要充分发掘农业多功能性，进一步实现其对农业农村发展的推动作用。农旅融合发展后形成观光农业、体验农业、生态农业等休闲服务新业态，可促进农业相关的文化、生态资源转化为可观的经济价值，同时创造大量的就业岗位，实现农村居民就地就业，强化农业的社会功能。另外，农旅融合发展还有利于传承农耕文化和农业民俗文化的传承。农业资源本身就是生态环境的重要组成，对旅游休闲业而言，农业生态资源可形成独特的吸引物，因此两大产业融合过程将强化对农业资源和生态环境保护，以实现地区产业的可持续发展，进一步发挥农业在地区生态环境维持/修复、维持生物多样性等方面的生态功能。

（二）产业融合理论

产业间的技术关联引致了产业融合发展，产业融合思想最早起源于美国学者罗森伯格（Rosenberg，1963）对于美国机械设备业演化的研究。20世纪70年代之后，全球信息产业呈现出快速融合发展的趋势，实践的发展最终推动了产业融合理论的演进。1978年，麻省理工学院（MIT）媒体实验室的创始人尼古拉斯·内格罗蓬特（Nicholas Negroponte，1978）提出的关于数字技术导致产业间交叉的观点，正式拉开了学界对产业融合问题研究的序幕。20世纪90年代中后期，关于产业融合的研究主要围绕融合的路径展开，如从技术融合视角逐渐扩展到产品、产业和市场融合视角。近些年，针对产业融合的机理和影响效应等研究也越来越多。

　　对于产业融合的概念，学界一直看法不一，基于不同视角给出了不同的定义。①基于产业边界视角，格林斯坦和卡纳（Greenstein & Khanna，1997）认为产业融合是行业和产业边界的不断收缩甚至消失的过程，其目的在于促进某个产业的增长。植草益（2001）的观点与此类似，指出产业融合就是由于技术不断进步、管制逐渐放松与管理日益创新所导致的产业行业边界的不断收缩甚至消失。基于融合过程视角，欧盟委员会（1997）则指出，产业融合可分为三个层次—技术、服务和市场融合。阿方索和萨尔瓦托雷（Alfonso & Salvatore，1998）认为"产业融合通常情况下以市场为导向，而且大多要经过技术融合、产品融合、市场融合三个阶段"。②基于产业创新发展视角，何立胜等（2005）认为产业融合是指不同产业或同一产业内的不同行业之间相互交叉、渗透、融为一体，最终形成新产业的动态过程。胡永佳（2007）认为产业融合是分工的结果，产业融合导致产业边界变模糊，从而使得产业内部重新调整其价值链，使其具备多个产业的功能；在这一过程中，资产通用性提高，交易成本得以降低，产业融合程度与此成正比（胡永佳，2007）。③基于系统论的视角，产业融合过程亦是系统自组织的过程。胡金星（2007）、芮明杰和胡金星（2008）等基于系统自组织理论视角认为产业融合是指在开放产业系统中，创新的出现与溢出效应引致不同产业要素间相互竞争、协同演进而形成新产业的动态过程，这一过程可用图3－2来阐释。

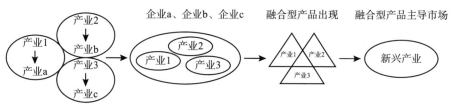

图 3 - 2　产业融合的过程

产业融合发展效应主要体现在产业融合使得产业边界逐步消融，新市场因此而出现，新的市场参与者带来了许多新产品与新服务，有利于要素资源的整合，可创造就业机会和并促进人力资本发展，因此产业融合成为产业发展及经济增长的新动力。乔达里（Chowdary，2005）认为产业间耦合发展有利于实现产业间相互引导、共同进步、资源共享，进而提升和推动产业发展；迈克尔（Michael，2011）系统阐述产业融合作用，产业间相互影响和作用有助于推进产业结构调整和持续性发展，进而促进社会就业和经济增长。产业融合相关理论在本书中各主要章节均有所运用。

（三）产业结构演化理论

产业结构演进与经济发展背景相适应，总体来看这种演进过程具有一定的规律性。1841 年，德国国家主义学派的经济学家李斯特指出，依经济社会发展阶段不同，对产业结构演进阶段进行了划分。他还提出采用国家干预经济、促进产业结构优化的观点。李斯特的产业演进论及国家干预经济思想对后来产业经济学的发展产生了很大影响。

产业结构理论演化理论中，配第 - 克拉克定理最为著名。配第 - 克拉克主要研究经济发展和产业结构变化的关系，尤其是经济发展过程中劳动力变化的规律。他认为，随着经济的发展、人均国民收入水平的提高，劳动力首先由第一产业向第二产业转移，当人均国民收入水平进一步提高时，劳动力便向第三产业转移（臧旭恒，2015）。库兹涅茨在配第等研究的基础上，依据现代经济统计体系对产业结构变动与经济发展两者间的关系进行了分析与解释关系，认为伴随着现代经济增长，人均收入的增长，产业结构发生变化，即农业为主导的第一产业比重下降，工业比重会增加，这为产业结构变动方向提供启示，也进一步证明了配第－克拉克定律，这一论断被称为人均收入影响论，即库兹涅茨经典事实。按三大部门构成，库兹涅茨从时间系列分析和横断面对产业发展形态变化规律进行了总结（杨治，1985），具体如表 3－1 所示。

表 3－1　　　　　　　　　产业发展形态概括（三部门构成）

产业	劳动力的相对比重		国民收入的相对比重		(3)＝(2)÷(1) 相对国民收入 （比较劳动生产率）	
	时间系列分析	横断面分析	时间系列分析	横断面分析	时间系列分析	横断面分析
第一产业	下降	下降	下降	下降	下降 （1以下）	几乎不变 （1以下）
第二产业	不确定	上升	上升	上升	上升 （1以上）	下降 （1以上）
第三产业	上升	上升	不确定	微升 （稳定）	下降 （1以上）	下降 （1以上）

注：不确定的意思是很难归纳出一般的趋势，从整体来看变化不大，或者略有上升。

从我国产业发展历程来看，我国产业结构变化也符合上述规律。随着国民经济发展，第二和第三产业的收益水平明显高于农业，农民为了获取更高收入便在第二产业和第三产业寻找就业机会。于是农业劳动力相对比重和农业实现的国民收入相对比重便减少，另外由于我国农业人口在总人口中占比较大，因此就会造成大量劳动力剩余。就目前我国实际来看，第二产业所能吸纳的原农业劳动力多为产能过剩部门，因此第二产业吸纳劳动力的能力并非无限。相对而言，第三产业以劳动密集型行业为主要构成，其可吸纳大量劳动力就业。农村地区通过产业融合发展可促进第二和第三产业吸收就业的能力提升，农民可实现非农就业，从而增加其收入来源途径，收入水平得以提高。另外，我国农村地区拥有丰富的生态资源、悠久的农耕文明和多样化的民俗文化，具备开发旅游休闲服务产品的先天条件，因此农旅融合便成为了实现农村产业融合发展的重要途径之一。农旅融合发展不仅符合产业结构演化发展的普遍规律，也适应我国的基本国情。

（四）制度变迁理论

制度的主要功能之一便是降低交易费用（奥利弗·威廉姆森，2004）。制度有供给也有需求，当供给与需求处于非均衡状态时，制度变迁就成了必然。在众多制度变迁的研究中，诺思的制度变迁理论最为系统，其主要思想体现在《制度变迁与美国经济增长》等著作中。诺思认为，主体期望获得潜在利润最大化是制度变迁的根本原因。潜在利润主要来源于四个方面：一是由规模经济带来的利润，二是外部效应内部化带来的利润，三是克服风险厌恶，四是交易成本转移与降低所带来利润（诺思，1994）。制度变迁的内因，在于人们需求的升级或变迁以及由预期引起的利益冲突，在需求升级寻求满足或利益冲突得到缓解的过程则会形成制度变迁的内在动力。制度变迁的外因主要指外部环境变化，主要涉及如技术创新、资源禀赋变化、社会消费观念变迁、政治环境和法律体制变动等因素。

结合当前农旅融合发展实际，制度变迁的以下因素对农业和旅游产业融合产生着影响：其一，外部因素。随着经济社会的发展，民众在精神层面的需求也日益多元化。农村优美的自然环境，受到城市居民的追捧。同时，国家层面的政策设计是农旅融合的推动力量，比如乡村振兴战略、精准扶贫战略、"三农"问题相关政策等均有力地推动了农村产业融合发展。其二，内部因素。农业农村自身发展面临的困境，也使得农村产业融合发展成为必然。如何提高农民收入、实现农村经济和农业可持续发展成为当前农村产业发展必须考虑的问题。农业农村自然生态资源是重要的旅游吸引物，农业科技的发展也为农旅融合提供了条件。这些内外因素共同作用下，农业和旅游产业融合才得以持续发展。

二、共同富裕相关理论

（一）马克思的共同富裕观

马克思的科学理论中并未直接提出"共同富裕"这一特定概念，但其系统地阐述了实现全体社会成员全面发展的物质前提、制度前提等内容，从而揭示了共产主义社会和人类社会的发展规律，为新时代中国推进共同富裕实践探索提供了丰富思想材料和实践指导。马克思揭示了人类从贫困境遇迈向共同富裕的前提和基础条件，即直接、现实的生产力的发展为社会前进和创新起着指引方向的作用。在一定意义上，生产力是社会成员创造和积累财富的能力，它既是经济关系的彰显，也是社会关系的表征，是实现共同富裕的一种状态呈现。首先，"当人们还不能使自己的吃喝住穿在质和量方面得到充分供应的时候，人们就根本不能获得解放"。生产力的发展为人类创造出越来越丰富的生活资料，使得"通过社会生产，不仅可以保证一切社会成员有富足的和一天比一天充裕的物质生活，还可能保证他们的体力和智力获得充分的自由的发展和运用"。可见，生产力从本质上反映了人民运用这种自由去创造资源能力的高低，但是这种高低受限于人们当下周围的环境优劣以及此前原有的物质生产资源的积累。以至于在对未来社会发展目标的实现过程中，无论是对实现共同富裕物质前提条件的认知，还是对实现共同富裕的衡量指标的判断，都离不开对当下资源发展现状的正确评估。最后，马克思总结了社会主义社会未来发展的最终目标，即未来"社会生产力发展将如此迅速，以至生产将以所有人的富裕为目的"。在未来的社会中，社会再生产是面向全体社会成员的，生产力发展既可以保证社会和谐的经济关系，也可以适应社会发展的历史进程，以此扩大社会生产的规模，满足所有人当下的生活体验。

在马克思的理论视域中，实现共同富裕的最终落脚点是保证全体劳动者自由而全面的发展。人实现自我的需要、实现独立性发展的需要、社会交往的普遍性和生存能力的发展构成了人自由而全面发展的内在规定性。

社会的进步，使人类在满足生存的基本需要的基础上追求自身素质的提高和价值创造能力的彰显，从而推动人的体力和思考优势能够依托社会物质条件的支撑充分发挥出来，最终发展成为"自由人的联合体"。毋庸置疑，在未来社会，人的现代化和共同富裕的实现会产生高度一致的目标契合性。一些马克思主义经典作家还高度憧憬了未来的美好社会，他们指出，在共产主义社会高级阶段，"在奴役性的分工消失以及脑力劳动和体力劳动对立消失之后，随着个人的全面发展，生产力也增长起来，集体财富的一切源泉都充分涌流之后，社会就会各尽所能，按需分配，从而人人过上幸福富裕的生活。"可见，推动人的全身心的解放，是社会历史演变的必然产物，是通过人类社会发展的终极意旨和最高价值原则来界定的。始终坚持以人为本的目标原则，坚持全体社会成员的"联合劳动生产"，才能推动人的身体与精神力量的相互促进。

（二）公平与正义相关理论

马克思公平观的形成主要经历了三个阶段。第一阶段是 19 世纪 40 年代到 50 年代后期，马克思于 1845 年发表的《神圣家族》一文中，细致深入地研究了传统的德国唯心主义哲学，掌握了无产阶级世界观的大体轮廓。然而该阶段仅仅将公平滞留在抽象和超越历史的范畴。第二阶段是 19 世纪 50 年代后期到 70 年代，这段时间属于马克思公平观形成的关键阶段。在这一时期，马克思对英国古典政治经济学进行了细致深入的研究，从而逐渐确立唯物史观。同时，其开始研究作为公平实现前提条件的物质内容与社会内容。第三阶段，也就是 1875 年马克思发表的《哥达纲领批判》，标志着马克思公平观的正式形成。马克思恩格斯通过批判资产阶级和小资产阶级的公平观，阐述了马克思主义公平观的内涵和实质，并且第一次把公平建立在唯物主义历史观的基础之上，实现了公平观的彻底革命。他们认为公平是具体的、历史的、相对的、阶级的，公平的性质和内容是由经济基础决定的。资本主义社会的公平具有很大的虚伪性和欺骗性。无产阶级的公平观是消灭私有制，消灭阶级，实现人的自由全面发展，实现共产主义。

罗尔斯的正义论思想兴起于 20 世纪 70 年代，当时美国社会面临着一系列矛盾，社会动荡不安。罗尔斯提出人们在"无知之幕"的"原始状态"下选择正义的原则，并逐渐建立起社会的法律制度。罗尔斯把正义作为衡量社会制度的根本标准，其正义论的理论基础是新契约论。罗尔斯在坚决维护个人自由权利和机会平等的基础上，通过"差别原则"尽量限制社会不平等，改善社会最不利者的处境。罗尔斯正义观的核心是"自由优先于平等，正义优先于效率"。而正义原则是罗尔斯正义学说的核心内容，正义原则是有理性的人在原初状态下签订的原初契约，也是人们联合起来构建政治共同体要遵循的基本原则，他认为："所有社会价值——自由和机会、收入和财富、自尊的社会基础——都要平等地分配，除非对其中的一种价值或所有价值的一种不平等分配合乎每一个人的利益。"但罗尔斯并不主张一律平等，而是主张不平等要有限制，不平等要在两个条件下适用，一是公平的机会均等，二是要符合最少受惠者的最大利益。罗尔斯正义论和马克思正义观念的不同在于，前者承认出身和天赋的不平等是不应得的因为它们是由偶然因素造成的，但认为由出身和天赋的不平等所导致的社会和经济的不平等却不一定是不正义的，因为正义与否只在于社会制度处理它们的方式，而只要照差别原则去处理，由出身和天赋不平等所导致的社会和经济者则认为，由于天赋和负担的不同是由偶然因素造成的，因此，由它们导致的人们事实上所得的不平等是不正义的。

2008 年，科恩从左翼立场对罗尔斯进行了最为深刻的批评。科恩认为罗尔斯的正义论并非像被认为的那样是平等主义取向的，他的差别原则与平等之间存在着深刻的鸿沟，其支撑差别原则的"激励论证"与"帕累托论证"，纵容了不平等的广泛存在。科恩认为分配正义问题的出现不仅源于国家利益，也源于民众的日常生活。他提出了一种体现社会主义的机会平等的"取得利益平等"理论，主张实现一种深层的机会平等，纠正所有非个人主动所致的不平等劣势，并进一步主张个人需要承担建构平等社会风尚的相关义务。科恩的正义观与马克思的正义观都认为由非选择的偶然因素导致的不平等是不正义的，但它们也有很大的差异，即前者讲的由非选择的偶然因素导致的不平等，指的是机会的不平等；而后者讲的是由非选择的偶然因素导致的不平等，指的是实际所得的不平等。

（三）不平等相关理论

学术界对机会不平等的讨论可以追溯到20世纪80年代。罗尔斯于1971年提出机会不平等理论，他关注的是结果的平等，认为每个个体都应该平等地接受权利、自由、收入等社会基本物品以及智力、健康等自然基本物品，但他也提出个体选择差异所导致的结果不平等是可接受的，他尝试将"对平等的需求"从个体成就拓展到机会领域。罗默和特兰诺伊（Roemer & Trannoy，2015）进一步总结和发展了机会不平等理论，构建"环境—努力"分析框架，环境指的是个体无法自我控制的因素集合，比如家庭背景、种族、性别等，而努力则指的是受个体自我控制的行为，比如工作努力程度、工作时间、受教育程度、职业类型等。不平等的形成则是由个体不可控的环境因素和个体可控的努力程度共同造成的，如果结果不平等只是由个体努力决定的，则称为"机会平等"，如果结果不平等一部分是由个体不可控的外界因素造成的，则是"机会不平等"。

1997年，哈耶克在《自由序列原理》中提出贫富差距理论。在哈耶克看来，人类社会存在一定的贫富差距不可避免，而且一定的贫富差距还有其存在的合理性。他认为个人的先天差异和后天环境的不同必然导致贫富差距。一方面，哈耶克首先旗帜鲜明地指出"人人生而不同"。并且，哈耶克进一步强调，将人们置于平等的地位的方法只有一个，那就是给予他们以差别待遇。哈耶克认为后天的不同也同样必然会产生贫富差距。另一方面，哈耶克认为后天的不同是造成贫富差距的另一个极为重要的原因。哈耶克认为所谓后天的环境，其因素和范围是极其宽泛的，包含地理条件、文化传统、家庭、教育等因素。哈耶克对消除后天环境影响的观念及其做法的实质、危害进行了澄清，哈耶克认为这种做法不仅预设了一个全知全能的政府，这在哈耶克看来是不可能的，它同时也意味着对个人自由的扼杀。因此，哈耶克认为这一观念不但不能解决不平等的问题，而且还会导致更大的不平等，更严重的危害。所以，哈耶克认为这种无法改变的环境的差异性，同样也必然导致贫富差距的存在。

第四章　我国农旅融合发展演进及评价

农旅融合作为农村地区产业融合发展的典型形式之一，在我国经过40余年的发展之后规范效益进一步凸显，经济社会效益得到了充分发挥。数据显示，2019年中国乡村休闲旅游总人次超过32亿，旅游消费总额超8500亿元。农旅融合发展作为促进农村产业兴旺、舒缓农业发展瓶颈、解决剩余劳动力就业的重要途径之一，产生了良好的经济社会效益。本章将从时间和空间两个维度梳理我国农旅融合发展演进态势，同时借助定量分析工具对农旅融合水平进行测度评价，总结农旅融合发展取得的主要成效及存在的问题。

第一节　我国农旅融合发展演进的特征

一、农旅融合发展的时间阶段特征

相较欧美发达国家和地区，我国农旅融合发展起步相对较晚，起步之初以"农家乐"为主要形式（王琪延和张家乐，2013）。回顾发现，我国农旅融合发展大体经历了四个阶段，各阶段的主要特征如下。

第一阶段为初步融合时期（2000年及以前）。改革开放之初，国民经济恢复为城市居民休闲消费提供了契机。邻近城市和景区的农民举办的瓜果节事活动，吸引了城市居民前往休闲观光。20 世纪 90 年代初，农旅融合发展开始在城市周边悄然兴起，农业休闲市场开始形成。1998 年，原国家旅游局推出的"华夏城乡游"开启了乡村旅游休闲产业发展高潮（郑群明，2011）。这一时期，融合产品以农业休闲观光产品为主，产品内涵不丰富，体验性不强。支持政策从市场开拓和营销发展导向向农业旅游空间布局、乡村旅游与乡村振兴方向转变。

第二阶段为快速融合时期（2001～2009 年）。2001 年，原国家旅游局又以"推进工业旅游和农业旅游"作为工作重点，"农业旅游"概念应运而生（程道品和梅虎，2004）。2005 年，我国首批"全国农业旅游示范点"，共有 203 家单位位列其中。2006 年，发展休闲观光农业被列入"十一五"规划。2007 年及以后的中央一号文件多次提出要重视发展乡村旅游，同时国家各级行政部门也相继出台了具体实施意见。2008 年和 2009 年的中央一号文件均有涉及相关政策。2009 年，《全国乡村旅游发展纲要（2009～2015）年》由原国家旅游台制定出台。这一时期国家支持政策从市场开拓和营销发展导向向农业旅游空间布局、乡村旅游方向转变。

第三阶段为紧密融合时期（2010～2015 年）。2010 年，原农业部出台了《全国休闲农业发展"十二五"规划》，并与原国家旅游局开展了全国休闲农业与乡村旅游示范县创建活动，标志着农旅融合发展进入品牌塑造和规范化管理的新阶段。2014 年，原国务院扶贫办和原国家旅游局发布《关于实施乡村旅游富民工程推进旅游扶贫工作的通知》，农旅融合发展在增加农民收入、促进地区脱贫过程中的作用受到重视。这一时期，乡村生态旅游产品体系日渐完善，市场空间进一步扩大。政策方面，农业休闲旅游品牌示范创建与标准化工作规范被提上议程。农旅融合发展的经济和社会效益引起了各级政府的重视，旅游扶贫成为不少地区减贫的重要途径。这一时期，国家层面上开始重视农旅融合发展，出台了系列政策文件引导其发展。乡村生态旅游产品体系日渐完善，市场空间进一步扩大。农旅融合发展的经济和社会效益引起了各级政府的重视。政策方面，农业休闲旅游品牌示范创建与标准化工作规范被提上议程。

第四阶段为新兴融合阶段（2016 年至今）。2016 年原农业部《关于大力发展休闲农业的指导意见》。2017 年，原农业部等多部门出台了乡村旅游及休闲农业提质升级行动方案，标志着农旅融合发展质量及效益开始引起重视，意味着农旅融合进入提质增效的新阶段。2018 年国务院发布的《关于促进乡村产业振兴的指导意见》和 2019 年中央一号文件均指出要实施休闲农业和乡村旅游精品工程。2020 年，新冠疫情暴发后，国家发展改革委等多个部门联合发布了《关于发挥国家农村产业融合发展示范园带动作用，进一步做好促生产稳就业工作的通知》，提出要尽快恢复发展乡村旅游、健康养生等产业，拓展民众的就业空间，吸引农民就地就业。农旅融合发展在解决民生问题中的多维效应进一步凸显，融合业态进一步深入人心，备受消费者青睐。这一时期，农旅融合发展开始迈入质量提升和品牌塑造的新阶段。相关产品内涵越渐丰富，体验价值得到深入挖掘。相关业态进一步深入人心，产品体系备受消费者青睐。农旅融合发展多维效应进一步凸显。相关政策更加关注农业休闲旅游产品转型升级与提质增效以及可持续发展。

我国农旅融合发展主要阶段及标志性事件见表 4-1。

表 4-1　　　　　我国农旅融合发展主要阶段及标志性事件

阶段	关键事件及内容	主要特征
初步融合期（2000 年及以前）	1989 年，"中国农民旅游协会"更名为"中国乡村旅游协会"，标志着全社会开始关注乡村旅游	农旅融合发展开始在城市周边悄然兴起，主要以农乐和农业节事活动为主
	1991 年，上海"南汇桃花节"举办，拉开了我国农旅融合发展的序幕	
	1998 年，原国家旅游局推出"华夏城乡游"，乡村旅游受到高度关注	

续表

阶段	关键事件及内容	主要特征
快速融合期（2001~2009年）	2001年，原国家旅游局推出"推进工业旅游和农业旅游"，"农业旅游"的概念被正式提出	这一时期，融合产品以农业休闲观光产品为主，产品内涵不丰富，体验性不强。支持政策从市场开拓和营销发展导向向农业旅游空间布局、乡村旅游与乡村振兴方向转变
	2005年，我国首批"全国农业旅游示范点"设立，开启农旅融合品牌建设之路	
	2006年，休闲观光农业首次被写入"十一五"规划	
	2006年，原国家旅游局出台《关于促进农村旅游发展的指导意见》	
	2007年，中央一号文件首次提出要特别重视发展乡村旅游	
	2007年，原国家旅游局和原农业部发布《关于促进社会主义新农村建设与乡村旅游发展合作协议》，农村融合发展的多维效应引起了重视	
	2007年，中央一号文件提出要"建设现代林业，发展山区林特产品、生态旅游业和碳汇林业"	
	2009年，原国家旅游局发布了《全国乡村旅游发展纲要（2009~2015年）》	
紧密融合期（2010~2015年）	2010年中央一号文件指出要"推进乡镇企业结构调整和产业升级，扶持发展农产品加工业，积极发展休闲农业、乡村旅游、森林旅游和农村服务业，拓展农村非农就业空间"	这一时期，国家层面上开始重视农旅融合发展，出台了系列政策文件引导其发展。乡村生态旅游产品体系日渐完善，市场空间进一步扩大。农旅融合发展的经济和社会效益引起了各级政府的重视。政策方面，农业休闲旅游品牌示范创建与标准化工作规范被提上议程
	2010年原国家旅游局与原农业部联合开展了全国休闲农业与乡村旅游示范县创建活动	
	2011年原农业部制定发布了《全国休闲农业发展"十二五"规划》	
	2013年中国旅协休闲农业与乡村旅游分会出台了《全国休闲农业与农村旅游推进提升行动实施方案》	
	2014年原国家旅游局、原农业部等7个部门发布了《关于实施乡村旅游富民工程推进旅游扶贫工作的通知》	
	2015年国务院扶贫办、原国家旅游局发布了《关于开展贫困村旅游扶贫试点工作方案的通知》	

续表

阶段	关键事件及内容	主要特征
新兴融合期（2016年至今）	2016年原农业部《关于大力发展休闲农业的指导意见》	这一时期，农旅融合发展开始迈入质量提升和品牌塑造的新阶段。相关产品内涵日渐丰富，体验价值得到深入挖掘。相关业态进一步深入人心，产品体系受消费者青睐。农旅融合发展多维效应进一步凸显。相关政策更加关注农业休闲旅游产品转型升级与提质增效以及可持续发展
	原农业部、旅游局等14个部门出台《促进乡村旅游发展提质升级行动方案（2017年）》	
	原农业部办公厅发布《关于推动落实休闲农业和乡村旅游发展政策的通知》	
	农业农村部发《关于开展休闲农业和乡村旅游升级行动的通知》	
	文化和旅游部、生态环境部、农业农村部等17个部门出台《关于促进乡村旅游可持续发展的指导意见》	
	中央一号文件明确提出实施休闲农业和乡村旅游精品工程，建设一批设施完备、功能多样的休闲观光园区、乡村民宿、特色小镇	
	中央一号文件指出要充分发挥乡村资源、生态和文化优势，发展适应城乡居民需要的休闲旅游、餐饮民宿、文化体验、健康养生、养老服务等产业。加强乡村旅游基础设施建设	
	国务院《关于促进乡村产业振兴的指导意见》指出要实施休闲农业和乡村旅游精品工程	
	国家发展改革委等多部委发布《关于发挥国家农村产业融合发展示范园带动作用，进一步做好促生产稳就业工作的通知》，提出要恢复发展乡村旅游、健康养生和订单农业等，拓展就业空间，吸引农民就近就地就业	

二、农旅融合发展的空间格局特征

农业生产受地理环境、气候等条件影响较大，因此全国范围内不同地区农业生产特色不同，东部地区和西部地区差异明显。农旅融合以农业为基础，因此农旅融合相关产业分布亦呈现一定的空间特征。为加快推进农旅融合发展，充分发挥其在实现农业多种功能、促进农村产业结构优化和农民持续增收过程中的作用，原农业部和原国家旅游局自2010年起开展了全国休闲农业与乡村旅游示范县和全国休闲农业示范点创建活动。截至2017年,在全国范围内共创建了388个示范县,示范县分布见表4-2。从全国休闲农业及乡村旅游示范县的分布来看,山东、江苏、浙江和四川等省份示范县数量较多,其次是辽宁、河北、河南、江西、湖南和新疆等样本,而海南、上海和天津数量偏少。自2019年起,文化和旅游部会同国家发展改革委开展了全国乡村旅游重点村遴选工作,到2021年共遴选出1199个全国乡村旅游重点村(镇),数量分布见表4-3。从乡村旅游重点村(镇)的空间分布来看,这1199个村(镇)分布大体以"胡焕庸线"为分区线,东南地区和西北地区分布密度差异较大,大多数乡村旅游重点村位于东南地区。这与我国农业生产、经济社会发展格局较为吻合。

表4-2 全国休闲农业和乡村旅游示范县分布

省份	数目	省份	数目	省份	数目	省份	数目	省份	数目
北京	7	辽宁	15	安徽	15	湖南	16	贵州	12
天津	4	吉林	13	福建	14	广东	10	云南	12
河北	16	黑龙江	12	江西	17	广西	14	甘肃	10
山西	11	上海	3	山东	19	海南	3	新疆	15
陕西	13	江苏	22	河南	16	重庆	12	宁夏	9
内蒙古	9	浙江	23	湖北	13	四川	19	青海	7
西藏	7								

合计:388个

表4-3 全国乡村旅游重点村(镇)分布

省份	第一批 2019年	第二批 2020年	第三批 2021年	小计	省份	第一批 2019年	第二批 2020年	第三批 2021年	小计
北京	9	23	6	38	河南	10	21	7	38
天津	7	11	5	23	湖北	11	27	7	45
河北	11	24	7	42	湖南	11	23	7	41
山西	8	18	7	33	广东	10	22	7	39

续表

省份	第一批 2019 年	第二批 2020 年	第三批 2021 年	小计	省份	第一批 2019 年	第二批 2020 年	第三批 2021 年	小计
陕西	11	23	6	40	广西	11	22	7	40
内蒙古	9	15	6	30	海南	8	16	5	29
辽宁	9	21	5	35	重庆	9	20	6	35
吉林	8	19	6	33	四川	12	23	7	42
黑龙江	10	21	6	37	贵州	12	26	7	45
上海	6	11	5	22	云南	13	23	7	43
江苏	13	26	7	46	甘肃	12	20	6	38
浙江	14	26	7	47	新疆	9	24	6	39
安徽	12	22	7	41	宁夏	9	20	5	34
福建	11	26	6	43	青海	8	20	5	33
江西	12	25	7	44	西藏	9	21	5	35
山东	10	24	7	41	新疆	6	17	5	28

第二节　农旅融合水平测度分析

基于产业的互动关系，哈肯（2005）认为产业融合是指不同产业内部各要素或子系统交互耦合的过程。在这一过程中，各个系统由无序状态经过自组织演化实现稳定且均衡的状态，即实现子系统的融合。对农业与旅游产业融合亦是如此，两大产业各自的产业要素在融合过程中相互交叉、渗透，在融合产业链上演化出新的产业要素。为更好地揭示农业和旅游产业在融合过程中的相互作用关系，本书运用应用较为广泛的耦合协调模型来测度农旅融合水平。

一、耦合协同度模型

在开放的产业系统中，不同产业由于资源互补可引致产业耦合，产业

耦合会使得产业系统向高级而有序的状态演进（聂磊，2019）。陈学云认
为（2018）虽产业耦合和产业融合概念不同，产业耦合反映产业间逐渐融
为一体的动态过程，而产业融合反映产业间内在互动、关联关系，但是两
者的功效相同，深层次理论具有相通之处。文献回顾发现，不少学者借助
耦合协同模型来对产业融合度进行测评。如苏永伟（2020）运用耦合模型
测算了我国 2005～2018 年生产性服务业与制造业的融合水平。许金富和陈
海春（2020）基于耦合协调度模型构建体育产业和旅游产业发展耦合协调
评价指标体系，探讨中国 31 个省（区、市，不包括港澳台地区）体育产
业和旅游产业综合水平及耦合协调度。王丽芳（2018）借此模型对山西省
农旅融合度进行了测算。总体来看，耦合评价法具有较好适用性，在此也
运用耦合协调模型构建农业和旅游产业融合水平测度模型。农业和旅游产
业耦合协同度模型构建过程如下。

第一，数据标准化处理。为消除不同量纲对数据分析的影响，对原始
数据 x_{jt} 进行如下标准差标准化处理：

$$x'_{jt} = (x_{jt} - \bar{x}_{jt})/S_{jt}(j = 1, 2, \cdots, n; \ t = 1, 2, \cdots, m) \quad (4-1)$$

其中 x'_{jt} 表示标准化后的数据，$\bar{x}_{jt} = \dfrac{1}{m}\sum\limits_{m=1}^{m} x_{jt}$ 表示变量均值，S_{jt} 表示变量
标准差。

第二，指标权重的确定。熵值法通过计算指标的权重反映每个指标的
变化差异程度，避免了人为因素带来的指标偏差，能得出比较客观的结
果，而且适用于系统性的研究，在产业融合领域研究中使用较为普遍。在
此根据熵权法确定各指标权重，计算步骤如下：

$$s_{ij} = x_{ij}/\sum\limits_{i=1}^{m} x_{ij} \quad (4-2)$$

式（4-2）中，s_{ij} 是第 i 年第 j 项指标的比重。

$$h_j = -\frac{1}{Inm}\sum\limits_{i=1}^{m} s_{ij}Ins_{ij} \quad (4-3)$$

式（4-3）中，h_j 是第 j 项指标的熵值。

$$\alpha_j = 1 - h_j \quad (4-4)$$

式（4-4）中，α_j 是第 j 项指标的差异系数。

$$\omega_j = \alpha_j \Big/ \sum_{j=1}^{n} \alpha_j \qquad (4-5)$$

式（4-5）中，ω_j 是第 j 项指标的权重。

第三，农业和旅游产业各自综合发展水平评价。根据线性加权法进行测算，确定建立农业综合评价函数：

$$A(x) = \sum_{j=1}^{n} \omega_j M_{ij} \qquad (4-6)$$

式（4-6）中，j 是农业发展水平评价指标的个数，ω_j 是指标权重，M_{ij} 是农业第 j 个指标在第 i 年的标准化后的值。$A(x)$ 的值越大，则农业综合发展水平越高，反之亦反之。

同理，建立旅游产业综合评价函数：

$$T(y) = \sum_{i=1}^{n} \omega_j N_{ij} \qquad (4-7)$$

各指标解释与式（4-6）类似，$T(y)$ 的值越大，则说明旅游产业发展水平越高，反之亦反之。

第四，建立农业和旅游产业耦合协调度模型，具体如下：

$$C = \sqrt[2]{\frac{A(x) \cdot T(y)}{[A(x) + T(y)]^2}} \qquad (4-8)$$

$$U = \sqrt{C \cdot D} \qquad (4-9)$$

$$[D = \beta \cdot A(x) + \gamma \cdot T(y)] \qquad (4-10)$$

式（4-8）中，C 为耦合度，$C \in [0, 1]$，C 值越大说明二产业融合程度越理想，当 C 值越接近于 0 时则充分说明农业与旅游产业之间的融合程度越不理想。现实中，由于农业和旅游产业属于不同子系统，发展方式差异较大。耦合度仅反映农业与旅游产业互动交叉状态，不能准确反映两大产业的实际融合发展水平。为了避免出现两子系统发展水平不高但是两者耦合度高的假象，在此采用耦合协调度 U 来表征农旅融合水平/农旅融合度（ATL）（后文相关实证分析亦以此指标为基础），U 值越大说明耦合协调越好。一般来说，耦合协调度值越大，产业间融合度越高（苏永伟，2020）。式（4-10）中，$A(x)$ 表示农业综合发展指数，$T(x)$ 表示旅游产业综合发展指数，β、γ 为待定系数，D 为农业与旅游产业的综合协调指数。根据耦合度 C 与综合协调指数 D，计算耦合协调度 U。鉴于融合过程中农业和旅游产业系统交叉渗透的互动关系，在此借鉴学者的观点，令 $\beta = \gamma = 0.5$（王丽芳，2018）。产业融合度的划分标准参照苏永伟（2020）的研究成果，由于农业和旅游产业性质不同，生产方式差异显著，所以两产业不可能完全融合为一个产业，所以完全融合区间在此不考虑，同样地，两产业完全无关联的状态在现实中也不存在，因此完全不融合状态亦不考虑。具体见表 4 - 4。

表 4 - 4　　　　　　　　　　　耦合协调度评价标准

融合度区间	融合状态类型	融合度区间	融合状态类型
(0, 0.200]	极低融合	(0.500, 0.600]	初级融合
(0.2000, 0.300]	低度融合	(0.600, 0.700]	中级融合
(0.3000, 0.400]	中低度融合	(0.700, 0.800]	良好融合
(0.400, 0.500]	勉强融合	(0.800, 1)	优质融合

二、指标体系构建

为确保农业和旅游产业指标体系构建过程的合理性，在上述耦合协同度模型构建的基础上，采用文献分析法和专家意见法等进行指标遴选，同时考虑所选指标能客观反映农旅两大产业的经营现状、规模和效益等。最终从产业绩效和产业要素两个方面构建相应的产业发展水平评价指标体系。就农业发展而言，其产业绩效通过农业总产值、农林牧渔业总产值、农村居民消费支出、主要农产品产量和农村居民家庭恩格尔系数 5 个指标来衡量，产业要素通过农作物播种面积、农业机械总动力、第一产业从业人数、有效灌溉面积、农林牧渔业全社会固定资产投资 5 个指标来衡量。就旅游产业而言，产业绩效维度包括国内旅游收入、旅游外汇收入、国内旅游人数、入境过夜旅游人数和主要旅游企业营业收入 5 个指标，产业要素包括旅行社数量、星级饭店数量、A 级以上景区数量、旅游产业从业人数和旅游企业物质资本存量等 5 个指标。其中主要旅游企业营业收入包括景区、旅游行业和星级酒店营业收入，旅游外汇收入按当年汇率折算成人民币再进行运算（见表 4 - 5）。

表 4 - 5　　　　　　　　　　　农旅融合水平测度指标体系

主维度	要素层	指标层	主维度	要素层	指标层
农业发展水平	产业绩效	农业总产值（亿元）	旅游产业发展水平	产业绩效	国内旅游收入（亿元）
		农林牧渔业总产值（亿元）			旅游外汇收入（亿元）
		农村居民消费支出（元/人）			国内旅游人数（人次）
		主要农产品产量（万吨）			入境过夜旅游人数（人次）
		农村居民家庭恩格尔系数（百分比）			主要旅游企业营业收入（万元）
	产业要素	农作物播种面积（千公顷）		产业要素	旅行社数量（个）
		农业机械总动力（万千瓦）			星级饭店数量（个）
		第一产业从业人数（万人）			A 级以上景区数量（个）
		有效灌溉面积（千公顷）			旅游产业从业人数（万人）
		农林牧渔业全社会固定资产投资（亿元）			旅游企业物质资本存量（亿元）

三、融合水平测度结果及分析

（一）农业和旅游产业融合水平的时空分异分析

1. 农旅融合水平时序差异分析

根据式（4 - 1）至式（4 - 10），测度出历年各省农业和旅游产业的耦合度和耦合协同度（融合度），历年农旅融合度变化趋势如图 4 - 1 所示，各省份历年融合度如表 4 - 6 所示。从图 4 - 1 和表 4 - 6 可以看出，农业和旅游产业融合度呈逐年上升趋势，从 2006 年的 0.315 上升至 2019 年的 0.615，反映出两产业融合发展态势良好。这与国家层面密集发布的产业融合发展政策息息相关。2006 年，发展休闲观光农业被列入"十一五"规划。2007 年及以后的中央一号文件多次提出要重视发展乡村旅游。2010 年，《全国休闲农业发展"十二五"规划》出台，原农业部和国家旅游局开展创建全国休闲农业与乡村旅游示范县。2014 年，国务院扶贫办和原国家旅游局发布《关于实施乡村旅游富民工程推进旅游扶贫工作的通知》，农旅融合发展在增加农民收入、促进地区脱贫过程中的作用受到重视。2017 年，原农业部等多部门出台了《乡村旅游及休闲农业提质升级行动方案》，标志着农旅融合发展质量及效益开始引起重视，意味着农旅融合进入提质增效的新阶段。2018 年国务院发布的《关于促进乡村产业振兴的指导意见》指出要实施休闲农业和乡村旅游精品工程。这些政策文件的出台为两产业的融合发展提供了有力支撑。

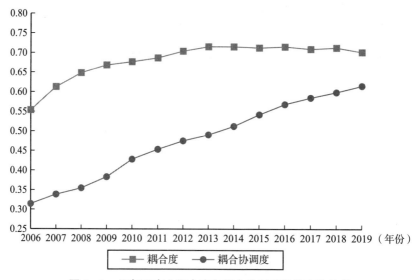

图 4-1　历年两产业耦合度和耦合协调度均值变化趋势

表4－6　　　　　　　　　　　　　农业和旅游产业融合度汇总

省份	2006年	2007年	2008年	2009年	2010年	2011年	2012年	2013年	2014年	2015年	2016年	2017年	2018年	2019年
安徽	0.317	0.352	0.392	0.371	0.491	0.485	0.530	0.558	0.533	0.590	0.627	0.647	0.673	0.697
江西	0.325	0.337	0.371	0.437	0.480	0.523	0.541	0.564	0.611	0.636	0.651	0.659	0.683	0.678
河南	0.337	0.343	0.382	0.443	0.472	0.481	0.496	0.502	0.532	0.566	0.576	0.585	0.632	0.675
湖南	0.388	0.397	0.402	0.455	0.495	0.527	0.559	0.541	0.582	0.590	0.612	0.629	0.616	0.635
湖北	0.362	0.409	0.405	0.420	0.491	0.496	0.524	0.531	0.542	0.554	0.563	0.576	0.613	0.614
山西	0.267	0.286	0.304	0.321	0.387	0.413	0.418	0.514	0.506	0.518	0.534	0.554	0.582	0.595
四川	0.413	0.427	0.482	0.478	0.483	0.514	0.522	0.517	0.541	0.588	0.624	0.643	0.651	0.689
重庆	0.353	0.361	0.389	0.406	0.415	0.431	0.458	0.469	0.483	0.520	0.582	0.613	0.658	0.679
广西	0.304	0.329	0.309	0.334	0.417	0.439	0.454	0.520	0.530	0.544	0.578	0.614	0.621	0.616
贵州	0.253	0.237	0.253	0.345	0.353	0.395	0.432	0.470	0.469	0.487	0.515	0.543	0.573	0.602
内蒙古	0.293	0.247	0.254	0.334	0.359	0.384	0.417	0.439	0.454	0.489	0.520	0.558	0.583	0.593
宁夏	0.253	0.237	0.253	0.345	0.353	0.440	0.486	0.419	0.503	0.535	0.547	0.561	0.585	0.588
陕西	0.309	0.353	0.431	0.389	0.396	0.408	0.421	0.437	0.451	0.488	0.418	0.519	0.521	0.587
云南	0.373	0.389	0.421	0.441	0.504	0.515	0.490	0.459	0.469	0.520	0.634	0.575	0.596	0.584
新疆	0.271	0.287	0.334	0.339	0.357	0.395	0.414	0.421	0.475	0.501	0.537	0.587	0.578	0.583
甘肃	0.240	0.232	0.253	0.271	0.333	0.367	0.384	0.402	0.421	0.472	0.506	0.532	0.553	0.571
西藏	0.218	0.260	0.274	0.293	0.363	0.389	0.412	0.441	0.475	0.494	0.512	0.535	0.55	0.571
青海	0.171	0.228	0.265	0.272	0.345	0.376	0.385	0.394	0.411	0.461	0.476	0.507	0.539	0.567
浙江	0.451	0.439	0.482	0.479	0.493	0.535	0.557	0.615	0.628	0.640	0.651	0.684	0.736	0.737
江苏	0.444	0.482	0.437	0.489	0.516	0.537	0.554	0.575	0.598	0.642	0.657	0.669	0.681	0.703
山东	0.437	0.438	0.443	0.439	0.496	0.504	0.536	0.573	0.581	0.592	0.643	0.651	0.673	0.699
福建	0.345	0.393	0.424	0.454	0.518	0.511	0.585	0.583	0.598	0.616	0.639	0.616	0.615	0.654
海南	0.279	0.348	0.324	0.348	0.367	0.384	0.394	0.402	0.443	0.472	0.567	0.579	0.597	0.607
广东	0.303	0.347	0.284	0.334	0.417	0.425	0.464	0.486	0.527	0.542	0.587	0.592	0.556	0.602
河北	0.237	0.281	0.271	0.315	0.376	0.429	0.455	0.470	0.491	0.522	0.545	0.558	0.577	0.578

省份	2006年	2007年	2008年	2009年	2010年	2011年	2012年	2013年	2014年	2015年	2016年	2017年	2018年	2019年
吉林	0.282	0.333	0.345	0.381	0.494	0.491	0.487	0.512	0.529	0.565	0.576	0.586	0.593	0.609
黑龙江	0.252	0.321	0.334	0.365	0.374	0.413	0.435	0.438	0.451	0.518	0.531	0.554	0.561	0.579
辽宁	0.331	0.384	0.414	0.431	0.443	0.487	0.489	0.485	0.516	0.518	0.537	0.545	0.585	0.578
全国	0.315	0.338	0.355	0.383	0.428	0.453	0.475	0.491	0.513	0.542	0.568	0.585	0.599	0.615

2. 融合水平空间差异分析

全国范围而言，2019 年农旅融合度全国平均值为 0.615，排在前三位的江苏、浙江、山东，而甘肃、西藏和青海排在后三位，这从侧面反映了农旅融合发展与区域经济水平的关联性。2019 年，东部地区江苏、浙江、山东和福建 4 省、中部地区安徽、江西、河南和湖南 4 省、西部地区四川和重庆 2 省的农旅融合度均高于全国平均值。而东北三省 2015～2019 年农旅融合度均低于全国平均值。总体来看，东部地区各省区农旅融合水平相对较高，而西部地区多数省区和东北地区多年处于较低融合水平状态。

虽然从表 4-6 可以看出两产业融合度呈上升趋势，但仍无法据此了解到各省份不同时点的两产业融合状态的好坏。参照表 4-4 中的标准，将历年各省份的融合状态进行归类，结果如表 4-7 所示。据表 4-7 可知，2006～2019 年没有省份两产业处于极低融合状态，说明我国各地区农业和旅游产业融合发展已跨越了零起点，总体融合状态也从极低融合慢慢向高水平融合状态演进，可见两产业的联系越来越紧密。

表 4-7 2006～2019 年不同类型融合状态数量变化

融合状态	2006年	2007年	2008年	2009年	2010年	2011年	2012年	2013年	2014年	2015年	2016年	2017年	2018年	2019年
极低融合	1	0	0	0	0	0	0	0	0	0	0	0	0	0
低度融合	11	9	8	3	0	0	0	0	0	0	0	0	0	0

融合状态	2006年	2007年	2008年	2009年	2010年	2011年	2012年	2013年	2014年	2015年	2016年	2017年	2018年	2019年
中低度融合	12	14	10	13	12	7	3	1	0	0	0	0	0	0
勉强融合	4	5	10	12	13	13	16	14	12	6	3	2	3	3
初级融合	0	0	0	0	3	8	9	12	14	17	16	16	13	9
中级融合	0	0	0	0	0	0	0	1	2	4	9	10	11	14
良好融合	0	0	0	0	0	0	0	0	0	0	0	0	1	2
优质融合	0	0	0	0	0	0	0	0	0	0	0	0	0	0

2006 年，处于极低度融合状态的省份有 1 个（青海），处于低度融合状态的省份有 11 个（山西、贵州、内蒙古、宁夏、新疆、甘肃、西藏、海南、河北、吉林、黑龙江），处于中低度融合状态的省份有 12 个（福建、广东、安徽、湖南、湖北、重庆、广西、江西、河南、陕西、云南、辽宁），处于勉强融合状态的省份有 4 个（四川、浙江、江苏、山东），没有省份两产业进入更高融合状态，可见当时两产业融合状态较不理想。2010 年，没有省份两产业处于低度及更低水平融合状态，处于中低度融合状态的省份有 12 个（新疆、甘肃、西藏、青海、内蒙古、宁夏、山西、海南、河北、贵州、陕西、黑龙江），处于中低度融合状态的省份有 13 个（安徽、山东、四川、广东、江西、湖北、重庆、河南、广西、湖南、浙江、吉林、辽宁），云南、江苏、福建 3 省已进入初级融合状态。2015 年，7 个省份处于勉强融合状态（贵州、内蒙古、陕西、甘肃、西藏、青海、海南），相较 2010 年减少 5 个省份；17 个省份进入初级融合状态（吉林、安徽、黑龙江、湖南、湖北、河北、山东、四川、山西、重庆、宁夏、河南、新疆、广西、云南、广东、辽宁），相较 2010 年增加了 14 个省份；江

西、浙江、江苏、福建4省进入了中级融合状态，由此可见两产业融合水平越来越高。自2010年起，国家层面上乡村旅游与休闲农业产业发展政策的密集出台，是农旅融合发展的重要驱动力，因此，各地区农旅融合发展进入快车道。近年来，随着乡村振兴战略的全面实施和农业供给侧结构性改革的推进，农村产业融合发展成为推动农村经济发展的重要抓手，农旅融合发展在其中发挥着重要作用，因此亦受到各级政府的重视，农业和旅游产业融合程度进一步增强。2019年，西藏、青海、甘肃3省尚处于勉强融合状态，9省处于初级融合状态（内蒙古、宁夏、山西、陕西、新疆、河北、黑龙江、辽宁、云南），江西等14省进入中级融合状态，相较2015年此状态省区数增加了10个省份；该年浙江和江苏省两产业进入良好融合状态。只是在研究期内，暂无省区两产业进入优质融合状态，说明还有推进两产业进一步融合的空间。

从不同类型融合状态的空间演变来看，2006年我国的农业与旅游产业融合度呈现出"从东部到西部逐步递减，从北方向南方逐步递增"的空间分布特征；2019年这一特征虽未发生明显的变化，但是融合发展状态仍呈现从沿海向内陆延伸的空间分布特征。从农业和旅游产业融合度测度的指标体系可知，农旅融合发展受到产业发展基础条件、广阔的消费市场、健全的服务体系等因素的影响，而东部沿海地区一直以来经济较发达，在上述因素上具有先天的优势。另外，伴随着东部沿海地区的溢出效应形成，以及重大国家战略发展区域建设的推进，内陆地区的农业和旅游产业融合状态也从较不理想水平向较为理想状态的演变，较理想融合发展区域逐步呈现从"沿海向内陆"的空间演变态势。

（二）融合水平空间关联格局分析

1. 融合水平全局自相关检验

根据地理学第一定律，一个区域分布的地理事物的某一属性和其他所有事物的同种属性之间的关系—地区的经济发展情况往往受到与邻近地区产生一定联系，存在相互联系与作用关系（Anselin，1998）。产业融合发展作为地区重要的经济现象，亦可能存在一定的区域关联性。为探究农旅

融合发展的空间关系性，现借助探索性空间分析法，运用 ArcGIS 和 Geada
软件对区域间两大产业的融合度进行空间特征刻画。

　　首先运用 Geoda 软件进行全局空间自相关分析，以了解不同年份各省
区农业与旅游产业的融合度的平均空间差异与空间关联情况。考虑到某些
省区实际上并不相邻，但空间上较为接近，彼此间农旅融合发展也可能存
在相互影响和作用的情况，本书借鉴王坤等（2016）做法构建了省会城市
之间的距离衰减函数，以欧几里得距离的倒数作为空间权重，借助全局
Moran's I 指数来反映融合度的空间趋同性特征。2006～2019 年各年度的全
局 Moran's I 指数值均大于 0，且均通过显著性水平检验。由此可见，我国
农业和旅游产业融合度空间分布上存在显著的正向相关性，邻近省区之间
一般呈现高水平或低水平融合状态的集聚特征，表现出较明显的空间溢出
效应。结合表 4 - 8 可知，全局 Moran's I 指数逐年不断上升，表明随着时
间的推移，省区之间农旅融合水平空间分布的集聚特征越来越显著。

表 4 - 8　　　　　　　2006 - 2019 年农旅融合水平全局 Moran's I 指数

年份	全局 Moral' I	P 值	Z 值	年份	全局 Moral' I	P 值	Z 值
2006	0.1298	0.010	2.8212	2013	0.2104	0.003	3.0018
2007	0.1374	0.015	2.6520	2014	0.2181	0.002	2.8652
2008	0.1327	0.028	2.1971	2015	0.2221	0.001	3.2257
2009	0.1341	0.005	2.8226	2016	0.2294	0.002	3.2404
2010	0.1358	0.014	2.6179	2017	0.2188	0.001	3.5037
2011	0.1597	0.010	2.8169	2018	0.2198	0.001	3.7449
2012	0.1907	0.003	3.0232	2019	0.2194	0.001	4.0514

2. 融合水平局部自相关检验

　　全局空间自相关分析只能从总体上解释地理单元间的空间联系特征及
变化，并不能反映出变量在局部间的空间关联及演变。为此，还需要进一
步对融合水平的局部自相关性进行检验，在此用局部 Moran's I 指数来检验

两大产业融合水平的局部空间依赖性特征。运用软件分析历年农旅融合度局部自相关 Lisa 集聚状态,以从省区层面分析两大产业融合度的局部集聚特征。为方便比较,仅选取 2006 年、2010 年、2015 年和 2019 年的 Lisa 显著性聚集结果进行比较分析,具体见表4-9。

表4-9　　2006 年、2010 年、2015 年和 2019 年农旅融合水平 LISA 集聚结果

聚类类型	2006 年	2010 年	2015 年	2019 年
高-高(H-H)	浙江、江苏、山东	浙江、江西、安徽	浙江、江西、江苏、山东	浙江、湖北、安徽、江苏、山东、福建
低-高(L-H)	—	河北、山西	陕西、贵州	青海、甘肃
高-低(H-L)	四川、山西	四川	山西、四川、湖南	四川、吉林、宁夏
低-低(L-L)	青海、黑龙江、新疆	甘肃、新疆	西藏、新疆	西藏

由表4-9可知,"高-高"空间集聚形态的地域范围在不断扩大,由 2006 年的浙江、江苏和山东 3 个省份演变为 2010 年的浙江、江西和安徽 3 个省份,到 2015 年演变为浙江、江西、江苏和山东 4 个省份,总体来看,"高-高"集聚区仍以东南沿海省份为核心。至 2019 年的浙江、湖北、安徽、江苏、山东、福建 6 个省份处于"高-高"集聚区,可见东南沿海地区两产业融合发展态势良好,并且逐步形成对周边省份的辐射效应。另外,"低-低"空间集聚形态的地域范围集中由 2006 年的青海、黑龙江和新疆 3 个省份转移至 2010 年的甘肃和新疆 2 个省份,到 2015 年转移为西藏和新疆 2 个省份,到 2019 年缩小为西藏 1 个省份。据此可知大部分西部省份两产业融合发展仍处于起步阶段,融合发展水平亟待提升。"高-低"空间集聚形态的地区由 2006 年的四川、山西 2 个省份,变为 2019 年的四川、吉林、宁夏 3 个省份,可见这些省份虽自身两产业融合度不算低,但由于周边省份两产业融合水平不高,使得其无法与周边省份形成聚集效应。另外,"低-高"集聚形态的地域范围在不停变化,2006 年无省份显

著处于此状态，2010 年河北和山西进入此状态，2015 年变为陕西和贵州，2019 年变为青海和甘肃。总体来看，这些省份自身农业与旅游产业融合发展水平较低，而其周边省份两产业融合发展态势稍好，但它们却未能享受到融合水平较高省份带来的积极辐射作用。

第三节　农旅融合发展成效及存在的问题

一、农旅融合发展成效

（一）产业规模逐渐扩大

进入 21 世纪以后，国家层面出台了系列政策文件支持农旅融合的发展，农业旅游休闲产业规模进一步扩大。自 2010 年起，农旅融合发展进入快速发展时期，产业规模进一步扩大。一方面，经营主体不断壮大。在政府积极推动和规划引导下，人才、资金等要素开始源源不断向农村回流。农旅融合主体呈现多元化特征，催生了家庭农场、专业合作社、大型国家农场、农业产业化龙头企业、休闲农业联盟等经营主体。2010 ~ 2019 年，我国农家乐类工商注册企业数量由 2.6 万家增长至 21.6 万家。至 2019 年年底，全国休闲农庄、观光农园等各类休闲农业经营主体达到 30 多万家，7300 多家农民合作社涉足了休闲农业或乡村旅游经营活动。另外，产业市场规模也在不断扩大。2014 年，乡村休闲旅游接待游客总量为 15 亿人次、营业收入为 3600 亿元，2019 年接待游客总量达 32 亿人次、营业收入超过8500 亿元，均实现了翻番的增长。2019 年，国内乡村旅游与休闲农业接待人数总量占国内旅游产业接待人数的 53.28%，其营业收入占国内旅游产业营业收入的 14.83%（见表 4 - 10、图 4 - 2）。

表4-10　　　　　　2014~2019年中国休闲农业和乡村旅游发展情况

年份	接待人次 （亿人次）	经营主体数量 （万个）	营业收入 （亿元）	从业人员数量 （万人）
2014	15.89	25.68	3645	586.95
2015	16.87	26.04	4400	629.11
2016	18.89	28.46	5661	844.23
2017	22.43	30.02	7400	891.53
2018	28.21	31.49	8130	934.32
2019	32.07	33.75	8500	993.04

资料来源：文化和旅游部旅游大数据中心。

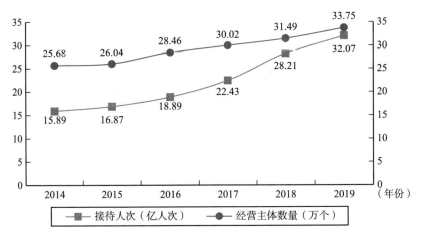

图4-2　休闲农业和乡村旅游接待人次与经营主体数量变化趋势

（二）品牌示范效应进一步凸显

随着乡村休闲旅游精品工程的实施，农业旅游休闲产业品牌示范效应进一步凸显。全国休闲农业和乡村旅游示范县、全国乡村旅游重点村（镇）和中国美丽休闲乡村的创建以及全国乡村休闲旅游精品景点线路的推介，是推进农业旅游休闲产业品牌建设的重要举措。不同类型乡村休闲旅游精品工程建设情况如表4-11所示。截至2020年年底，全国休闲农业和乡村旅游示范县共计 388 个，全国休闲农业示范点共计 710 个，同时推介了中国美丽休闲乡村 1216 个，并推荐了精品乡村休闲旅游线路 1000 条。中国旅游协会休闲农业与乡村旅游分会共认定全国休闲农业与乡村旅游星级企业（园区）3396 家，其中五星级 676 家，四星级 1717 家，三星级 1003 家。至 2022 年 8 月，遴选认定了 1299 个全国乡村旅游重点村。乡村休闲旅游精品工程建设的品牌效应与示范作用，为地区农旅融合健康快速发展提供了支撑。

表 4－11　　　　　　乡村休闲旅游精品工程建设项目信息

类型	认定/评定/推介机构	数量	创建时间
全国休闲农业和乡村旅游示范县	农业农村部、文化和旅游部	388 个	2010～2017 年
全国休闲农业示范点	农业农村部、文化和旅游部	710 个	2010～2017 年
中国美丽休闲乡村	农业农村部	1216 个	2014～2020 年
全国乡村旅游重点村	文化和旅游部、国家发展改革委	1299 个	2019～2022 年
全国休闲农业与乡村旅游精品园区（企业）	中国旅游协会休闲农业与乡村旅游分会	3396 家	2011～2020 年

资料来源：文化和旅游部旅游大数据中心。

（三）经济社会效应进一步提高

随着农旅融合的进一步发展，其综合效应进一步凸显。一方面，农旅融合在解决农业和旅游产业当前发展瓶颈问题中发挥着重要作用。当前，我国农业生产成本持续增长、环境约束趋紧，农业旅游休闲产业提供的集观光、度假、休闲功能于一体的综合性产品，有助于挖掘农业多功能价值并丰富旅游产品体系（王灵恩等，2012）。另一方面，农旅融合发展使得农业产业链条得到了有效延伸，旅游休闲产业的强关联性促进了关联产业的发展，因此可拓展农民增收空间。2019 年，我国休闲农业和乡村旅游营业收入超过 8500 亿元，年均增速 9.8%，直接带动 1200 万农村劳动力就业增收。实践表明，农业旅游休闲产业每增加 1 个就业机会，能带动关联行业增加 5 个就业机会；一个年接待 10 万人次的休闲农庄，可实现营业收入1000万元，可带动1000余户农民家庭增收（高志强和高倩文，2012）。全国休闲农业和乡村旅游园区数据显示，近年来，其农副产品销售收入均占到了园区总营业收入的一半以上。同时，农旅融合发展促进了人力、资本和信息等要素流向农村，引致农村基础设施建设投资增加，有助于改善农村人居环境。据全国1000个乡村旅游重点村2022年一季度数据显示（见表4-12），乡村旅游就业贡献度平均为47.1%，其他基础设施建设各项指标也较为突出。因此，农旅融合高质量发展为建设美丽宜居乡村和美丽中国提供了有力支撑。

表4-12　　　　　2022年一季度全国1000个乡村旅游重点村数据

指标	数值	指标	数据
乡村旅游就业贡献度	47.1%	重点村村均环保费用支出	42万元
生活垃圾集中收集点覆盖率	97.6%	接入生活污水处埋设施的农户比率	71.4%
经营场所无线网络覆盖率	88.7%	经营户拥有在线支付及预订系统的比率	82.6%
村均体育健身场所	3.9个	村均农民业余文化组织	4.8个

资料来源：文旅部旅游大数据中心。

二、农旅融合发展存在的问题

（一）产业融合层次不高

目前，总体来看，农业与旅游产业融合发展产出的仍主要是初级产品或服务，融合层次普遍不高，双向深层次融合缺乏（张祝平，2021）。具体表现如下：其一，大部分融合项目产品仍属于常规类型，比如简单的农业农村观光游、农事采摘体验、瓜果品尝以及休闲餐饮等项目产品，生态康养、休闲度假、文化教育等高端项目开发不足，难以满足居众日益多元化的休闲消费需求。其二，同质化现象仍较严重。当前，各地农旅融合项目或产品开发模式较为类似，经营管理方式较为雷同，导致农业休闲产品内容相似，行业创新力度不够，因此也导致了行业内同质化竞争激烈。同时，地方政府在产业融合规划开发时，也存在缺乏系统筹划、统一开发的情况。政府常常只是简单地引导投资者利用农业资源基础，比如农田、果园等打造农业休闲项目，缺乏对深层融合项目的规划引导，比如农业科普、教育、康养等综合功能的开发。其三，农旅融合特色商品（比如农特产品）内涵不丰富，附加值不高，技术含量较低。对于旅游特色商品或纪念品，仍主要以粗加工为主，精深加工产品，没有真正实现一产与二产和三产的高质量融合，使得经济收益增长受限（杨红等，2013）。

（二）协同推进机制尚不健全

不同产业之间实现融合发展必须有完善的融合机制作为支撑，比如产业链对接、产业联动、产业技术创新和政府推动等是产业融合发展的关键（李天芳，2016）。然而，从实际情况来看，当前我国农业和旅游产业融合发展机制尚不健全。两大产业链的互动关系仍主要停留在生产环节的互动层面，产业链纵向延伸和横向拓展的空间没有得到充分挖掘，因此两大产业深层次融合尚未得到有效实现。在产业集聚和集群上，农旅融合发展仍以位于城市边缘的现代农业园、生态休闲农场和以休闲餐饮为主的农家乐为重要主体，产业集聚效应不明显，导致融合效应难以发挥；在技术创新与融合层面，两大产业间的知识交流、信息互动与人才流动渠道还不太通畅，产业间协同创新尚缺乏有力的主导机制，因此协同创新动力尚显不足，产业间的合作机制还要进一步完善。在政府推动机制上，不时出现缺乏顶层设计和科学谋划、配套政策和制度不完善、部分政策延续性不够等问题。另外农旅融合过程中各项目受农业、林业、水利、旅游、文化、国土等多个职能部门管辖，但各部门的工作重心、出发点存在差异，因此常常面临推进机制分散的情况。

（三）基础设施和人才制约仍较突出

基础设施条件是旅游休闲产业发展的基础性条件。部分地区农村基础设施和公共服务设施相对薄弱，在一定程度上影响了其农旅融合的进程。

比如，部分乡村仍存在可进入差或者是能进入但还是村道的问题，部分乡村的旅游厕所普遍存在"脏、乱、差"的现实困境，个别地区缺乏与游客接待相配套的停车场、指示牌、游客服务中心等，导致许多乡村旅游地游客重游率降低、入住率不高，留不住游客的情况很常见。另外，农村本地居民仍是我国现代生态农业园区和乡村旅游业的主要经营主体。相较而言，大部分农村居民文化教育程度不高，亦缺乏专门的职业技能培训，所以他们对于现代技术、经营管理方式等不熟悉，且缺乏自主创新能力。这就导致农旅融合产品及服务质量不高，与新时期旅游消费者的需求与期望存在一定差距，也难以适应农旅融合高质量发展要求。

本 章 小 结

本章对我国农旅融合发展演进态势与特征进行了全局梳理，结合数理分析工具对农旅融合发展水平进行了测度，基于此从定性和定量、时间和空间等维度对农旅融合演进规律进行了总结。主要得出了以下结论。

第一，关于农旅融合发展的阶段与特征。从时间维度来看，我国农旅融合自起步至今大体经历了四个主要阶段：初步融合期（2000 年及以前）、快速融合期（2001~2009 年）、紧密融合期（2010~2016 年）、新型融合期（2017 年至今）。各个时期农旅融合受政策导向作用而呈现不同的表现形式，其在经济社会发展中的功能亦越来越受重视。从空间格局来看，我国农旅融合发展较为突出的地区主要集中在东南和中部省区。休闲农业与乡村旅游示范县或示范村镇的分布大体以"胡焕庸线"为分割线，东南与西北省份示范县/村/点数量存在显著差异，这一格局与我国农业生产、经济社会发展格局较为吻合。

第二，关于农旅融合水平及演进特征。基于农业和旅游产业融合时序演化特征分析发现，两大产业融合度整体呈逐年上升态势。基于农业与旅游产业融合度的空间异质性的分析可知，两大产业融合发展状态整体表现为南方较北方融合水平高，且东部较西部地区融合水平高的规律。基于两大产业融合水平的空间关联格局特征分析发现，两大产业融合发展呈现较突出的全局和局部集聚特征。为此，要在客观认识不同省区经济社会发展差异的基础上，结合各省份两大产业基础与特色因地制宜地进行产业融合发展规划，提升地区自身农旅融合发展水平；同时要推进相邻省区开展合作，协作制定产业融合发展规划，推动省区间产业融合协同发展的新格局。

第三，关于农旅融合发展的成效及存在的问题。近年来，我国农旅融合发展形成了多种融合业态，发展内涵不断丰富，品牌示范效应进一步凸显，发展方式逐步转型升级，农旅融合的经济社会效益等因此而进一步提升。只是尚存在融合层次不高、融合发展协同推进机制不健全、基础设施和人才制约因素较突出等问题。

第五章　农旅融合发展的内在机理

产业融合机理反映的是融合系统各要素间的关联关系，以及产业融合系统的运行方式。因此，产业融合机理涉及融合系统"因何融合""融合过程如何"和"通过何种形式或途径实现融合"等核心运作问题，即产业融合的条件、过程、动因和实现机理等（工琛，2021）。日前为止，学者们对农旅融合发展机理关注不够，仅有部分学者对两者融合发展的驱动机理进行了分析。剖析农旅融合的机理有利于刻画两产业在融合过程中的作用关系，从而揭示两产业融合的本质及过程，可为农旅融合水平提升与融合效应的发挥提供启示。为此，本章将从农旅融合的内在机理、驱动机理和实现机理三个层面对农旅融合发展的机理进行全面阐释。

第一节　农业和旅游产业互动关系的认识

农业和旅游产业之间联系较为紧密，农业本身可成为重要的旅游资源，而旅游产业自身的消费市场潜力亦为农业发展提供动力来源，对两者间的相互作用关系进行刻画是融合机理分析的前提。农业与旅游产业之间的相互作用主要体现在以下几个方面。

第一，农业促助推旅游产业的发展。

主要表现是：①农业资源丰富了旅游产品的内涵。农事活动、农业文化等均可开发成休闲体验产品，有助于丰富旅游产品的内涵。通过打造"看得见山、看得见水、记得住乡愁"的农业休闲旅游产品，提升旅游产品内涵与价值。②农业可扩大旅游资源开发的外延。大农业相关的山、水、林、田、湖、草以及农事活动、农业节庆等资源均可成为旅游资源，打造农业科普教育基地、农业主题公园、美丽乡村建设样板等，可有效扩大旅游资源开发的外延。③农业发展有助于旅游消费升级。要进一步扩大目的地旅游消费需求，除了满足旅游者的吃住行等基本需求之外，更应该为旅游者提供娱乐消费、体验消费等超额需求，而农业发展能够对传统旅游产品进行升级，如农业创意、农业科普教育、农业生态康养等在满足旅游者多样化需求的同时，有效推动了旅游产业的消费升级。④农业发展有助于旅游产业结构转型升级。旅游产业经过多年发展，已成为部分地区国民经济发展的重要支柱产业。在供给侧改革背景下，农业发展对于拓展旅游资源开发的外延、丰富旅游产品内涵，"农业"+文化、教育、康养等新业态有助于改善以观光为主的旅游产业结构，从而有助于旅游产业转型升级。

第二，旅游产业促进农业发展。

主要表现是：①旅游产业可提升农产品的直接经济收益。一般而言，当农产品变成土特产或旅游商品出售给游客时，其符号价值会导致其形成溢价，从而使得其经济效益上升。②旅游产业促进实现农业的多功能价值。农旅融合发展满足了民众对农业多种功能的需求，使农业不再简单地作为民众吃饱喝足穿暖的原料，而是促成了"农业 +"教育、旅游、康养等产业的发展，催生了创意农业、教育农园、农业科普、康养农业等新兴业态。随着农业生态、文化、教育及休闲等多种功能的发挥，农业生产由最初的获取农作品销售收入升级为获取农业相关的多种价值，如生态溢价、文化教育价值、休闲体验价值等。研究表明，农业景观的年均游憩效益是传统种植收益的 15.7 倍（蔡银莺等，2008）。③旅游产业助推农业相关资源的开发与保护。农旅融合发展必须以农业生态环境的可持续发展为基础。为促进农业旅游产业的可持续发展，必然会对农业资源环境采取合理规划开发策略，同时也会加强对相关资源的保护与修复。④旅游产业有助于农业实现高质量发展。农旅融合发展可促进实现农业劳动力转移，并推动农业技术进步，实现在既定期望产出情况下，农业生产要素投入最小化（王晶晶和周发明，2021），对农业绿色全要素生产率有着积极的影响，可推动农业高质量发展（周鹏飞等，2021）。

农业和旅游产业的融合能够极大优化两个产业自身结构，提高产业发展效率。一方面农业促进旅游产业融合过程中，具有渗透和提升功能。农业丰富了旅游产品，进一步深化了旅游产品内涵和外延，推动旅游产业转型升级；另一方面，旅游产业促进农业产业融合过程中，具有引致和扩散功能。旅游产业发展能够融入农业资源的保护利用和开发过程，同时大众旅游市场发展也为农业发展带来了新的发展空间，如图 5 – 1 所示。

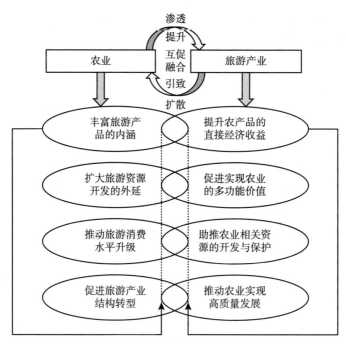

图 5 – 1　农业与旅游产业融合互动关系

第二节　农旅融合发展的内在机理

一、基于微观企业视角的分析

产业是企业的生态环境和发展选择环境，产业是由企业之间的互动而形成，企业层面良性互动融合影响产业宏观层面的融合，因此，企业间的互动融合是产业融合的基础。换句话说，宏观是由微观互动生成的，微观企业是产业融合的行为主体。产业之间是分工还是融合，首先要取决于企业对于分工或融合所带来的经济效益的比较（胡永佳，2007）。在此基于微观视角，借助范围经济理论，比较企业分开生产成本与联合生产成本大小，来模拟利润最大化目标下企业生产组织方式选择过程，以探索农业和旅游产业融合是如何发生的。

现假设有 X 和 Y 两个产业，X 产业（农业）中有代表性企业或经营单位 A，A 企业只生产一种产品 a(农产品)；Y 产业（旅游产业）有代表性企业 B，B 企业或经营单位只生产一种产品 b(旅游休闲服务)。各自的生产成本均为行业平均成本，并且两个产业间要素可以自由流动。从事旅游服务的人力、物力和财力等资源可以进入农业领域，反之亦反之。企业生产经营活动均基于成本最小化、利润最大化目标，A 单位扩大产品生产范围，即进行农业生产活动，又提供旅游休闲服务。这时，A 单位的资产由原来生产一种产品 a，到现在同时生产两种产品 a 和 b，因此 A 单位的资产需要通过转换和改造，于是产生了资产转化成本 C_t。

假设 A 单位单独生产 q_a 数量的 a 产品的成本为 $C(q_a)$，B 单位单独生产 q_b 数量的 b 产品的成本为 $C(q_b)$。由两个单位单独生产时的成本之和为 C_1，C_1 可理解为融合前的成本，则有：

$$C_1 = C(q_a) + C(q_b)$$

假设 C_2 为 A 单位同时生产 q_a 数量产品和 q_b 数量产品的成本，$q_a > 0$，

$q_a > 0$，$C_1 = C(q_a, q_b)$，这一成本是两个单位资产完全通用情况下的直接成本。则融合后的总成本应该是直接成本与资产转化成本 C_t 之和，即

$$C_3 = C(q_a, q_b) + C_t$$

当生产相同数量产品的情况下融合后的成本小于融合前的成本时，融合便会发生，对于 A 企业而言，须满足 $C_3 < C_t$，即

$C(q_a, q_b) + C_t < C(q_a) + C(q_b)$。由此可知，即资产转换成本 C_t 越小，融合越有可能发生。

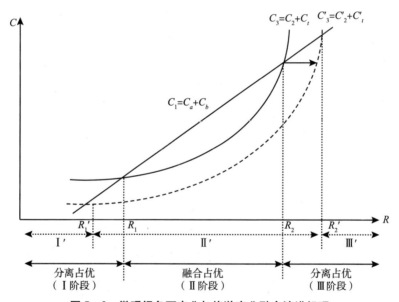

图 5-2　微观视角下农业与旅游产业融合演进机理

在图 5-2 中，横轴表示两种产品（农产品和旅游休闲产品）的销售收入，纵轴表示总成本。假设融合前后的要素价值与产品销售价值均不发生改变。C_1 线表示单位 A 和单位 B 分别生产相同数量产品的成本 C_1，C_3 表示一个单位同时生产两种产品的成本，模型中将两个成本进行比较。在同一生产规模下生产相同数量的产品，如果分开生产的成本 C_1 低于联合生产的成本 C_3，则认为分工更有优势；如果分开生产的成本 C_1 高于联合生产的成本 C_3，则认为融合更有优势；如果两者相等，则表明分工与融合优

势一样。

据此，将整个互动演进过程分为三个阶段：在第 I 阶段，$C_1 > C_3$，分工占优势。随着分工的深化，生产结构更为复杂，交易成本随之增加，即 C_1 增加。直到 R_1 点时，$C_1 > C_3$，分开生产的成本与联合生产的成本相等。在第 II 阶段，为了节约成本、降低交易费用，主体范围更大的产业组织将会出现，比如大型的现代农业产业园、农旅示范项目等，融合开始形成，此时联合生产的成本 C_3 小于分开生产的成本 C_1，联合生产更具优势。在各种作用力的影响下，融合渐渐深入。随着生产规模的扩大，生产结构日益复杂，导致联合生产成本增加，直到 R_2 点，分开生产的成本与联合生产的成本相同。过了 R_2 点，联合生产成本增加使得联系生产面临不经济，企业又重新选择分开，更加专注于各自专业化的生产，此时 C_1 小于 C_3。就这样，在分工—融合—分工—融合……演进中，产品的生产在不断向前推进。

在现实经济活动中，随着民众旅游休闲需求的多元化，农业的旅游休闲教育文化价值得到进一步挖掘，同时信息技术的广泛运用、基础设施的完善与公共服务水平的上升均使得交易成本进一步降低，使得两大产业资产通用性得到增强，降低了资产的转化成本，从而促进了产业之间的融合发展。这一过程中，资产转化成本降低，那么联合生产成本曲线向下平移到 C_3'。

二、基于系统演进视角的分析

在融合发展过程中，农业和旅游产业系统的物质、能量和信息等要素的相互渗透与融合，从而形成两大产业相互促进共同发展的态势。融合发展本质上是一个动态演化的过程，融合各子系统之间的关联变量之间存在复杂的非线性作用（方世敏和王海艳，2019）。因此可借助系统演化理论来分析两大产业的融合演进过程，其演化方程如下：

$$\frac{\mathrm{d}x(t)}{\mathrm{d}t} = f(x_1, x_2, \cdots, x_n), （其中 i = 1, 2, \cdots, n） \quad （5-1）$$

式（5-1）中，$f(x_1, x_2, \cdots, x_n)$ 是 x_i 的非线性函数，在 $x_i = 0$ 处的泰勒展开式如下：

$$f(x_1, x_2, \cdots, x_n) = f(0) + \sum_{i=1}^{n} a_i x_i + \theta(x_1, x_2, \cdots, x_n),$$
$$（其中 i = 1, 2, \cdots, n） \qquad (5-2)$$

其中，$f(0) = 0$，a_i 为对应的偏导数，$\theta(x_1, x_2, \cdots, x_n)$ 是大于二次方的解析函数。根据李雅普诺夫稳定性定理，剔除高次项，可得如下近似系统。

$$\frac{\mathrm{d}x(t)}{\mathrm{d}t} = \sum_{i=1}^{n} a_i x_i, （其中 i = 1, 2, \cdots, n） \qquad (5-3)$$

在此用 ARG 和 TOU 分别表示农业与旅游产业发展水平，得到式（5-4）和式（5-5）：

$$\mathrm{ARG} = \sum_{k=1}^{i} a_k x_k, （其中 k = 1, 2, 3, \cdots, i） \qquad (5-4)$$

$$\mathrm{TOU} = \sum_{m=1}^{j} t_m y_m, （其中 m = 1, 2, 3, \cdots, j） \qquad (5-5)$$

式（5-4）中，x_k 表示农业系统中物质、能量和信息等要素的绩效函数，a_k 为 x_k 各子系统对应的权重；式（5-5）中，y_m 表示旅游产业系统中物质、能量和信息等要素的绩效函数，t_m 为 y_m 各子系统对应的权重。基于冯·贝塔朗菲的一般系统理论，可得式（5-6）和式（5-7）：

$$A = \frac{\mathrm{dARG}}{\mathrm{d}t} = a_1 \mathrm{ARG} + a_2 \mathrm{TOU} \qquad (5-6)$$

$$T = \frac{\mathrm{dTOU}}{\mathrm{d}t} = t_1 \mathrm{ARG} + t_2 \mathrm{TOU} \qquad (5-7)$$

式（5-6）和式（5-7）中，A 和 T 分别表示农业系统和旅游产业系统受自身及外来影响的演变状态，用两个产业绩效的线性函数表示。A 和 T 相互作用，共同反映整体系统的演化，其各自的演进速度如下：

$$V_A = \frac{\mathrm{d}A}{\mathrm{d}t} \qquad (5-8)$$

$$V_T = \frac{\mathrm{d}T}{\mathrm{d}t} \qquad (5-9)$$

整个系统的演化速度 $V = \Phi(V_A, V_T)$ 表示，在此将通过 V_A 和 V_B 的相互影响，分析农旅融合后的系统稳定状态。在融合演进过程中，两产业间建立起物质、能量和信息的关联和互动关系，融合演化态势在形态上与生物种群的共生演化相类似。学者们一般用 Logistic 模型来描述种群增长规律和种群间的相互作用关系，后来发展到用它刻画产业之间的相互作用关系。由于农业与旅游产业分属第一产业和第三产业，两产业间差异较大、互补性强，因此在融合演进系统模型中产业之间存在的竞争较微弱，在此假设两产业间的竞争可忽略不计。同时，假定农业、旅游产业的产出绩效水平除受自身增长特点影响，而且还会受到对方带来的融合效应的影响，在此用 Logisitc 演化模型来描述两产业的融合演进过程：

$$\frac{dV_A}{dt} = r_A V_A \left(1 - \frac{V_A}{N_A} + \frac{\lambda_1 V_T}{N_T}\right), \ [\text{其中 } V_A(0) = V_{A0}, \ 0 < r_A 、\lambda_1 < 1, \ N_A 、V_{A0} > 0]$$

$$(5-10)$$

$$\frac{dV_T}{dt} = r_T V_T \left(1 - \frac{V_T}{N_T} + \frac{\lambda_2 V_A}{N_A}\right), \ [\text{其中 } V_T(0) = V_{T0}, \ 0 < r_T 、\lambda_2 < 1, \ N_T 、V_{T0} > 0]$$

$$(5-11)$$

在上两式中，r_A 表示 V_A 的固定增长率，V_A 的初始值为 V_{A0}，V_A 最大值为 N_A，λ_1 是 V_T 对 V_A 的影响系数；r_T 表示 V_T 的固定增长率，V_T 的初始值为 V_{T0}，最大值为 N_T，λ_2 是 V_A 对 V_T 的影响系数。融合体的存在对整个融合系统产出绩效水平的影响呈现一定的线性特征，融合系统的产出效益将对两大产业自身产出绩效的自然增长率产生一定的阻滞作用。在式（5-10）和式（5-11）中，$1 - \frac{V_A}{N_A}$、$1 - \frac{V_T}{N_T}$ 便是阻滞因子，它们分别表示农业和旅游产业因融合系统产出绩效水平的提高而表现出对自身发展的阻滞作用。

在 Logistic 模型中，当 λ_1 和 λ_2 均为正数，两产业可实现互惠互利。产业融合发展最优目标是实现产业之间互惠互利、共生发展，具体表现为在融合单元之间的利益分配和共生的稳定性。当 λ_1 和 λ_2 均为正数但值不相等时，融合系统为非对称性互惠融合状态；当 λ_1 和 λ_2 均为正数且值相等时，则为对称性互惠融合状态。从稳定性视角出发，尽管产业间存在不同的融合共生状态，但对称性互惠融合发展是产业融合演化的最终方向，这种融合关系能带来最理想的产出绩效，是产业融合发展应达到的理想状态（朱湖英和杨宏，2016）。要推导出实现这一最优融合的稳定状态，可利用求导如下微分方程组实现：

$$f(V_A,\ V_T) = \frac{\mathrm{d}V_A}{\mathrm{d}t} = r_A V_A \left(1 - \frac{V_A}{N_A} + \frac{\lambda_1 V_T}{N_T}\right) = 0 \qquad (5-12)$$

$$g(V_A,\ V_T) = \frac{\mathrm{d}V_T}{\mathrm{d}t} = r_T V_T \left(1 - \frac{V_T}{N_T} + \frac{\lambda_2 V_A}{N_A}\right) = 0 \qquad (5-13)$$

设 $(V_A^*,\ V_T^*)$ 为上述方程组的均衡解，则可得到最优演化速度，具体如下所示：

$$\begin{aligned} V_A^* &= \frac{N_A(1+\lambda_1)}{1-\lambda_1\lambda_2} \\ V_T^* &= \frac{N_T(1+\lambda_2)}{1-\lambda_1\lambda_2} \end{aligned} \qquad (5-14)$$

根据上式可得式（5-10）和式（5-11）所代表的农旅融合系统的雅可比矩阵，如下所示：

$$J = \begin{bmatrix} f_{V_A} & f_{V_T} \\ g_{V_A} & g_{V_T} \end{bmatrix} = \begin{bmatrix} r_A\left(1+\lambda_1\frac{V_T}{N_T}-2\frac{V_A}{N_A}\right) & -\frac{r_A V_A \lambda_1}{N_T} \\ -\frac{r_T V_T \lambda_2}{N_A} & r_T\left(1+\lambda_1\frac{V_A}{N_A}-2\frac{V_T}{N_T}\right) \end{bmatrix}$$

$$(5-15)$$

将上式代表均衡点/稳定结点，得到式（5-16）矩阵式如下：

$$K_{Balance} = \begin{bmatrix} -r_A\frac{(1+\lambda_1)}{(1-\lambda_1\lambda_2)} & -r_A\frac{N_A}{N_T}\frac{\lambda_1(1+\lambda_1)}{(1-\lambda_1\lambda_2)} \\ -r_T\frac{N_T}{N_A}\frac{\lambda_2(1+\lambda_2)}{(1-\lambda_1\lambda_2)} & -r_T\frac{(1+\lambda_2)}{(1-\lambda_1\lambda_2)} \end{bmatrix} \qquad (5-16)$$

据此可得系统的稳定结点坐标

$$P\left[\frac{r_A(1+\lambda_1)+r_T(1+\lambda_2)}{1-\lambda_1\lambda_2},\ \frac{r_A r_T(1+\lambda_1)\times(1+\lambda_2)}{1-\lambda_1\lambda_2}\right]。$$

模型的稳定性分析表明，农业与旅游产业之间只有在存在正向相互作用前提下，两产业才能够相互促进、共同成长，并逐步实现均衡共生发展态势。由上述分析得到的稳定结点的相轨线可用图5-3来表示。

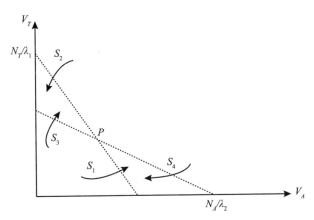

图 5 - 3　产业融合系统演进的稳定结点相轨线

第三节　农旅融合发展的实现机理

基于产业融合理论可知，产业融合并非两种产业的简单叠加，而是在原有产业价值链的基础上，所有价值活动的优化选择，从而实现资产通用性的提高，交易成本的降低，产生更多范围经济（胡永佳，2007）。农业和旅游产业价值链条的融合，是在原来各自产业价值链条断裂和分解的基础上，对产业链条进行的重构。为此，本小节将基于产业价值链视角对两大产业实现融合的机理与具体路径进行分析。

一、产业价值链分析

根据产业价值链理论，价值链由很多价值活动组成，且每个价值要素对整个价值链的影响也存在差异（张新成，2021）。学者们认为农业产业价值链中的核心活动包括：农业生产资料生产（如种子培育、化肥、农业机械研发等)、农业生产经营(如农事活动)、农业深加工和农产品营销销售等活动(毛蕴诗等,2014)(见图5-4)。在农业产业链中,农业生产加工环节的附加值较低,农业生产资料研发与农产品销售环节凝结了较多的产业附加值。基于农业发展实际,根据产业价值理论假设表达式中的每个因子均会对最终结果产生影响。农业价值链可用以下函数式表示:

$$AVC = F(A1,A2,A3,A4,a1,a2,a3,a4)$$

式中,$A1$、$A2$、$A3$、$A4$ 和 $a1$、$a2$、$a3$、$a4$ 分别表示农业产业价值链条上的核心活动和各类辅助活动。

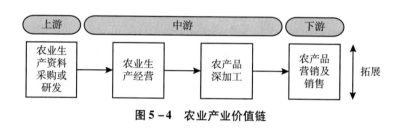

图5-4 农业产业价值链

农业产业价值链附加值较低的环节对旅游产业而言是较大吸引力来源,将农事生产和农产品加工等环节转变为旅游休闲价值的实现载体,从而改变农业和旅游产业发展的投入产出比,因此也可有效提升农业的价值创造能力(魏玲丽,2015)。对旅游产业而言,为游客提供舒适的旅游服务是其核心环节。

旅游产业作为典型的服务业,其产品由实物产品和无形服务构成,因此其产业链条跟传统生产及制造业有所不同,一般可分为纵向供需链条和横向协作链条。纵向供需链条由旅游供应商(景区、旅游产品等)、中间商(旅行社、旅游网站等)和旅游消费者构成(桑彬彬,2018)(见图5-5)。旅游产业横向协作链条注重产业内部成员之间的协作关系,成员之间具有不可替代性,最终将产品传递给旅游消费者。现用以下函数式来表示旅游产业价值链:

$$TVC = F(T1,T2,T3,T4,t1,t2,t3,t4)$$

其中,$T1$、$T2$、$T3$、$T4$ 和 $t1$、$t2$、$t3$、$t4$ 分别代表旅游产业价值链的

基本活动和各类辅助活动。

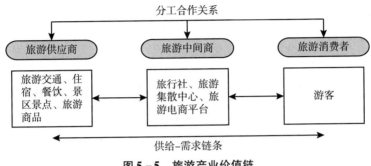

图 5 – 5 旅游产业价值链

二、农业和旅游产业价值链的解构与重构

(一) 旅游产业促进农业融合发展的价值链分解

从价值链分解来看,旅游促进农业产业融合发展,表现为旅游产业嵌入农业产业价值的创造活动之中。旅游产业能够显著提高农业资源及产品附加值,例如农业种植基地成为观光农园、休闲农场、科普教育基地等,农业资源及产品的附加值便因为旅游消费而得以实现与提升。可见,旅游产业有利于农业的休闲、教育或康养等功能的发挥,进而推动农业产业链条的拓展。

(二) 农业促进旅游产业融合发展的价值链分解

农业促进旅游产业融合发展过程中,表现为农业融入旅游产业发展过程,农业资源及生态环境成为旅游资源,可被开发成休闲、教育、康养等旅游休闲产品,有助于丰富和完善旅游产品体系,提升其产品的内涵价值与体验性,进而促使旅游产业价值链条变得更为丰富,新产品的嵌入使得旅游产业更具生命力。

(三) 农业与旅游产业融合发展的价值链重构

农业和旅游产业价值链条的融合,是在原来各自产业价值链条断裂和分解的基础上，对产业链条进行的重构。融合发展价值链的重构实质上是两大产业在相互博弈并对其价值链条进行综合评估后，为能够产生利益最大化结果对两大产业价值链条进行的整体优化和有效重组。因此，用图5-6来表述农业和旅游产业价值链的重构过程：

$$ATVC = g(AVC, TVC) = g(A1, A2, T1, T2, N1, N2, N3, N4)$$

上式中，$ATVC$ 表示农业和旅游产业融合价值链，$A1$ 和 $A2$ 代表原农业产业价值链条的核心环节，$T1$ 和 $T2$ 代表原旅游产业价值链条的核心环节，而 $N1$，$N2$，$N3$，$N4$ 代表农业和旅游产业价值链重构之后产生的新产业活动。

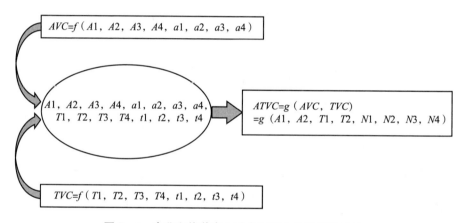

图5-6 农业和旅游产业融合过程中的价值链重构

两产业融合发展价值链解构与再重构的过程即两大产业实现融合的过程（见图5-7），主要表现在以下环节：农业生产各个环节中融入休闲体验、科普文教等功能，对旅游产业而言形成农业类旅游资源开发的过程；农业资源利用及农产品加工环节融入乡土特色、乡村文化等元素，对旅游产业而言形成农业类旅游产品生产的过程；农业资源及农产品营销与销售环节融入乡村乡土体验意象，对旅游产业而言即形成了农业旅游休闲产品销售与体验的过程。随着两大产业的融合发展，农业的多种功能价值得到有效挖掘，农业产业链实现有力拓展，催生了创意农业、教育农园、消费体验、民宿服务、农业科普、康养农业等新型旅游业态；在这个过程中农业生产者获得了农业资源及产品的多种价值，比如生态溢价、文化教育价值、休闲体验价值等，农业产业链价值得到提升，而旅游消费者在此中获得了农业休闲、审美、文化、教育及康养等体验。

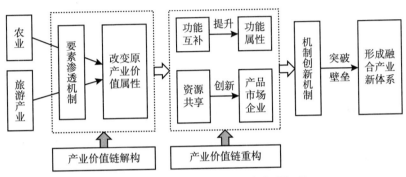

图 5 – 7　农业和旅游产业融合实现机理

本 章 小 结

本章在分析融合过程中两个产业的相互作用关系基础上，对两大产业融合的内在机理、驱动机理和实现机理进行了剖析。

第一，关于农旅融合的内在机理。在农业和旅游产业融合过程中两产业的相互作用关系分析基础上，从微观企业和系统演进视角对农旅融合发展的内在机理进行了模型推演，厘清两产业融合发展的原因及演进过程。企业间交易成本的下降和资产通用性的增强，促进了企业间的联合生产，这是产业融合发展的基础。随着民众旅游休闲需求的多元化，农业的旅游休闲教育文化价值得到进一步挖掘，同时信息技术的广泛运用、基础设施的完善与公共服务水平的上升均使得交易成本进一步降低，使得两大产业资产通用性得到增强，降低了资产的转化成本，从而促进了产业之间的融合发展。从系统视角来看，农业和旅游产业融合发展是两大产业相互作用、共同演化的动态过程，在此基于数理模型对此过程进行了描述。

第二，关于农旅融合的驱动机理。借助扎根理论方法提炼了农旅融合的主要驱动因素，并基于系统动力学理论构建了融合驱动机理模型，具体而言：农旅融合发展受到农业农村内生力、技术进步与创新支持力、农业特色资源支撑力等内部驱动力和政府支持引导力、经济社会发展牵引力和消费需求市场推动力等外部驱动力的共同作用，各个驱动力通过相互作用，互相调整与反馈，引致产业结构优化和产业组织调整，促使农业和旅游产业向区域动态平衡演进，最终构成农旅融合发展的驱动力系统。借助微观调研数据对这一机理进行检验发现，各因素均对农旅融合发展具有显著影响。从全局层面对各大驱动因素的影响效应及时序异质性进行了分析，影响系数居于前三位的仍然是政策支持因素、经济发展水平和市场需求因素。农业农村内生发展需求的两个具体维度——农业转型升级需求与农村资源生态化导向指标的作用存在一定差异。其中农业转型升级需求对农旅融合具有显著正向作用，而农村资源生态化导向回归系数未通过显著性检验。以特色农业资源及品牌衡量的农业资源基础条件对农旅融合具有正向作用。技术创新水平的两个具体指标的驱动作用存在一定差异。其中信息化水平的驱动作用显著且为正，但农业技术投入的驱动作用不显著。考虑时空差异的估计结果均显示，不同时空背景下各驱动影响因素的回归系数均有所差异。这一结论与我国农旅融合发展实际较为吻合。

第三，关于农旅融合发展的实现机理。基于产业价值链理论对农业和旅游产业融合实现机理进行了阐释，同时借助农旅融合发展典型案例对融合发展的具体实现路径进行了总结。农业与旅游产业融合的实现实质上是产业价值链解构与重构的过程，随着两大产业的融合发展，农业的多种功能性得到挖掘，农业产业链实现了拓展，农业资源及产品的多种价值得到挖掘，农业产业链价值得以提升，而旅游消费者在此中获得了农业休闲、审美、文化、教育及康养等体验。

第六章 农旅融合发展的驱动因素

从产业融合的本质来看，产业融合是指开放产业系统中创新的出现与扩散引起不同产业构成要素之间相互竞争、协同与共同演进而形成一个新兴产业的过程（胡金星，2007）。迈克尔·波特（2014）认为产业动力因素具有典型的系统性特征，通过产业政策、资源禀赋、组织形式等加以体现。因此学者们亦常用系统动力学理论来剖析产业融合的驱动机制。陈炜（2015）借助系统动力学理论，对民族地区传统体育文化产业与旅游产业融合发展的驱动机制进行了推演，方世敏、王海艳（2019）和危浪（2020）基于系统动力学对农旅融合系统演化机制与动力因素进行了检验。为此，本部分就将基于系统及系统动力学等主要思想，在调研基础上借助扎根理论方法识别农旅融合发展的驱动因素，构建两产业融合的驱动机制模型并检验，研究结论可为推进农旅融合高质量发展提供借鉴。

第一节 基于扎根分析的驱动因素识别

一、扎根理论研究法介绍

由美国社会学家格拉斯和施特劳斯（Glaser & Strauss，1967）提出的扎根理论（Grounded Theory，GT）被广泛认为是一种科学有效的质性研究方法（Juliet & Strauss，2015）。扎根理论可以直接经由原始信息总结并归纳出概念和范畴，在梳理现象背后的逻辑关系基础上提出假说，是一种"透过现象看本质"的研究方法（Glaser & Strauss，1968）。当前，在农旅融合驱动因素及机制的研究方面尚未形成较成熟的研究成果，因此运用扎根理论进行探索性研究是可行而科学的研究策略。

扎根理论分析过程包括前期文献分析，接着确定研究案例和调研方向，再通过资料收集与分析，最后从资料深入分析中提升理论等环节。从资料中产生概念，不断对概念进行比较，建立范畴和概念之间的关系，对资料进行逐级编码是扎根理论最重要的步骤不断通过研究分析是否产生新的概念和关系，直至达到理论饱和（见图6-1）。资料分析要经历以下关键步骤，具体如表6-1所示。

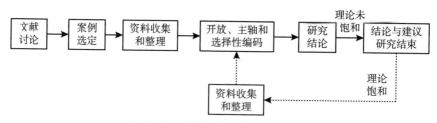

图 6 - 1　扎根理论分析法操作过程

表 6 - 1　　　　　　　　　　扎根理论资料分析步骤

编码	分析步骤
开放性编码	对所有资料进行登录，发现概念归属，通过开放的心态对原始资料贴标签，形成范畴，并进行进一步对比
主轴性编码	根据范畴的逻辑关系，发现概念类属之间的各种关系，找出范畴之间所归属的类别，进一步提炼出主范畴
选择性编码	选择核心类属，这些类属具有统领性，能够在一个宽泛的理论范围内囊括研究结果，形成扎根理论

二、资料收集

（一）调研地区与对象

为更好地揭示农旅融合发展的驱动因素，本部分调研选取在农旅融合发展成效较为显著的地区进行。受新冠疫情影响，在全国范围内广泛调研难度较大，最终调研于2021年6~8月选取在浙江、安徽、山东、湖南和贵州等省区展开，调研地区涉及东中西部、南北方等不同区域，具体调研地点及其特征见表6-2。考虑到研究目的，对调研对象的选择不宜采用随机抽样的方式进行，而应选取具有代表性、典型性和示范性的农旅融合示范村镇或示范项目为调研，其选取原则见表6-3。

表6-2　　　　　　　　　　主要调研地点信息汇总

调研地点	地形地貌	农业产业	特色景点
奉化滕头村	平原	苗木、花卉	5A级生态旅游区、民宿、乡村振兴学院、学生社会实践基地
安吉余村	丘陵	竹、茶叶、水稻	矿山公园、两山公园、休闲农庄
安吉鲁家村	丘陵	竹、茶叶、水稻、少量畜牧业	田园鲁家景区（18个特色各异的休闲农场）
安吉大溪村	山地	竹、茶叶	农家乐、竹海和溪涧景观
德清莫干山镇	丘陵、山地	竹、茶叶、苗木、花卉	民宿、农业生态园、休闲农场、研学基地
德清沈家墩村	平原、丘陵	水稻、水产	彼岸田园景区
新化渠江源	山地	茶叶、竹	茶园，农家乐
新化紫鹊界梯田	丘陵、山地	水稻	梯田景观、田园综合体项目
宁乡大成桥镇	平原、丘陵	水稻等作物种植、少量养殖	生态农业园、美丽乡村景观
合肥合巢经济开发区	丘陵、平原	瓜果种植、少量养殖	三瓜公社

续表

调研地点	地形地貌	农业产业	特色景点
六盘水舍烹村	高原山地	山地特色农业	4A级景区、农业科技示范园、农家乐、民宿
临沂市尹家峪村	山地	蔬果种植（草莓、桃等）	沂蒙花开旅游区、主题酒店和民宿、空中草莓大棚、特色美食街

表 6-3 调研地选择标准

调研对象选择标准	标准要求
效应显著	本地区或本项目农旅融合发展对地区经济社会发展产生显著的积极作用
示范作用	本地区或本项目农旅融合发展在全国或省内具有较强的影响力
合作态度	调研对象能够积极配合完成访谈
经营主体	经营主体具有一定的代表性

（二）访谈大纲及对象

访谈法较为自由灵活，它可使研究者从被调研者所提供的信息中发现原有理论或自由猜想中未涉及的内容，有利于促进新的理论产生（Herbert Rubin，2010）。因此，本部分通过访谈法收集资料。

1. 访谈方式及大纲

访谈法可分为结构化访谈、半结构化访谈和非结构化访谈等，其划分的依据是访谈内容的标准化程度，结构化访谈内容较为固定，一般不随意提问，而非结构化访谈一般没有标准程序和访谈内容限制。半结构化访谈介于两者之间，它比结构式访谈更具弹性，但又能为特定的访谈主题服务，访谈过程中它可以根据研究的关键点灵活地发问（周芳和朱朝枝，2021）。针对农旅融合驱动因素这一主旨，本书采用半结构化访谈法对这部分内容进行研究资料收集。为更好地达到研究目的，使访谈内容聚焦于研究主旨，在访谈之前设计了相应的访谈大纲。基于访谈大纲（备忘录），通过深入交流的方式获取原始资料。

<h2 style="text-align:center">调研访谈大纲</h2>

①本地区农业资源基础如何，是否形成了一定的品牌效应？

②本地区或本项目农旅融合发展的资金从哪来，成效如何？

③本地区或本项目农业休闲旅游市场具有什么特征？规模及效益如何？

④本地区或本项目农业休闲旅游产品是否具有吸引力和竞争力呢？

⑤本地区或本项目农旅融合发展带动的村民规模如何？

⑥农旅融合发展过程中，如何与村民建立利益联结与分享机制的呢？

⑦本地区各级政府采取了哪些举措来规范及管理农旅融合发展呢？

⑧为促进农旅融合，本地区（本项目）是否运用了新技术或新经营管理模式呢？

⑨本地区（本项目）在发展过程中遇到了哪些问题呢？

⑩本地区或本项目农旅融合发展的关键推动因素是什么呢？

⑪当前本地区农旅融合发展最大的阻碍因素是什么呢？

访谈过程中，用录音方式记录相关信息，同时留意访谈中出现的新问题和新观点，以便于对调研主旨有更全面的把握。访谈完成后，通过语音转换软件将录音内容转化成文字形式，并对每个访谈对象及其内容进行编码，便于后续分析。

2. 访谈对象

结合研究目的，本书选取的访谈对象以政府或村部负责人、农旅融合项目经营/运营主体、行业从业者、合作社负责人等为主，他们直接推动或参与农旅融合过程，对于农旅融合过程及影响因素较为了解。在访谈过程中遵循理论饱和原则，即当不再出现新概念时可视为信息达到饱和（潘绥铭等，2010）。在大致访谈20个对象之后，初级编码中不再出现新的概念，访谈延续到第24个对象时结束。最终调研及对象信息见表6-4。

表 6－4 访谈对象信息汇总

访谈对象身份	性别	访谈地点	访谈时长
滕头村村部工作人员	女	滕头村村部	42 分钟
滕头村旅游服务人员	女	滕头村乡村振兴学院	54 分钟
安吉余村工作人员	女	安吉余村村部	48 分钟
安吉余村运营中心人员	男	余村运营工作室（两山客栈）	36 分钟
安吉银坑村五子联兴实业有限公司负责人	男	公司大厅	53 分钟
安吉余村心悦居休闲农庄负责人	女	农庄大厅	31 分钟
安吉天荒坪镇政府农办负责人	男	农办办公室	45 分钟
安吉大溪村碧瑶客栈负责人	女	客栈大堂	34 分钟
安吉大溪村村部工作人员	男	大溪村村部	40 分钟
安吉鲁家村盈元茶场负责人	男	茶场会客厅	58 分钟
安吉鲁家村百合庄园负责人	男	老兵驿站大厅	83 分钟
安吉田园鲁家景区工作人员	男	游客接待中心	44 分钟
安吉鲁家休闲农业专业合作社负责人	男	游客接待中心	40 分钟
德清莫干山红玫瑰生态园工作人员	女	园区会客厅	36 分钟
德清加州农业阳光生态园工作人员	男	园区展馆	47 分钟
德清蚕乐谷科普教育基地工作人员	男	游客服务中心	32 分钟
德清莫干山义远有机农场负责人	女	园区接待中心	48 分钟
长沙宁乡湘都生态农业园负责人	男	园区接待中心	64 分钟
新化县渠江源紫金山庄总经理	男	园区会客中心	68 分钟
新化县紫鹊界梯田景区负责人	女	管委会办公室	74 分钟
六盘水舍烹村村部负责人	男	村部接待中心	45 分钟
六盘水舍烹村银湖农民专业合作社工作人员	女	合作社工作室	54 分钟
合肥三瓜公社投资发展有限公司工作人员	男	会议室	36 分钟
临沂尹家峪村村部工作人员	女	村部办公室	46 分钟

三、研究资料分析

借助语音转化软件将录音资料转换成文本，共形成 24 份访谈记录文本，一共获得824句有效访谈内容。随机选择3/4的文本（18份）进行编码和模型构建，以剩下的6份访谈文本作为饱和度检验依据，各文本均以"T序号"命名，T18及以前为编码分析文本，后T19及以后为饱和度检验文本。

（一）开放式编码

开放式编码是指将访谈文本分解对比，并形成概念和范畴的过程，它的目的在于界定概念、发现范畴（汪涛等，2012）。为此，就抽取的18份文本进行逐句编码，用"T序号－s序号"标记文本中的每一句话，如"T1－s5"代表第1个访谈文本中的第5句话。用"OC序号"表示开放式编码，如"OC4"表示第4个开放式编码。为减少因主观因素产生的影响，在编码过程尽量使用原素材中的表述或内容作为概念或范畴的命名依据；当无法得到高度概括的表述时，则考虑使用文献资料中的名词替代（黎耀奇等，2022）。通过对文本进行开放式编码，共形成158个开放式编码，提炼出46个基本概念（见表6-5）。

表6-5　　　　　　　　　开放式编码及概念提取示例

原始语句	开放式编码	概念
"（T1-s5）过去单靠种点田，家里的年轻人连娶媳妇都成问题。当时我们这里流传着一句话叫'有女莫嫁滕头男'，太穷了名声都不好。" "（T12-s21）仅靠种植单一农作物，百姓基本没有钱赚，过好辛苦。"	OC1 单一种植业收益较低	a1 传统农业收益
"（T5-s16）我们那里的百合，好看又香，既可以观赏，又可以作为食材或药材卖出去。" "（T7-s32）将农作物经济转化为观光经济，我们也做了一些文章，比如现在我们做的这个五彩稻田。"	OC2 挖掘农业的观光休闲价值	a2 农业附加值
"（T4-s3）一产就是茶叶种植，二产就是茶叶的加工，包括一些衍生产品，如茶点、茶饮料等，那我们的三产就搞研学、搞培训等。"	OC5 延伸农业产业链条	a3 三产融合发展
"（T3-s54）我们县出台了农业标准地，这个标准地必须符合一定的标准才能拿到，比如必须以农业板块为基础做产业融合发展，而且必须能带动一定数量的居民就业。像我们要搞研学、搞培训，那么这个房子都是建设用地啊，包括客房啊，餐饮都是建设用地。"	OC18 农村产业融合建设用地政策	a4 农村产业融合建设用地管控

91

原始语句	开放式编码	概念
"（T9－s66）现在开始在谋划周边 18 个村庄，做一个大的规划，涉及三个乡镇，所以说它整体的。" "（T5－s89）在县委县政府的指导之下，包括天荒坪政府也开始去统筹规划，我们从小余村开始做起，然后现在开始做一加一加四，以天荒平镇为依托，再加上周边的四个村庄。"	OC54 区域合作统一布局	a5 统一规划
"（T13－s42）消费者来乡间休闲，也是想感受跟城里不一样的风情，绿水青山，山间清风……"	OC61 保留农村原生态环境	a6 原生态
"（T15－s39）来农村一趟更希望吃到地道的农村菜，没有经历过大肥大药，最好用的是有机肥，这样绿色健康有营养些。"	OC42 产品绿色环保	
"（T4－s84）让消费者看到我们的商标，就知道安吉白茶很有名，很不错，要让消费者知道我们这里的茶好喝，茶园还很好玩。"	OC76 品牌增进消费者认知	a7 农业品牌
"（T6－s72）这几天中央电视台来我们这做田园鲁家的系列报道，田园鲁家现在是全国比较著名的田园综合体品牌，我们这里 18 个农场，不单单是做传统农业，种植或养殖，还有一系列的观光休闲、研学教育产品等。"	OC82 品牌内涵延伸	
"（T8－s38）我们农场里做事的工人都是我们村民，他们可以在家门口上班，他们也很乐意。"	OC87 收入渠道增加	a8 共同富裕
"（T14－s89）村民把土地流转给村集体，可以获得流转土地的租金。这总比土地抛荒没任何收益要好些。"		
"（T16－s27）通过发展村集体经济，村民每年还可以从中分红，村集体经济发展得越好，村民的分红就越多。"	OC88 村民也能分享到发展红利	
"（T8－s47）像我们农场每年大约要用 4000 多工时，全部是请周边农民帮忙做事，而且我们的工资都会很及时发给他们……"		
"（T12－s153）以前我们村环境特别糟糕，路边垃圾到处是，一刮风满天飞，晴天一身灰，雨天一身泥……"	OC36 乡村生态环境	a9 美丽乡村
"（T6－s108）现在越来越多的年轻人愿意回来做事，这一两年我们这里有十多个年轻人回来创业，做民宿、开农场等。"	OC40 劳动力回流	
"（T6－s108）百姓生活条件也变好了，家家户户有自来水，门前屋后有小花园，水泥路通到了家门口来……"	OC47 民众生活条件	

原始语句	开放式编码	概念
"（T3-s29）浙江这边'八山一水一分田'，耕地资源很有限。那怎么利用这有限的土地产出更多的价值呢，一直是一道需要解决的难题。"	OC28 耕地资源存量	a10 耕地资源
"（T10-s96）这边基本也是丘陵山地，水稻种植比较困难，所以部分耕地有待进一步融合利用。"	OC41 耕地利用途径	
"（T15-s75）刚你们看到的那五彩稻田，就是我们跟省农科院合作的。"	OC77 农业技术合作	a11 产研合作
"（T5-s142）比如，像以葡萄种植为主的小边农场，就是浙江农业大学就在那设了研发基地。"	OC78 产品合作研发	
"（T16-s94）我们现在还有一个5G互联网养鱼项目，它采用物联网的形式，大大节约了人力成本，实现数字化和智能化。"	OC103 高效的生产管理方式	a12 农业科技
"（T7-s110）我们园区还有实时气象信息播报，包括温度、湿度等，为我们生产活动，比如施肥、杀虫等提供了有利的借鉴。"	OC117 先进的生产辅助技术	
"（T12-s40）现在很多游客都是网上找到我们这里，发现这里好玩，就跟亲朋好友过来了。大多数是网络预订过来的……"	OC135 网络预订与推广	a13 网络信息技术
"（T6-s108）村里有推广平台、农游平台和农产品集市等，线上和线下营销同时进行。"		

在上述分析基础上，对形成的46个概念进行范畴化处理。这一过程将进一步归纳上述概念间的联系，将属性及内容较为相近的概念划归为同一类别，形成范畴。这一过程有助于揭示现象背后的内在逻辑关系。在此，46个概念被进一步归为14个范畴（如表6-6所示）。

表6-6　　　　　　开放式编码形成的范畴

编号	范畴	包含概念	依据与说明
A1	农业转型升级需要	传统农业效益；农业附加值；三产融合发展	传统农业生产效率低下、产业链附加值不高，挖掘农业的附加值十分必要，而农旅融合促进了农业多种功能的发挥，提高了农业附加值

编号	范畴	包含概念	依据与说明
A2	农业资源生态化发展需要	化肥、农药的使用；土壤肥力；农产品质量安全；耕地资源	传统农业面临着生态环境日益恶化、资源约束不断加强等困境倒逼农业生产方式的改进。而农旅融合发展推动实现农业资源再创造、再利用
A3	乡村建设发展需要	乡村振兴；美丽乡村；城镇化；共同富裕	农旅融合发展使得农户的增收渠道得以拓展，收入得以增加。同时也为进一步改善乡村原有生态环境和居民家居环境提供了条件
A4	政策干预	统一规划；财政支持；项目补助	政策放松是产业融合的重要条件之一，而支持政策更是产业融合的重要推动力量
A5	制度保障	土地流转；农村产业融合建设用地管控	政府相关部门为推动农旅融合的制度设计对农业与旅游产业资源配置产生重要影响
A6	休闲体验需要	慢节奏；身心放松；乡愁体验	新时期，民众休闲消费需求开始转变，需求日益多样化和内涵化。农业和旅游产业融合是民众追求多元化、体验性休闲产品的体现
A7	产品内涵与特色	产品有创意；值得回味；原生态	农业休闲产品的内涵与特色是农旅融合高质量发展的前提
A8	细分市场增加	民宿休闲；研学教育；红色旅游；政务考察学习	休闲度假、农业研学教育等细分市场份额逐步增大，为农旅融合创造了发展空间
A9	特色农业资源	特色产业；生态农业；创意农业；家庭农场；农业品牌	农业资源基础是融合发展的前提，特色农业、品牌农业是融合发展的重要基础，是农业休闲产品吸引力的重要来源
A10	农业文化资源	农耕文化；节庆活动；农业文化遗产	农业所具有的文化教育功能体现着其社会价值；农业相关文化元素是农业休闲产品体验价值的重要构成
A11	经济发展态势	区域经济；可支配收入	经济社会发展水平反映着区域经济力量的强弱，从而影响农业与旅游业融合的投资情况、市场状况等
A12	生活方式变革	休闲观念；闲暇时间	随着闲暇时间和可支配收入的增加，旅游休闲成为民众日常生活的重要组成部分

编号	范畴	包含概念	依据与说明
A13	技术进步	数字技术；农业机械化；产研合作	现代农业发展依赖农业科技创新，农业技术也为农业观光、农业文化展示提供了支持，是提高融合效益的重要保障。信息技术的广泛应用使得消费者的需求能被发现并瞄准
A14	创新因素	商业模式创新；服务方式创新；在线预订；网络营销	商业模式和管理创新促进了农旅融合效率的提升

（二）主轴式编码

主轴式编码是将开放式编码中得到范畴进行整合，辨析各范畴之间的关系，进一步抽象和概括形成更大的类属的过程（靳代平等，2016）。本书根据不同范畴的逻辑内在联系对其进行归类，共归纳出六个主范畴（见表6-7）。根据产业融合动因理论，本书将农业农村内生发展需求、农业资源基础与特色、政策支持、市场需求升级、经济社会发展因素、技术与创新因素定义为融合动因这一主范畴。

表6-7　　　　　　　　　　开放式编码形成的范畴

主范畴	内涵	对应的范畴
农业农村内生发展需求	农业增效、农民增收、农村增绿等发展需求，是农旅融合发展的重要内在动力	A1：农业转型升级需要
		A2：农村资源生态化发展需要
		A3：乡村建设与发展需要
政策支持	各级政府针对农村产业融合发展出台了一系列政策，支持与引导农村产业融合发展	A4：政策干预
		A5：制度保障
市场需求升级	消费者对旅游休闲产品的体验价值和文化内涵提出了更高的要求，同时农业研学教育等市场份额增加，为农旅融合创造了空间	A6：休闲体验追求
		A7：产品内涵与特色
		A8：细分市场增加

主范畴	内涵	对应的范畴
农业特色资源基础	特色农业资源及农业相关文化是农业休闲产品吸引力和竞争力的重要来源，也是农旅融合发展的重要基础	A9：特色农业、品牌农业、生态农业
		A10：农业文化
经济社会发展因素	经济社会水平是地区推进农旅融合的基础，它决定着客源市场规模、消费水平与结构等	A11：经济发展态势
		A12：休闲消费理念
技术进步与创新	技术进步与创新决定产业融合发展的层次和发展的竞争力。技术进步与管理创新也有利于创造有效供给，发掘消费需求，提升经营管理效率，提高农旅融合发展质量	A13：技术进步
		A14：管理创新

（三）选择性编码

选择式编码是从主范畴中提炼核心范畴，并对主范畴及其关系进行理论整合的过程（靳代平等，2016）。本书通过对原始资料与概念、范畴进行分析，提炼出"农旅融合发展驱动因素"这一核心范畴。农业与旅游产业融合就是一个动态的发展过程，它受内外部环境的共同作用。据此，基于系统动力学理论将本部分研究的核心范畴故事线概述如下：政府政策支持是农旅融合发展重要推动力，农业农村内生发展需要是产业融合的关键内驱力，经济社会发展和市场需求升级是主要拉力因素，而农业资源基础与技术进步创新因素对于农旅融合起着支撑作用，各种力量互相渗透共同驱动农旅融合发展。

（四）理论饱和度检验

现利用预留的 6 份访谈文本对所获信息进行理论饱和度检验。结果发现，已形成的驱动因素框架中的范畴已实现饱和，对 6 份文本的分析未发现新概念。在此基础上，进一步做了以下检验工作：其一，进一步梳理有关农旅融合驱动因素的相关研究文献；其二，补充访谈，邀请 3 位不同身份的相关人士（休闲农业合作社负责人、家庭农场业主、示范村镇政府部门工作人员）进行补充访谈，并完成编码。两方面检验结果均显示不存在理论模型无法涵盖的内容，这充分说明了此处所得出的农旅融合发展驱动因素模型已达到理论饱和。

四、农旅融合发展的驱动因素分析

（一）融合发展的外部驱动力

1. 政府支持

政府支持是农旅融合发展的重要推动因素。陈赞章（2019）对农村产业融合发展中的政府角色进行研究，认为政府是实现乡村振兴战略、推进农村产业融合发展的主导性力量。一方面，政府的政策引导为产业融合指明了方向，通过合理规划与统筹安排，可减少农旅融合项目因自发性过强而造成的损失，有利于农村产业融合发展质量的提升。其次，政府制定的各项政策措施，如产业政策、税收政策、土地政策、投融资政策、科技政策等，可为农旅融合发展创造有利的条件和环境。同时基层政府对村民观念的引导与培训，亦对农旅融合发展效果产生影响。

2. 经济社会发展水平

地区经济基础是农旅融合发展的重要动力和前提条件，也决定着其发展后劲及其可持续性。地区经济发展水平与民众的可支配收入水平相关，从而决定着客源市场的容量大小、需求强度。经济基础还影响着人们的精神追求与价值理念，从而影响其消费观念与消费结构。另外，产业融合发展过程中项目建设离不开大量的资金投入，经济发展水平决定着农旅融合发展过程中的投资水平。与此同时，经济发达地区城镇化水平普遍较高，这些地区的居民对于乡村旅游休闲有着更为强烈的需求。数据显示，乡村地区休闲游客八成来自周边城市地区。因此，地区经济发展水平可为农旅融合发展提供有力保障。

3. 市场需求因素

市场需求是农旅融合的主要拉力。研究表明与产业发展相关重大创新，70%左右都是由消费者需求、市场推动而形成（吕静韦，2017）。新时期，随着对美好生活需要的追求，旅游休闲成为民众日常消费的重要部分。同时，民众休闲消费需求开始呈现多样化和内涵化态势（戴斌，2019），"看得见山、看得见水、记得住乡愁"的乡村休闲游备受青睐。农旅融合发展正满足了民众追求对多元化、体验性、特色化休闲产品的需求（向从武，2018），其客源市场空间广阔。农旅融合发展促进了农业社会价值和教育功能的发掘，因此研学教育、社会实践和政务考察等细分市场发展较为迅速，这类市场空间较大，且具有可持续性，正成为助推农旅融合发展的动力之一。调研发现，部分示范村客源的30%～40%均来自上述细分市场。

（二）融合发展的内部驱动力

1. 农业资源基础与特色

农业与其他产业不同的是农业生产与自然紧密相连，农业农村资源基础决定农村产业的发展方向。消费者追求资源特色、环境差异是乡村旅游休闲产业得以发展的根本驱动力所在（王莹和许晓晓，2015）。特色农业、农业品牌、农事活动、农业节事和农业生态环境等资源是农旅融合发展的重要基础，是农业休闲产品吸引力的重要来源。基于此设计的农业休闲旅游产品不仅能满足游客观光游览的基本需求，也能满足游客对沉浸式"望得见山、看得见水、记得住乡愁"的乡村体验的追求。

2. 技术与创新因素

苏毅清（2016）学者认为共同的技术基础以及技术革新是农村产业融合的前提条件。高新技术具有较强的渗透性和倍增性，其可以较顺畅地渗透到传统产业中去。农业技术的创新与变革引致农业生产方式的变革，从而带来农村一二三产业之间的融合（梁立华，2016）。因此，信息技术产业对于推动农村一二三产业融合具有重要作用（叶云，2018）。就农旅融合而言，农业技术创新也可为农业观光、农业文化展示提供了技术保障，是农业相关资源转化为休闲产品的媒介之一；同时网络信息技术的广泛应用有助于促进实现农业休闲产品需求与供给的有效衔接，使得农旅项目经营管理与服务更加便捷高效，从而提高农旅融合服务质量（方世敏和王海艳，2019）。只是农旅融合型产品主要是精神体验性的产品，技术因素不像在传统产业融合中一样起决定性作用，在农旅融合过程中它主要起着支持作用。

3. 农业农村内生发展需求

农业农村内生发展需求是农旅融合发展的主要内驱力。近年来，传统农业面临着生产成本高、生产效益低下、资源约束不断加强等问题，农业可持续发展面临挑战。由于农业生产效益下降，农业资源要素流失加快，大量青壮年劳动力选择外出务工，农村"空心化""老龄化"等社会问题日益突出。而农旅融合可促进农业多种功能发挥，有助于提高农业附加值（梁伟军，2007；周鹏飞，2021），并推动实现农业资源再创造、再利用（常新锋和张雨祥，2022）。农旅融合发展使农户的增收渠道得以拓展（程莉等，2021），同时也为进一步改善农村原有生态环境和居民家居环境提供了条件（蒋淇，2017）。经调研发现，不少示范村镇之所以选择农旅融合发展道路，正是基于要解决农业农村发展过程中的部分现实问题。

（三）驱动机理模型与分析

农业与旅游产业融合过程中外部驱动力系统和内部驱动力系统并非完全割裂的，两大系统间存在相互作用，共同推进农旅融合发展。当产业融合发展主要受内部驱动系统影响时，即为"内－外"融合驱动模式。此时融合发展主要受农业农村内生发展需求力、农业资源基础以及农业科技创新等因素推动。此时，农业和旅游产业各自的资源要素实现重组，调整优化原有价值链，产业要素在两个产业之间流动及渗透，由内至外地推动两大产业的融合。反过来，如果产业融合发展主要受外部驱动系统作用，则为"外－内"融合驱动模式，此时产业融合主要受消费者需求升级、政策环境和经济社会发展因素的驱动。这时，农业和旅游产业外部的相关产业要素促进两大产业要素相互渗透，由外及内地推动农业和旅游产业的融合。除此之外，还有产业间的竞争与合作关系，农业和旅游产业分属不同的产业部门，两者间资源要素可形成较好的互补关系，因此合作关系较突出。基于上述各个驱动力，两大产业相互作用，使产业结构得到优化和产业组织实现调整，促使农业和旅游产业向区域动态平衡演进，最终构成农旅融合发展的驱动力系统，据此构建出的农旅融合发展驱动机理模型如图6-2所示。

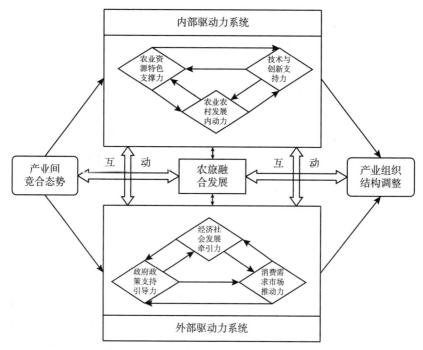

图6-2 农旅融合发展驱动机理模型构建

第二节　基于微观调研的驱动机理检验

本小节将基于上一节扎根理论分析所得的范畴内容，借助问卷调查对各驱动因素的作用大小进行评价。结合农旅融合发展实际，构建驱动因素类属的具体评价指标，再进行相应的问卷设计。通过向示范村镇政府或村部负责人、农旅融合项目经营业主/运营主体、行业从业者、合作社负责人等发放问卷收集所需要数据，以从微观层面上对农旅融合的驱动因素进行检验。接着进行数据分析，借助结构方程模型（Structural Equation Modeling，SEM）对因子路径进行拟合，通过对研究假设的检验，明确各驱动因素对农旅融合发展的影响程度。数据分析时主要借助 SPSS 软件和 AMOS 软件进行。

一、问卷设计

基于前期实地调研访谈和扎根分析过程，梳理了推动农旅融合发展的主要驱动力。根据已有研究文献和上一节得出的主范畴因素设计调查问卷，并通过专家意见及小范围预调研，对问卷进行完善。问卷内容包括三部分：第一部分是被调查者的个人信息，涉及姓名、性别、学历和身份等社会统计学信息。第二部分是本地区农旅融合发展驱动因素的认知评价，这部分围绕农业农村内生发展需求、政策支持、市场需求、农业特色资源基础、经济发展水平和技术创新等六大方面展开，共设计 28 个具体题项。第三部分农旅融合发展程度评价，结合本书的定义从农业和旅游业的互动关系出发共设计了 3 个具体题项。各题项采用李克特五点语义量表进行度量，被调查者可根据自身认知情况作出判断。

二、变量测度

为提高问卷质量，现通过多观测指标题项对每一个变量加以度量。各观测指标的选取遵从以下方法：第一，借鉴已有的研究文献，比较分析梳理具体观测题项的内容；第二，结合调研访谈结果和前文扎根理论分析形成范畴的关键词信息，设计相应的题项内容。研究变量进行多指标分解后，可提高变量在模型检验过程中的可靠性，减少变量测度中的误差，以提高了量表的科学合理性。评价量表各变量及具体测度指标题项如表 6 - 8 所示。

表 6 – 8　　　　　　　　　　　　　　主要变量及具体题项

变量	具体题项
政府支持 GS	GS1 财政资金扶持政策促进了本地农旅融合发展
	GS2 农村土地用地政策促进了本地农旅融合发展
	GS3 现有的农村贷款政策促进了本地农旅融合发展
	GS4 基层政府的作用促进了本地农旅融合发展
	GS5 政府对村民观念的引导促进了本地农旅融合发展
	GS6 政府补贴或奖励政策促进了本地农旅融合发展
技术进步与创新 TI	TI1 农业科技推广的力度促进了本地农旅融合发展
	TI2 智慧农业等先进技术的应用促进了农旅融合发展
	TI3 互联网的普及促进了农旅融合发展
	TI4 农业产业园区的建设促进了农旅融合发展
农业资源基础 AR	AR1 本地农业生产活动吸引了大量游客前来体验或研学
	AR2 本地特色农业或农业品牌吸引了游客前来旅游休闲
	AR3 本地农业生态环境吸引了游客前来旅游休闲
	AR4 本地特色农业节事活动吸引了游客前来旅游
市场需求 MD	MD1 消费者消费能力升级促进了本地农旅融合发展
	MD2 客源市场规模促进了本地农旅融合发展
	MD3 消费者对乡村地区的偏好促进了本地农旅融合发展
	MD4 细分市场（比如研学教育等）增加促进了本地农旅融合发展
农业农村内生发展需求 RN	RN1 农业转型升级的需要促进了本地农旅融合发展
	RN2 生态环境保护的需要促进了本地农旅融合发展
	RN3 促进农民收入增长的需要助推了本地农旅融合
	RN4 增加乡村人气的需要推动了本地农旅融合发展
经济社会发展 ES	ES1 地区经济发展总体水平促进了本地农旅融合发展
	ES2 民众休闲方式转变促进了本地农旅融合发展
	ES3 民众可支配收入水平增加促进了本地农旅融合发展
农旅融合发展程度 AT	AT1 本地农业和旅游业相互促进、互利共赢、均衡发展
	AT2 本地区农业的旅游休闲价值得以挖掘
	AT3 本地旅游市场产品因农业发展而更加多元化、有内涵

三、数据收集与描述性分析

本部分重在对农旅融合的驱动因素及机理进行检验，因此调研对象仍以涉农旅融合发展的相关主体为主，调研区域与上一节相同，以示范村镇政府或村部负责人、农旅融合项目经营业主/运营主体负责人、行业从业者、合作社负责人等为问卷发放对象。问卷一部分由笔者团队于 2021 年暑期在调研地区发放，另一部分委托上一节中的访谈对象发放，填答方式有现场发放填答和线上邀请填答两种方式。最终回收问卷 367 份，剔除无效问卷 52 份后，最终得到有效问卷 315 份，有效率 85.83%。有效样本的基本信息资料如表 6 - 9 所示。

表 6 - 9　　　　　　　　被调查者个人信息

项目	类别	人数	占比（%）	项目	类别	人数	占比（%）
性别	男	187	59.37	年龄	20 岁及以下	2	0.63
	女	128	40.63		21～30 岁	64	20.32
身份	农业产业园/休闲农场/农旅项目从业者	97	30.79		31～45 岁	132	41.90
	农业产业园/休闲农场/农旅项目经营者	86	27.30		46～60 岁	99	31.43
					61 岁及以上	18	5.71
	合作社工作人员	44	13.97	学历	初中及以下	10	3.17
	各级行政管理人员	65	20.63		中专或高中	89	28.25
	行业协会工作人员	23	7.30		大专	114	36.19
					本科及以上	102	32.38
省份	浙江	86	27.30	省份	山东	51	16.19
	湖南	77	24.44		贵州	49	15.56
	安徽	52	16.51				

从表 6 - 9 可以看出，被调查者中男性比女性多近两成。从年龄来看，

被调研者中以 31～60 岁之间的群体为主，占比 70% 以上。从学历来看，大专及以上学者占总体的 3/4 以上，初中及以下只占 3.17%。从被调查者的身份来看，农旅相关项目从业者最多（占 30.79%），其次是农旅相关项目的经营者占比 27.30%，最后是各级行政管理人员占两成。

（一）信效度检验

1. 信度分析

对于问卷的信度，学界一般用 Cronbach's α 系数来评估。Cronbach's α 信度系数介于 0 和 1 之间，这一系数若在 0.7 及以上可表明问卷设计得较为合理性（吴明隆，2018）。经 SPSS 软件分析，全部指标总体的 Cronbach's α 系数为 0.893，各潜变量对应的分量表的这一系数均在 0.8 以上，故量表信度良好。

2. 效度分析

效度分析即分析量表各观测指标的准确程度，主要用内容效度和结构效度来反映。此部分问卷中的各题项经前期调研和文献借鉴而来，同时也听取了本领域专家的改进意见。之后进行了小范围的预调研，根据预调研情况进行了完善，因此本调研问卷具有良好的内容效度。结构效度反映指测量题项与测量变量（潜变量）之间的对应关系，一般通过探索性因子分析和验证性因子分析来检验。

（1）探索性因子分析。当 KMO 值在 0.7 以上，且 Bartlett 球形检验显著性概率小于 0.01 时，说明数据适合做因子分析（张文彤，2017）。借助 SPSS 软件对数据进行分析发现，整个量表 KMO 值为 0.813，同时 Bartlett 球形度检验 P 值为 0.000，表明量表适合进行因子分析。接着，运用因子分析计算各观测指标在相应变量上的因子载荷值（李怀祖，2004）；一般情况下，若某一个指标在两个或两个以上的因子上载荷超过 0.32，可考虑剔除它。根据这一原则对不理想的指标进行剔除，直到所保留的指标达到无须再节选状态（段伟等，2017）。经过此探索性因子分析发现，题项 GS3"现有的农村贷款政策促进了本地区农旅融合发展"和题项 AR1"本地农业生产活动吸引了大量游客前来体验或研学"载荷不理想被剔除。就其余的 26 个有效指标再次进行因子分析，共旋转出七个主因子对应于七个变量，各具体题项在主因子上的载荷值均在 0.6 左右（且 $P < 0.01$），具体如表 6 – 10 所示。再对各分量表进行因子分析，得出各观测指标对公共因子的累积提取载荷平方和方差百分比（即累积方差解释率）均在 0.6 左右，说明提取的公因子可以包含观测指标大部分的信息，观测指标设计较为合理。

表 6 – 10　　　　　　　　　　　探索性因子分析结果

变量	观测指标/具体题项	标准化因子载荷	公因子方差	观测指标累积方差解释率（%）
政府支持 GS	GS1 财政资金扶持政策促进了本地区农旅融合发展	0.749	0.879	
	GS2 农村土地用地政策促进了本地区农旅融合发展	0.703	0.821	
	GS4 基层政府的作用促进了本地区农旅融合发展	0.677	0.946	66.87
	GS5 政府对村民观念的引导促进了本地农旅融合发展	0.618	0.904	
	GS6 政府补贴或奖励政策促进了本地农旅融合发展	0.585	0.829	
技术进步与创新 TI	TI1 农业科技推广的力度促进了本地农旅融合发展	0.776	0.899	
	TI2 智慧农业等先进技术的应用促进了农旅融合发展	0.718	0.839	71.23
	TI3 互联网的普及促进了农旅融合发展	0.674	0.833	
	TI4 农业产业园区的建设促进了农旅融合发展	0.630	0.908	
农业资源基础 AR	AR2 本地特色农业或农业品牌吸引了游客前来旅游休闲	0.673	0.830	
	AR3 本地农业生态环境吸引了游客前来旅游休闲	0.657	0.847	61.43
	AR4 本地特色农业节事活动吸引了游客前来旅游	0.639	0.881	
市场需求 MD	MD1 消费者消费能力升级促进了本地农旅融合发展	0.843	0.843	
	MD2 客源市场规模促进了本地农旅融合发展	0.814	0.892	
	MD3 消费者对乡村地区的偏好促进了本地区农旅融合发展	0.753	0.798	59.83
	MD4 细分市场（比如研学教育等）增加促进了本地区农旅融合发展	0.672	0.914	

续表

变量	观测指标/具体题项	标准化因子载荷	公因子方差	观测指标累积方差解释率（%）
农业农村内生发展需求 RN	RN1 农业转型升级的需要促进了农旅融合发展	0.804	0.781	63.08
	RN2 生态环境保护及开发利用的需要促进了农旅融合发展	0.757	0.805	
	RN3 促进农民收入增长的需要助推了本地区农旅融合	0.731	0.892	
	RN4 增加乡村人气的需要推动了本地区农旅融合发展	0.634	0.901	
经济社会发展因素 ES	ES1 地区经济发展总体水平促进了本地农旅融合发展	0.721	0.915	60.52
	ES2 民众休闲观念转变的追求促进了本地区农旅融合发展	0.632	0.919	
	ES3 民众可支配收入增加促进了本地区农旅融合发展	0.603	0.913	
农旅融合发展程度 AT	AT1 本地农业和旅游业相互促进、互利共赢、均衡发展	0.706	0.918	69.65
	AT2 本地区农业的旅游休闲价值得以挖掘	0.714	0.878	
	AT3 本地旅游市场产品因农业发展而更加多元化、有内涵	0.622	0.869	

（2）验证性因子分析。在进行结构方程模型的估计分析时，先要检验潜变量与观测指标间的关系是否符合设计。在此，通过建立各潜变量和其相应具体观测变量的关系模型进行验证性因子分析，并基于学者们广泛使用的拟合指标体系对各模型进行评估，模型适配指数及临界值如表 6 – 11 所示。同时基于模型中各观测变量对潜变量的载荷系数和误差变异等求得组合信度（Composite Reliability，CR）和平均方差提取量（Average Variance Extracted，AVE）以此来评估量表的聚合效度。一般认为，当 AVE 值大于 0.50 且 CR 值大于 0.70 则说明聚合效度良好。

表 6 – 11　　　　　　　　结构方程模型常用拟合指标

统计检验量	临界值	统计检验量	临界值
卡方与自由度之比（χ^2/df）	<3.00	拟合优度指数（GFI）	>0.90

续表

统计检验量	临界值	统计检验量	临界值
均方根残差（RMR）	<0.05	规范拟合指数（NFI）	>0.90
近似均方根残差（RMSEA）	<0.08	调整后的拟合优度指数（AGFI）	>0.90
比较拟合指数（CFI）	>0.90	非规范拟合优度指数（TLI）	>0.90

　　各观测题项的标准化因子载荷值均在 0.8 以上，说明各题项都较好地度量了相应的潜变量。经计算，各潜变量的组合信度 CR 和平均方差提取量 AVE 均基本符合要求，说明各模型的聚合效度良好（见表 6-12）。

表 6-12　　　　　　　　　　验证性因子分析结果

评估指标		政府支持	技术进步与创新	农业农村内生发展需要	市场需求	农业资源基础	经济社会发展因素	农旅融合发展程度
拟合度指标	χ^2/df	1.863	2.435	1.987	2.097	1.766	3.011	2.663
	RMR	0.021	0.043	0.051	0.0215	0.038	0.025	0.048
	RMSEA	0.068	0.044	0.079	0.082	0.068	0.087	0.056
	CFI	0.872	0.932	0.897	0.913	0.924	0.943	0.869
	GFI	0.904	0.915	0.879	0.948	0.921	0.918	0.894
	NFI	0.857	0.931	0.938	0.954	0.948	0.965	0.919
	AGFI	0.852	0.897	0.865	0.898	0.874	0.871	0.905
	TLI	0.932	0.921	0.943	0.919	0.893	0.886	0.937
聚合效度指标	CR	0.837	0.754	0.689	0.838	0.843	0.797	0.865
	AVE	0.623	0.539	0.608	0.587	0.553	0.766	0.690

（二）结构方程模型估计

　　本部分使用结构方程模型（SEM）分析软件 AMOS20.0 对变量之间的路径关系进行假设检验，路径分析结果如图 6-3 所示，模型拟合优度指数结果见表 6-13。从结果来看只有比较拟合指数（CFI）略低于临界值，但参照较为宽松的拟合评价标准，CFI 亦在可接受的范围内，除 CFI 外各项指数均在良好适配性标准范围之内。这表明假设模型与实际数据拟合良好，具有较高的契合度（见表6-13）。

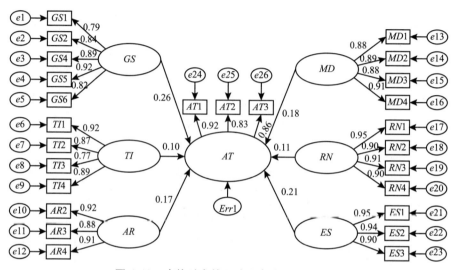

图6-3　农旅融合的驱动因素路径分析结果

表6-13　　　　　　　　结构方程模型各拟合指数

统计检验量	临界值	检验结果	统计检验量	临界值	检验结果
卡方与自由度之比（χ^2/df）	<2.00	1.836	拟合优度指数（GFI）	>0.90	0.904
均方根残差 RMR	<0.05	0.041	规范拟合指数（NFI）	>0.90	0.957
近似均方根残差（RMSEA）	<0.08	0.065	调整后的拟合优度指数（AGFI）	>0.90	0.918
比较拟合指数（CFI）	>0.90	0.882	非规范拟合优度指数（TLI）	>0.90	0.921

根据结构方程模型估计结果，得到结构方程模型中各潜变量间的路径系数情况如表6-14所示。

表 6 – 14 结构方程模型估计结果

路径			非标准化 路径系数	S. E.	C. R.	P	标准化 路径系数	假设检 验结果
AT	<---	GS	0.258	0.057	4.520	***	0.261	接受
AT	<---	TI	0.107	0.066	2.977	0.003	0.104	接受
AT	<---	MD	0.158	0.057	2.783	0.005	0.176	接受
AT	<---	AR	0.140	0.066	12.802	***	0.172	接受
AT	<---	ES	0.238	0.058	14.067	***	0.211	接受
AT	<---	RN	0.107	0.054	3.480	0.001	0.112	接受

注：*** 代表 p < 0.001。

从表 6 – 14 可以看出，对于各驱动因素而言，政府支持对农旅融合发展影响最大，标准化路径系数为 0.261；经济社会发展因素其影响居于第二位，路径系数为 0.211；再者是市场需求因素，其路径系数为 0.176；农业特色资源基础其路径系数为 0.172，与市场需求的影响相当；还有农业农村内生发展需要和农业科技创新因素的路径系数位于末两位，路径系数分别为 0.112 和 0.104，相对前四个因素而言，这个因素的影响效应较小。

第三节　基于宏观视角的驱动机理检验

方世敏和王海艳（2019）和危浪（2020）等借助全国层面的截面数据对农旅融合系统演化机制与动力因素进行了分析。但时空维度下各影响因素的作用是否存在差异性，鲜有学者展开讨论。事实上，由于我国地域广阔，区域之间的自然地理环境、农业资源基础和经济社会发展水平存在较大差异。前文亦论证了农旅融合发展水平的时空异质及空间关联特征，因此其驱动因素的作用大小也可能存在一定的异质特征。为此，本节将借助 28 个省份 2006 ~ 2019 年的面板数据，从全局层面对农旅融合发展各驱动因素的作用进行检验，同时借助时空地理加权回归模型分析各影响因素的异质性特点。

一、变量选取与说明

结合前文分析可知,农业和旅游产业在农村内生发展因素、农业资源基础条件、市场需求因素、经济发展水平、政府政策支持、技术创新水平等六大主要因素的共同驱动下融合发展。现基于宏观层面,对上述因素的影响及其异质性进行检验。在此以前文所测算的农旅融合发展水平(农旅融合度)作为被解释变量,以六大驱动因素作为解释变量,构建数理模型进行驱动机理检验。在确定各自变量的表征指标时,充分考虑指标的客观性、可衡量性以及数据的可获得性。指标选取如下:①农业农村内生发展需求因素,用农业转型升级需求(AUD)和农村资源环境化导向(RRE)两个指标来衡量。农业转型升级需求(AUD)用土地流转程度来反映。传统农业土地资源等要素产出效益较低,产业融合发展后土地资源得到有效的利用,这提升了农业土地资源的利用价值,因此土地流转也从侧面体现着产业融合参与者的利益诉求,在此以家庭承包经营耕地流转率来衡量农业转型升级需求(张莞,2019)。农村资源环境化导向参考方世敏和王海艳(2019)的研究成果,用农村人均沼气量来度量。②农业资源特色与基础是农业旅游休闲产品吸引力的重要来源,参照王琪延(2013)用国家级地理标志农产品和农业文化遗产来反映。③市场需求因素(UDI)用城镇居民人均可支配收入来表征,以反映市场消费能力及市场空间。④经济发展水平(PCG)用人均 GDP 来表征,它可反映经济整体发展水平。⑤政府政策支持(IPS)用产业政策力度来表征,借助赖启福等(2020)的做法通过对不同层级政策主体颁发的农旅融合相关政策数量进行赋值,之后累加计算出政策支持力度。⑥技术创新水平因素用信息化发展水平(INL)和农业科技投入(ATI)规模来表征。农业科技投入助力农村产业升级,提升农业生产效益,为产业融合发展提供可能性。另外,网络信息平台将农业旅游休闲产品的需求方与供给方有效地连接起来,而且农旅融合项目与产品的经营管理与营销推广都离不开网络信息技术的大力支持。

在此，农业科技投入参考吕屹云等（2020）用省份科研费用支出的
7%作为农业科技投入规模的替代变量，用这一值与地区 GDP 比值来表示
农业科技投入水平；互联网发展水平参考薛艺君（2022）等的做法用互联
网普及率来度量。本书中的各驱动因素是在前期广泛的调研而提炼而来，
因此在驱动因素检验时重点考虑这些核心因素的边际效应。为消除异方
差、共线性及确保数据的稳定性，对上述所有变量取对数。如遇指标值为
0，则加 0.01 以使其取对数有意义。各具体指标及其说明见表 6-15。

表 6-15　　　　　　　　　　　变量内容及其说明

变量	指标	表征指标	指标说明	数据来源
被解释变量	农旅融合发展水平	农旅融合度（ATL）	上节已测算的农旅融合水平	已测算得出
解释变量	农业农村内生发展因素	农业转型升级需求（AUD）	用土地流转程度来反映，以家庭承包经营耕地流转率来度量，家庭承包经营耕地流转率 = 家庭承包耕地使用权已流转总面积/家庭承包经营耕地总面积	根据农业农村部历年统计数据整理计算得出
		农村资源环境生态化导向（RRE）	用人均沼气量衡量，反映农村可再生资源利用情况，用沼气总量/乡村人口量来测算	《中国农村统计年鉴》
	农业资源基础条件	特色农业资源及品牌（ARC）	用国家级地理标志农产品和农业文化遗产来反映，根据专家意见分别赋值 1 分和 2 分，变量得分 = 国家级地理标志农产品数量×1 + 农业文化遗产数量×2	自行整理得出
	市场需求因素	城镇居民人均可支配收入（UDI）	反映农业旅游休闲市场消费能力	《中国统计年鉴》
	经济发展水平	人均 GDP（PCG）	反映经济整体发展水平，用 GDP/年末人口量测算	《中国统计年鉴》
	政府政策支持	产业政策力度（IPS）	按照政策主体层级对政策力度进行赋值：国务院、各部委、省级部门、市级机构、县级机构等依次赋值 5、4、3、2、1，政策力度 = ∑ 政策数量×主体层级赋值计算得出	自行整理得出

变量	指标	表征指标	指标说明	数据来源
解释变量	技术创新水平	农业科技投入（ATI）	用省区科研费用支出的7%作为农业科技投入总额的替代变量，用这一值与地区GDP比值表示农业科技投入水平	《中国统计年鉴》
		信息化水平（INL）	反映信息化发展状况，用互联网普及率来衡量，互联网普及率＝互联网用户数/年末常住人口数	《中国互联网络发展状况统计报告》《国民经济和社会发展统计公报》

二、检验模型构建

（一）普通面板计量模型

借助普通面板模型从全局层面对各驱动因素的影响效应进行分析。在不考虑空间效应作用的情况下，建立普通面板模型进行农旅融合发展水平和各驱动因素之间线性关系的检验，模型设定如下：

$$\text{In}ATL_{it} = \alpha_0 + \sum_{k=1}^{m} \beta_k \text{In}X_{k,it} + \mu_i + \nu_t + \varepsilon_{it} \qquad (6-1)$$

式（6-1）中，i 和 t 分别为省区和年份，k 为自变量的个数，$X_{k,it}$ 为自变量集。ε_{it} 为随机误差项，其服从正态分布，μ_i 为个体效应，ν_t 为时间效应。

（二）时空地理加权回归模型

英国地理学家福瑟姆（Fotherigham，2004）提出了地理加权回归模型（Geographic Weighted Regression Model，GWR），他将空间相关性纳入回归模型，利用基于距离加权的局部样本估计各样本点独立的局部回归参数值，使不同区域回归模型系数随空间地理位置变化而变化，即地理空间变系数回归。普通线性回归模型只对参数进行"平均"或"全局"估计，因而难以捕捉到各因素在不同地区影响效应的差异性；而地理加权回归模型充分考虑了变量的地理空间相关性，能有效探索各因素在不同地理位置的空间非平稳性和差异性，是处理空间异质性的较好的估计方法（于洪雁等，2020）。只是普通的 GWR 是截面模型，只考虑了空间上的非平稳性，只能逐年分析各驱动因素影响的空间异质性。为此引用时空地理加权模型（Geographically and Temporally Weighted Model，GTWR），对整个研究期间内各驱动因素的空间异质性进行刻画。GTWR 模型在 GWR 基础上本书将空间因素与时间因素逐步纳入回归模型，可以考虑时空非平稳性，公式如下。

$$y_i = \beta_0(\mu_i,\ \nu_i,\ t_i) + \sum_{k=1}^{j} \beta_k(\mu_i,\ \nu_i,\ t_i)X_{ik} + \varepsilon_i \qquad (6-2)$$

式（6-2）中，y_i 为因变量，X_{ik} 为独立变量 X_k 在 i 点的值，即时空地理加权回归模型指标体系中各个量化指标的值；$\beta_0(\mu_i,\ \nu_i,\ t_i)$ 为 i 点的回归常数，即时空地理加权回归模型中的常数项；$\beta_k(\mu_i,\ \nu_i,\ t_i)$ 为 i 点的第 k 个回归参数，$(\mu_i,\ \nu_i,\ t_i)$ 是第 i 个样本点时空坐标，ε_i 为随机误差项（王海军等，2018）。在模型估计前均需要确定地理权重，地理距离会影响模型系数的预估结果。核函数和最优带宽决定着地理权重，学界通常选择已修正的赤池信息原则（AICc）与高斯核函数来确定最优带宽。

三、普通面板模型估计与分析

（一）单位根检验

为了避免实证结果中出现"伪回归"或"伪相关"，为此首先对各变量进行平稳性检验，以保证实证结果的无偏性和一致性。单位根检验是检验面板数据平稳性的常用方法。为了避免单次检验可能带来的误差，在此使用三种常见单位根检验方法（IPS，LLC 和 ADF – Fisher）对数据进行检验（Im K. S.，2003）。由检验结果表 6 – 16 可以看出，所有变量都拒绝存在单位根的零假设，面板数据具有良好的平稳性。

表 6-16 单位根检验结果

变量	lnATL	lnATI	lnPCG	lnINL	lnARC	lnAUD	lnUDI	lnRRE	lnIPS
IPS 检验	-3.878***	-4.396***	-4.530***	-6.909***	-5.296***	-8.812***	-6.971***	-2.053**	-4.861***
LLC 检验	-4.177***	-4.7699***	-6.997***	-6.263***	-6.647***	-4.541***	-7.356***	-2.531**	-6.321**
ADF-Fisher 检验	-8.665**	-5.502**	-7.515**	-8.783**	-7.591**	-7.974***	-9.010**	-3.659**	-10.677**

注: **、*** 分别代表在 5%、1% 的显著性水平性。

(二) 多重共线性检验

本书用方差膨胀因子 (VIF) 指标对各驱动因素进行了多重共线性检验, 结果如表 6-17 所示。各驱动因子均小于 10, 均值为 4.975, 可以认为指标间不存在多重共线性。

表 6-17 驱动因子多重共性线检验结果

变量	lnATI	lnPCG	lnINL	lnARC	lnAUD	lnUDI	lnRRE	lnIPS
VIF	3.432	2.987	4.224	5.765	4.987	7.654	3.876	6.871
1/VIF	0.291	0.335	0.237	0.173	0.201	0.131	0.258	0.146

(三) 普通面板模型估计结果

在面板数据模型的选择上, 首先借助 F 检验决定使用混合模型还是固定效应模型, 然后用 Hausman 检验确定建立随机效应模型还是固定效应模型 (毛其淋, 2011)。经分析, 面板设定的 F 检验结果均表明固定效应显著; 同时, Hausman 检验结果值为均显著, 可认为固定效应模型优于随机效应模型。因此, 使用固定效应模型最终估计结果如表 6-18 所示。

表 6-18 农旅融合驱动机制回归分析结果

变量	Pooled OLS	FE		
		双固定	时间固定	个体固定
lnATI	0.037 (0.143)	0.043 (0.201)	0.041* (2.019)	0.054 (1.082)

变量	Pooled OLS	FE		
		双固定	时间固定	个体固定
InPCG	0.020 ** (2.627)	0.205 *** (4.503)	0.016 (0.463)	0.039 * (2.271)
InINL	0.007 (0.316)	0.095 ** (2.897)	0.010 (1.050)	0.014 * (1.976)
InARC	0.008 * (2.271)	0.014 * (2.410)	0.008 (1.156)	0.009 * (2.327)
InAUD	0.059 * (2.491)	0.121 ** (2.865)	0.053 *** (3.424)	0.055 ** (2.997)
InUDI	0.151 ** (3.220)	0.173 * (2.492)	0.109 * (2.327)	0.083 (1.528)
InRRE	0.035 (1.198)	0.018 (0.317)	0.036 (1.287)	0.037 (0.387)
InIPS	0.132 ** (2.710)	0.285 ** (2.881)	0.021 (1.352)	0.012 ** (2.897)
Adj R^2	0.619	0.631	0.570	0.609
面板设定的 F 检验	—	14.475 ***	8.097 ***	11.543 ***
Hausman 检验	—	161.663 ***	34.345 ***	89.43 ***
样本量	392	392	392	392

注：*、**、***分别代表在10%、5%、1%的显著性水平性，括号内为 T 值。

对比各固定效应模型，可知双固定效应模型拟合状况较优，因此重点就双固定效应模型估计结果进行分析。

政策支持因素（IPS）的回归系数为0.285（$P < 0.01$），说明政府支持力度每提高1%，则驱动农旅融合水平上升0.285%。政府政策支持系数值在所有因素中最大，可见其驱动效应最强，因此要充分发挥政府在农旅融合发展过程中的主导作用。农村产业融合发展是实现乡村振兴和共同富裕的重要途径，政府要在产业政策、制度创新、服务配套和生态保护等领域对农旅融合发展进行统筹布局，为推进农业和旅游产业深度高质量融合

提供支撑。

以人均 GDP 衡量的经济发展水平（PCG）回归系数为 0.205（$P <$ 0.000），说明经济发展水平每提高 1%，则驱动农旅融合水平提升 0.205%，驱动效应大小仅次于政府支持水平。而以城镇居民收入水平（UDI）衡量的市场需求水平回归系数为 0.173，亦通过了显著性检验，说明市场需求水平每提高 1%，则驱动农旅融合水平提升 0.173%。农旅融合发展需要资金支持，比如农旅项目的建设、配套设施的完善都离不开强大的财力支持。另外，经济基础决定上层建筑，可支配收入水平直接决定了居众的休闲需求与消费特征。从实践层面来看，东南沿海经济发达地区，其农旅融合发展成效显著，在全国范围内均具有一定的影响力，这主要得益于其经济发展水平较高引致的旺盛的农业休闲需求。因此，推动区域经济发展，提高居民收入水平，完善农村产业融合的配套设施建设可为农旅融合发展奠定基础。

农业农村内生发展需求的两个具体维度——农业转型升级需求（AUD）与农村资源生态化导向（RRE）指标的作用存在一定差异。其中农业转型升级需求回归系数为 0.121（$P < 0.05$），即农业转型升级需求水平上升 1%，则农旅融合水平上升 0.121%，说明农业转型升级需求越迫切，农旅融合程度的程度会越高。农业与旅游业融合发展作为实现农业多维价值、推动产业结构调整的重要途径，其有利于发挥农业的多种功能来实现农业的多维价值，可提升农业经营效率与农户的经济收益，可促进农业转型发展。因此，农业转型升级的内生需求也助推着农旅融合发展。农村资源生态化导向回归系数为 0.018，但其未通过显著性检验。当前，多数农村地区农业仍以传统种植模式为主，农业生产者将农业生态资源转化为经济价值的能力有限，导致农业农村资源生态化导向的驱动作用不明显。结合现实来看，多数地区在绿水青山转化为金山银山过程中尚存短板，如思想观念落后、配套设施不完善等，这些因素在一定程度上制约着农旅融合发展。

以特色农业资源及品牌衡量的农业资源基础条件（ARC）的回归系数为 0.014，意味着农业资源基础条件每增强 1%，则驱动农旅融合水平上升

0.014%。农业资源特色及品牌是农旅融合的重要基础，特色农业、农业品牌、农业文化或农业生态环境等均是农业休闲产品吸引力的重要来源，前文微观调研分析亦给出了同样的结论。

技术创新水平的两个具体指标——农业科技投入（ATI）和信息化水平（INL）的驱动作用存在一定差异。其中信息化水平的驱动作用显著，回归系数为 0.095（$P < 0.05$），可见信息化水平每上升 1%，则驱动农旅融合水平上升 0.095%。信息技术的广泛应用促进了农业休闲产品的供给者与需求方实现有效链接，消费者的需求能被发现并瞄准，而供给方借助信息技术可以实现高效的营销推广与经营管理，因此助推了农旅融合发展。只是在全局层面上，农业技术投入的驱动作用不显著。这可能是因为农业技术主要应用于农业生产环节，其在农业休闲产品中的渗透稍显不足。未来可进一步利用农业科技因素，开发农业研学、农业科考等产品是推动农旅融合发展的可取之路。

（四）考虑时序异质性的估计结果

为分析不同时间各驱动因素影响效应的差异性，在此借鉴第4章对农旅融合发展阶段的划分方式，分别就不同时期各驱动影响因素进行回归分析。基于上述面板模型估计做法，运用双固定效应模型进行估计，结果如表 6－19 所示。

表 6－19   不同时期农旅融合驱动机制回归分析结果

变量	2006～2009 年	2010～2015 年	2016～2019 年
lnATI	0.024 (0.988)	0.032 (1.322)	0.041 (1.321)
lnPCG	0.176 * (2.084)	0.198 ** (2.987)	0.210 ** (2.654)
lnINL	0.055 (1.543)	0.092 * (2.397)	0.095 * (1.998)
lnARC	0.008 * (2.398)	0.011 * (2.301)	0.015 * (2.432)

续表

变量	2006~2009 年	2010~2015 年	2016~2019 年
lnAUD	0.094 (0.973)	0.107 * (2.488)	0.125 ** (3.117)
lnUDI	0.143 ** (2.774)	0.154 ** (2.876)	0.176 ** (2.983)
lnRRE	−0.009 (−0.546)	0.007 (1.543)	0.018 * (2.321)
lnIPS	0.098 * (2.097)	0.276 ** (3.054)	0.299 *** (5.865)
Adj R²	0.569	0.721	0.698
面板设定的 F 检验	11.877 ***	19.098 ***	17.865 ***
Hausman 检验	23.987 ***	38.094 ***	47.386 ***

注：*、**、*** 分别代表在 10%、5%、1% 的显著性水平性，括号内为 T 值。

就经济发展水平（PCG）而言，其回归系数值一直较高，且增长态势较平稳，可见经济发展是农旅融合的持续动力，宏观经济的增长有力地助推农旅融合发展。就以城镇居民可支配收入来衡量的市场需求（UDI）而言，其回归系数亦全部为正，只是其驱动效应（回归系数）增长态势比PCG 系数增长态势稍微缓和。

就政策支持力度（IPS）而言，2006~2019 年其系数为 0.098，2010年后其值增长较快，到达 0.276 及以上，即政策支持力度每上升 1%，可驱动农旅融合水平上升 0.276% 及以上。2010 年以来，以全国休闲农业与乡村旅游示范县设立开启了农旅融合规范化和品牌化发展之路。国家及各级政府密集出台了系列政策支持乡村旅游与休闲农业产业发展，其对于农旅融合的驱动作用亦越来越强。

就信息化水平（INL）而言，在第一阶段 2006~2009 年，其驱动作用并不显著（未通过显著性检验）。2010 年后，驱动效应开始显著，回归系数通过了显著性检验。主要可能是，这一时期互联网的广泛使用与智能手机的普及悄悄地改变了人们日常生活和休闲方式，也为产业融合发展创造了新的机遇，农村产业融合新业态与新模式层出不穷。信息技术的使用使农旅融合经营主体能有效捕捉消费者需求，而消费者亦通过网络平台快速识别出期望的休闲产品供给。农业休闲产品供给与需求借助网络信息技术实现了有效衔接。

就农业转型升级需求（AUD）而言，2006～2009年，其回归系数未通过显著性检验，其驱动作用未得到充分体现。这一时间农旅融合主要以形式单一的观光农业、休闲农庄等形式存在，农业的多种功能性未得到深入挖掘。2010年以后，其回归系数开始显著并不断上升。2010年中央一号文件指出要"积极发展休闲农业、乡村旅游，拓展农民收入来源渠道"。自此，农旅融合的多维效益开始受到广泛关注，农旅融合成为增加农业收益和农民收入、实现地区脱贫致富的有力途径。

就农业农村资源生态化导向因素（RRE）而言，在前两个时间其影响效应未通过显著性检验，甚至在2006～2009年回归系数为负。而到2016年以后，这一因素开始对农旅融合具有显著驱动作用。这一时期，随着农业供给侧结构性改革、乡村振兴战略的实施以及"两山理论"的实践，农业农村资源环境生态化发展日益受到重视，而基于这些资源开发休闲产品与项目是实现其生态价值的重要路径。这一发展导向也驱动着农业与旅游产业进一步融合发展。

就特色农业资源及品牌（ARC）而言，各阶段这一因素回归系数均较小，但均通过了显著性检验，充分说明了特色农业资源等因素对于农旅融合发展而言亦不可或缺。随着时间推移，其回归系数有所上升，这一方面得益于日益增长的消费需求，另一方面也与农业资源特色的不断挖掘息息相关。近年来，随着乡村振兴战略的推进，农村一二三产业融合发展成为振兴农村产业的必然路径。农业与旅游产业融合是农村一二三产业融合的重要途径之一，其之所以能有效融合并产出有吸引力的休闲产品与农业资源特性与品牌价值密不可分。

就农业科技投入（ATI）而言，其影响效应未通过显著性检验。农业休闲产品作为精神性产品，农业农村原生态环境空间的展示更能吸引消费者注意力，农业科技元素受关注的程度较低。在农业教育及科研产品中，先进的农业科技元素与产品质量内涵关系较为密切，但这类产品毕竟在整个农业休闲领域属于较小众的模块，未来还可以继续培养扩大这类产品的份额。

四、时空地理加权回归分析及结果

（一）模型设定检验

普通面板模型可以从全局层面对各驱动因素的总体表现进行估计，但较难精准捕捉各因素的区域异质性特征。而由上一章分析可知，农旅融合水平存在一定的空间集聚特征，区域差异较为明显。在此利用 GTWR 模型可以对各因素的空间异质性进行总体估计，即估计整个研究期内各因素的空间异质性，分析时使用 R 语言进行。为比较模型的拟合优度，将整个研究期内的数据进行全局 OLS 与 GTWR 回归，同时选取 2006 年、2010 年、2015 年和 2019 四个年度数据进行 GWR 回归，模型适配性指标见表 6－20。一般认为，R^2 和调整 R^2 均表示回归方程的拟合优度，其值越大体现模型拟合度越高（章艳秋，2022）；AICc 指修正的 Akaike 信息准则，其值越低反映模型拟合效果越好（孙克和徐中民，2016）；RSS 指模型的残差平方和，该值越小体现模型拟合度越高（肖宏伟和易丹辉，2014）。根据各指标综合判断，GTWR 调整的 R^2 达到 72.53%，且其 AICc 值最小，相较其他模型 GTWR 模型具有较好的解释力。

表 6－20　　　　　　传统全域回归与地理加权回归结果对比

模型	调整的 R^2	RSS	AICc
Global－OLS	0.619	4.859	－8.019
GWR2006	0.716	0.398	－29.286
GWR2010	0.634	0.235	－44.209
GWR2015	0.644	0.096	－38.980

模型	调整的 R^2	RSS	AICc
GWR2019	0.647	0.101	−37.869
GTWR	0.725	0.098	−49.286

表6-21给出了GTWR模型估计的五组分位数估计结果。结果显示，不同分位点的回归拟合估计值是有差异的，直观地说明了各省区各驱动因素影响系数的估计值存在着一定程度的异质性。经计算各因素系数的波动幅度（波动幅度=（最大值-最小值)/最小值的绝对值）可知，信息化水平（NIL）影响系数估计值波动幅度最大，说明其对农旅融合水平的影响效应在不同省区存在较大差异。而产业政策因素（IPS）影响系数估计值波动幅度最小，可见其对农旅融合水平的影响效应在不同省区差异较小。

表6-21　　　　　　　　　　GTWR 的五组分位数估计结果

变量	最小值	最大值	中位数	上四分位数	下四分位数	波动幅度
InATI	0.0358	0.0412	0.0381	0.0371	0.0389	0.1517
InPCG	0.0921	0.1259	0.1056	0.0989	0.1135	0.3670
InINL	−0.0096	0.0271	0.0044	0.0010	0.0091	3.8095
InARC	0.0051	0.0165	0.0087	0.0080	0.0096	2.2513
InAUD	0.0505	0.0794	0.0564	0.0532	0.0625	0.5734
InUDI	0.0893	0.1486	0.1209	0.1090	0.1352	0.6646
InRRE	0.0317	0.0477	0.0386	0.0357	0.0405	0.5038
InIPS	0.1053	0.1527	0.1362	0.1343	0.1379	0.4506

（二）各驱动因素影响效应的空间异质性

基于GTWR模型就整个研究期内各省份各驱动因素的影响效应进行估计，结合 ArcGIS10.2 软件对各因素回归系数分布情况进行可视化处理，采用自然断点法将回归系数划分为五个区间，以直观地从空间层面识别各因素的差异性。

就经济发展水平（PCG）而言，其回归系数值全部为正，且全部通过了显著性检验。回归系数大体呈现从沿海向内陆逐步降低态势；东南沿海四省回归系数最高，在 0.111 以上，多数中部省份和陕西省的回归系数也居于较高水平；另外内蒙古、青海和西藏回归系数偏低。总体来看，经济发展水平回归系数波动幅度不大。经济基础决定了休闲产品供给与需求，这一规律在不同地区均具有一定的普遍性，因此推动区域经济发展依然是促进农旅融合的重要前提。

就政策支持力度（IPS）而言，其回归系数亦全部为正（均在 0.10 以上），全部通过了显著性检验。其中江苏、浙江、安徽、福建和四川等省回归系数在 0.14 以上，说明政策支持的边际效应较大。山东、陕西、湖北、湖南、重庆、江西和广东等省的回归系数亦较高。区域经济发展水平为农旅融合创造了条件，而政策支持和相关管制放松则是农旅融合实现的关键。四川省虽然位于西部，但其农旅融合发展起步较早，其规模及成效在全国有一定的影响力，这亦与有力的政策指导密不可分。另外，西藏、新疆、青海和宁夏等省份的回归系数则偏低，这在一定程度上亦与地区经济发展水平有关联，农旅融合前提条件欠缺的话，政策因素便不能很好地发挥其作用。

就以城镇居民可支配收入来衡量的市场需求（UDI）而言，其回归系数亦全部为正，且通过了显著性检验，可见不同地区这一因素对农旅融合具有正向提升效应。其中浙江、江苏、福建和安徽等省份的回归系数居于高位，东南地区省区巨大的市场需求，是助推农旅融合快速发展的重要因素。而山东、广东、湖南、湖南、四川、江西、重庆等省份的回归系数也较高。西藏、新疆、青海、内蒙古和宁夏等省区的回归系数则偏低，这些地区经济欠发达，居民可支配收入相对较低，民众对农业休闲产品需求相对较弱。

就信息化水平（INL）而言，其对不同地区的影响呈现相反的效应，但均通过了显著性检验。对于东南和中部大多数省份而言，其正向作用影响较为突出。但是对于西藏、新疆、青海、甘肃、宁夏、内蒙古等省区而言，信息化水平的提高对农旅融合发展具有一定的抑制作用。这些地区地理位置及旅游资源具有较显著的独特性，网络信息技术的普及促进了旅游休闲资源的传播，也促进了当地旅游休闲产业的多元化发展，降低了民众对农业休闲产品的偏好，因此导致农旅融合发展受到抑制。就农业科技投入（ATI）而言，其影响效应未通过显著性检验。这一结果与面板模型估计结果保持一致，在此不作过多讨论。

就农业转型升级需求（AUD）而言，各地区这一因素回归系数均较小，但均通过了显著性检验。相较而言，东部省份和中部的江西省回归系数居于较高水平，湖南、湖北、安徽、四川、陕西和重庆等省回归系数次之。农旅融合发展是实现农业多种价值、助推农业转型升级的重要途径。调研过程中发现，地区农业转型升级需求越迫切，其农旅融合发展程度越高。东中部多数省份受地形地势因素的限制，农业规模经营难度较大，农业生产效率较低，因此农业走转型发展之路成为必然要务。而这些地区相对西北、东北等地区而言，自然生态和气候条件较为优越，具备开发农业休闲旅游的基本条件。因此，这些地区农业转型升级需求对农旅融合水平的影响较大，而新疆、西藏、青海、宁夏、甘肃、内蒙古和黑龙江等省份影响效应较弱。

就农业农村资源生态化导向因素（RRE）而言，各地区这一因素回归系数均较小，但均通过了显著性检验。其中江苏、浙江和福建等经济较发达的东南省份受广阔的休闲需求刺激，其农业农村资源生态化发展动力较强大，其对农旅融合水平的影响效应亦显著。相反，就广袤的西（北）地区而言，城镇化水平不高，民众对农业休闲的偏好较低，农业农村资源生态化发展动力不足，因此其对农旅融合驱动作用较弱，如新疆、西藏、青海、甘肃、宁夏、内蒙古等省份回归系数较小。

就特色农业资源及品牌（ARC）而言，各地区这一因素回归系数均较小，但均通过了显著性检验。其中，江苏、浙江和广东等省份回归系数居于高位，这些经济发达地区，其资本与创新要素集聚效应显著，可有效推动农旅项目开发，因此其边际效应较大。另外，福建、山东、湖南、湖南、安徽、江西、陕西和重庆等省份回归系数亦较高。西南和东北大部分省份回归系数居于中间区间。西藏、内蒙古、新疆、青海和宁夏等省区回归系数最低。

五、小结

经过分析各驱动因素的影响效应发现，政策支持对农旅融合发展的影响最大。由此可知，政府在财政资金、用地及奖补措施等方面的政策及制度对推动农旅融合具有显著的作用。为此，未来还要继续进一步加强政策支持，优化现有政策体系和政府作用机制，在支持手段上不断创新，强化政策支持的效应。排在第二位的驱动因素是经济社会发展因素，经济基础决定上层建筑，农业休闲产品作为非生活必需品，其消费水平取决于民众的可支配收入密切相关。另外，产业融合发展过程亦需要大量投资，投资水平的高低与地区经济发展程度紧密相关。因此，促进地区经济平稳发展是推动农村产业融合或农旅融合发展的重要支持；再者还有农业资源基础，特色农业、农业品牌、农业文化或农业生态环境等均是农旅融合发展的重要基础和驱动因素，亦是农业休闲产品吸引力的重要来源。建立特色农业品牌、挖掘农业特色文化和保护农业生态环境尤为重要，具体可通过技术手段来辅助实现。另外，消费者的需求拉力也是重要驱动力之一。为此，对于农旅融合经营主体而言，可基于现代信息技术追踪消费者需求的变化与细分市场的特征，以提供更有效、更高质量的农业休闲消费产品。而农业农村内生发展需求和技术创新等亦对农旅融合发展产生影响，只是影响效应没有其他四个因素显著。农业农村内生发展因素的作用仍弱于市场需求的拉动力，这亦体现了当前需求方引导农业休闲市场的特性。另外，这些内生需求要转化为有效的推动力，必须经过有效转化途径才有实现的可能性，比如通过强有力的政府引导或组织模式来实现。为此，切实发挥政府或基层组织的作用，建立完善的产业融合组织模式，才能更好地将内生发展动力发挥出来。众所周知，农旅融合产品属于较典型的精神消费产品，技术手段主要用于农业休闲产品的营销推广方面，在产业链的其他方面渗透还不够深入。另外，技术手段的运用也需要资金支持，农业产业园区用于技术投入的资金较为充足，但多数小规模休闲农园在技术使用的资金投入方面稍显紧缺。因此，技术创新在推动农旅融合过程中的作用的发挥还需要进一步强化。

第七章　农旅融合发展模式及路径

第一节　农旅融合发展的主要模式

一、基于资源基础及产品功能视角的模式划分

从农旅融合的资源基础及产品功能视角出发，农旅融合的主要模式有田园农业旅游模式、民俗风情旅游模式、村落小镇旅游模式、休闲度假旅游模式、科普教育旅游模式、农家乐旅游模式和回归自然旅游模式等。

（一）田园农业旅游模式

这一模式以农村田园景观、农业生产活动和特色农产品为旅游吸引物，开发农业游、林果游、花卉游、渔业游、牧业游等不同特色的主题旅游活动，以满足游客体验农业、回归自然的心理需求。田园农业旅游主要包括田园农业游、园林观光游、农业科技游、务农体验游几种模式。

（二）民俗风情旅游模式

这一模式以农村风土人情、民俗文化为旅游吸引物，充分突出农耕文化、乡土文化和民俗文化特色，开发农耕展示、民间技艺、时令民俗、节

庆活动、民间歌舞等旅游活动，从而增加乡村旅游的文化内涵。

（三）村落小镇旅游模式

这一模式以古村镇宅院建筑和新农村格局为旅游吸引物，开发观光旅游产品。比如位于安徽合肥巢湖经济开发区的三瓜公社，按照"一村一品"和"一户一特"的思路进行产业规划，重点打造了南瓜农特电商村、冬瓜民俗文化村、西瓜民宿美食村和印象半汤度假村，开发茶、泉、农特、文化四大系列1000余种半汤优质农特产品，建设各类产品基地，通过各类专业合作社促进农特产品产业化发展，让村民足不出户把产品卖向全国，形成了以农特产品种养、生产加工、电商物流、餐饮住宿、休闲旅游为主，三产融合发展的"三瓜公社"新模式。

（四）休闲度假旅游模式

这一模式依托自然优美的乡野风景、舒适怡人的清新气候、独特的地热温泉、环保生态的绿色空间，结合周围的田园景观和民俗文化，兴建一些休闲、娱乐设施，为游客提供休憩、度假、娱乐、餐饮、健身等服务。比如位于湛江市东海岸的破头区龙头莫村的湛江炭疗休闲山庄，分炭乐区、旅业区、旅游餐饮区、炭烧烤区、垂钓区和炭文化展示区6个功能区。炭疗休闲山庄主要是以高温度烧炭过程炭窑余留的远红外线、负离子、纯氧热能对人体有益的物理作用，刺激皮肤出汗，促进人体和细胞新陈代谢。

（五）科普教育旅游模式

这一模式利用航天农业科普教育基地、农业观光园、农业科技生态园、农业产品展览馆、农业博览园或博物馆，为游客提供了解农业历史、学习农业技术、增长农业知识的旅游活动。

（六）农家乐旅游模式

这一模式主要是农民利用自家庭院、自己生产的农产品及周围的田园风光、自然景点，以低廉的价格吸引游客前来吃、住、玩、游、娱、购等旅游活动。

（七）回归自然旅游模式

这一模式主要利用农村优美的自然景观、奇异的山水、绿色森林、静荡的湖水、发展观山、赏景、登山、森林浴、滑雪、滑水等旅游活动，让游客感悟大自然、亲近大自然、回归大自然。

二、基于产业间相互作用状态的模式划分

农旅融合本质上是农业和旅游产业两产业之间的交叉渗透，是对农业和旅游产业价值链的解构和延伸，带动资源、要素、技术、市场需求在农村的整合、优化和重组。基于农业和旅游产业在交叉渗透过程中存在相互作用大小和方向问题，学者们归纳了三种常见的农旅融合模式，这一划分方式有助于解决上述模式之间的相互交织的问题，具体如下。

（一）"以旅兴农"模式

"以旅兴农"模式重在发挥农业的主导地位和实现农业的基本功能。在融合发展过程中，原有的农业生产布局和种植类型可能会发生改变，但其原有的粮食生产属性或农产品生产核心地位不会发生变化，依然属于农业的范畴。在此期间，旅游产业作为农业发展的辅助工具，最终目的是借助旅游产业手段，强化农产品品牌价值和提升市场知名度，延长农业产业价值链。这类融合模式一般出现具备一定农业生产能力的地区，它往往借助原有的农业生产经营活动而实现发展，其农业价值高于旅游价值。典型案例如奉化金峨村和安吉刘家塘村等。

【案例1】 奉化金峨村

金峨村位于浙江省宁波市奉化区莼街道东南部，距市中心20公里。金峨村村民经济收入以花卉生产、绿化工程承包为主，全村花木种植面积达

到 4500 亩，跨村种植面积近 2800 亩，是西坞十里花木长廊的一个重点专业村，也是宁波市市花（茶花）种植基地。近年来，该村大力发展"美丽经济"，改造 500 亩山林的林相，栽种 3 万株"彩色"苗木，打造美丽花木、美丽庭院、美丽盆景，规划出可观赏的杜鹃谷、樱花园、茶花林。通过美丽经济，苗木经济延伸出了更多新的经济业态，比如乡村休闲、乡村漫步、乡村骑行、乡村露营、乡村垂钓等备受市民热爱。2017 年 11 月，金峨村获评第五届全国文明村镇，入选 2018 年浙江省 3A 级景区村庄名单。

【案例 2】安吉刘家塘村

刘家塘村位于安吉县南部，距县城 12 公里，村域面积 7.8 平方公里。2019 年村级经营性收入 354 余万元，农民人均纯收入 41693 元。刘家塘村位于自然富硒的核心地带，此地农产品品质优异，当地依托特色富硒农业资源，大力发展合作经济，把硒源竹笋、国卿家禽、天景葡萄基地建设等农产品开发与游客观光、体验等有机结合，打造了茶卿竹林土鸡、宋家坞富硒笋、竹筒酒等一批占领高端市场、引领消费时尚的特色优势产品，吸引成群游客前来进行农事体验。近年，观光农产品销售每年为村集体增收 16 万元，农民平均增收 5000 元。2018 年 11 月，该村入选浙江省 3A 级景区村庄名单，获得中国生态文化协会"2018 年全国生态文化村"称号。2021 年 9 月，入选首批"浙江省气候康养乡村"。2022 年被评为"美丽浙江十大绿色发展示范单位"。

（二）"以农促旅"模式

"以农促旅"模式重在凸显农业的旅游休闲和服务功能，旅游产业在其中居于主导地位。此模式中，农业凭借其主要的农业产品、农业生产活动及田园景观等，丰富旅游产业产品体系和内涵品质等，满足消费者休闲、观光、娱乐、康养及度假等多种需求。旅游产业通过与农业的融合发展，可扩充其产业价值链，创造更可观的"范围经济"效益。然而，在这一过程中并非完全摒弃农业生产活动，仍须把握农业生产是融合发展的基础。所以在农旅融合发展时，要合理协调好两个产业间的关系，合理开发和布局农业生产和旅游项目。典型案例如安吉大溪村和德清仙潭村等。

【案例3】安吉大溪村

大溪村位于安吉天荒坪镇最南端，与临安接壤，全村区域面积23.4平方公里，山林面积30099亩，森林覆盖率达92%。村内盛产白茶、绿茶、山核桃、香榧、笋干等土特产品，拥有"江南天池"、"藏龙百瀑"、"九龙峡"等景区，并有高山滑道、大溪漂流等休闲项目，客源主要来自长三角地区，是城市居民喜爱的避暑胜地。大溪村农家乐自1998年起发展至今，已有230余家，能同时接待15000人就餐和3500人住宿，素有"浙北农家乐第一村"之誉。大溪村也是安吉县首批乡村旅游示范村，全县最大的旅游集散地。2020年11月，该村入选2020年全国乡村特色产业亿元村名单。2021年11月10日，被农业农村部推介为2021年全国乡村特色产业亿元村。该村以旅游休闲产业为主导，农业以茶、竹产业为主，旅游产业的发展带动了农业相关产业的发展，茶叶采摘及竹林观光等农业休闲活动亦丰富了休闲度假产品体系。

【案例4】德清仙潭村

仙潭村位于莫干山北麓，是莫干山风景区毗邻村域，也是莫干山民宿核心集聚区之一。村地域面积11.8平方公里，拥有水田792亩、林地14400亩。在民宿产业兴起之前，村民一直以毛笋粗加工、牲畜养殖等传统农业为营生，产业可持续发展后劲不足。近年来，该村以村集体出资源、国企出资金的方式，组建莫干山仙之潭旅游发展有限公司，探索未来乡村运营模式，落地了大仙潭宿集旅游综合体、大地艺术装置等一批新业态，实现了由民宿单一产业向一体化农文旅产业生态圈的转型。村里亦积极发展产村融合项目，打造"美丽菜园"及田园综合体，大力发展景观苗木生态等产业，涉农项目的建设为民宿度假产业提供了有力支撑。该村曾荣获省级"旅游特色村"、省级"农家乐特色村"、市级"生态村"等荣誉称号，入选浙江省3A级景区村庄名单。

（三）"农旅共生"模式

"农旅共生"模式强调两产业价值的共同提升，农业为旅游产业提供资源支撑，丰富旅游产品体系，提升其品质内涵；旅游产业资源开发与创新理念融入农业生产和发展过程中，农业借助旅游产业实现其多种功能价值，同时提升农产品知名度和品牌价值，促进农业生产区域的基础设施和配套设施建设。农业和旅游产业在融合过程中相辅相成、相互促进、不分主次。这一融合模式多出现在范围较大的地域，该区域农业和旅游产业发展基础均较好。事实上，农业和旅游产业的价值链均呈现一定的季节性特征，两个产业的融合渗透可弥足彼此的季节性波动问题，延伸彼此产业价值链，扩大产业价值空间。典型案例如奉化滕头村和安吉鲁家村等。

【案例5】奉化滕头村

滕头村位于奉化城北6公里，离宁波27公里，至机场15公里，交通十分便利。它以"生态农业""立体农业""碧水、蓝天"绿化工程，形成别具一格的生态旅游区，在国内外颇享盛名。改革开放之前，滕头村是远近闻名的贫困村。经过改革开放40余年的洗礼，滕头村实现了从穷村到富裕村、生态村的美丽蜕变。滕头村一直坚持走生产发展、生活富裕、生态良好的良性发展道路。经过调整优化，传统农业得到提升，建立了高科技蔬菜瓜果种子种苗基地、植物组织培育中心等，精品、高效、创汇、生态、观光于一体的现代化农业格局基本形成。以房地产、园林绿化、生态旅游为主要内容的第三产业也正在蓬勃发展。滕头田园综合体建设则将继续以奉化水蜜桃、苗木花卉等农业特色优势产业为主导，依托滕头国家5A级旅游景区等旅游景点，打造将现代农业与乡村旅游有机结合的"文旅＋田园＋民宿＋美食"的复合型旅游综合体。1993年该村获联合国"地球生态500佳"，之后又相继获得"世界十佳和谐乡村"、首批全国文明村、全国环境教育基地、全国生态示范区和全国首批国家4A级旅游景区等荣誉，并作为全球唯一乡村入选上海世博会。2010年已被列为5A级旅游景区。

【案例6】安吉鲁家村

鲁家村位于浙江省湖州市安吉县递铺镇的东北部，村庄占地16.7平方公里。2010年前，浙江省安吉县鲁家村还是一个出了名的穷村。2011年，新领导班子决心改革，鲁家村逐步完成了简单的村庄绿化、村道硬化和污水治理等环境治理，搭上浙江省全面建设美丽乡村的列车。2013年，中央一号文件提出"家庭农场"的概念，于是鲁家村开始推行集体土地流转，提出了打造家庭农场聚集区的理念，在全村范围内因地制宜打造了18个各具特色的家庭农场，并鼓励本村现有农户扩大产业，其中包括了鲜花农场的6亿资金投入的大项目。2015年，村里建起了30公里绿道和4.5公里的绕村铁轨，用小火车串联起自然村的18个不同特征的农场，各个农场内休闲项目通过有机组合而成若干条观光休闲线。该地已成为集生产、研学、会议、观光、体验、度假、养生、休闲、运动和居住于一体的乡村旅游示范区，集循环农业、农事体验和创意农业于一体的田园综合体。2017年，该村入选浙江省3A级景区村庄名单。2019年，鲁家村入选"2019年中国美丽休闲乡村"和国家森林乡村名单。2020年鲁家村入选浙江第二批省级农村引领型社区名单和第二批全国乡村旅游重点村名单。

第二节　农旅融合发展的主要路径

农业和旅游产业融合最终会以某一或多种具体的形式表现出来，这些融合形式便是实现融合发展的具体路径。深入了解这些融合路径，可为推进农旅深度融合提供方向。本部分将基于农旅融合发展实践案例，分析总结农旅融合的路径。

案例研究方法适合用于研究"怎么样"和"为什么"的问题，有利于刻画动态过程并深入经济社会活动的发展脉络（王举颖等，2021）。案例研究又分为单案例研究和多案例研究。与单案例研究相比较，多案例研究可以看作是多个相关实验的重复进行，可以较全面地反映案例背景及发生逻辑,因此其结论更有说服力(刘建生等,2022)。为提高研究结果的有效性与说服力,本部分将采用多案例研究方法开展农旅融合实现路径的分析。一般认为,多案例研究时以4~10个为案例的理想数量。本部分将基于多案例研究法总结农业和旅游产业融合发展的主要实现路径,继而对农旅融合的演进特征进行探索研究。

一、案例选取

在案例研究时应选择具有较强典型性的案例,从而有助于扩展现有理论(Chan & Lin,2013)。为此,在农旅融合发展较早、在全国范围内影响力较大的浙江省开展实地调研。为了有效解答本部分的研究问题,在案例选取过程考虑以下因素:第一,案例具有一定的典型性和代表性,其农旅融合发展成效良好;第二,案例地农旅融合发展有一定的时间,从而有利于完整研究其融合过程;第三,案例数据信息的可获得性,以取得足够的案例资料。根据多案例研究法的技术要求以及本部分研究目的,同时避免产业政策及自然地理因素差异的干扰,本部分案例均以浙江省内案例为主,最终选取了安吉大溪村、德清仙潭村、奉化金峨村、安吉刘家塘村、奉化滕头村等6个案例(见表7-1)。上述6个案例涵盖三大主要融合模式,它们之间既具有共性特征,比如较强的产业优势及优越的自然生态环境条件和区位优势等,但又具有一定的差异性,比如地形地势条件不一、农业基础条件存在差异等。

表7-1 农旅融合发展调研案例

序号	案例	农旅融合成就	农旅融合模式
1	安吉大溪村	浙江省3A级景区村庄。入选"省级全面小康示范村","省级美丽乡村综合奖",2020年和2021年均入选全国乡村特色产业亿元村名单	以农助旅模式
2	德清高峰村	浙江省3A级景区村庄,被评为中国美丽休闲乡村(农家乐特色村)	

续表

序号	案例	农旅融合成就	农旅融合模式
3	奉化金峨村	浙江省 3A 级景区村庄，获评第五届全国文明村镇	
4	安吉刘家塘村	浙江省 3A 级景区村庄。入选第一批国家森林乡村名单，入选浙江第二批省级农村引领型社区名单，入选首批"浙江省气候康养乡村"。2022 年被评为"美丽浙江十大绿色发展示范单位"	以旅兴农模式
5	奉化滕头村	1993 年获联合国"地球生态 500 佳"，现为 5A 级旅游景区，入选首批全国文明村、全国环境教育基地、全国生态示范区和全国首批国家 4A 级旅游景区	
6	安吉鲁家村	入选全国十佳小康村、省级卫生村、省级森林村庄、省级美丽宜居示范村。2017 年成为了全国首批 15 个示范性田园综合体项目之一	农旅共生模式

二、资料收集

本部分研究资料收集手段较为多元化。其一，从 2020 年 5 月开始，先后收集了上述案例地村情、产业发展、相关主体的宣传报道等资料，剔除无效信息以保证研究的信度和效度。其二，通过访谈、现场走访等方法获取了大量一手资料。2021 年暑期和 2022 年暑期前往上述案例地调研，与村集体负责人或农旅融合项目负责人等共座谈 18 次，访谈过程时进行录音，事后将录音文件转换成文字，提炼有效内容。两种资料收集途径最终形成 8 万余字的资料库，为本书提供了有力支撑。

三、农旅融合发展路径分析

在两大产业融合过程中，农业基于自身资源平台将其农业休闲、体验、观光等新功能嵌入到旅游产业链条中，从而产生了农业旅游休闲类产品。随着农业旅游休闲类产品及其衍生农业产品的丰富和发展，旅游产业链的其他环节也发生了变化，并逐步发展为以休闲农业类旅游资源开发为导向，以具有乡村特色及旅游文化产品的生产为基础，产品销售主要以游客为对象的农业旅游产业链。在两大产业融合过程中，农业与旅游产业资源要素相互渗透、互补融合，呈现不同类型的融合发展路径或形态，并最终形成系列农业旅游休闲类产品。针对两大产业实现融合的具体形式或路径，本部分在6个调研案例对比分析的基础上进行了总结（见表7-2）。

表7-2　　　　　　　　　　案例地农旅融合路径分析

案例	产品及项目	依托资源	概述	主要融合路径	融合程度评价
安吉大溪村	竹海和茶园休闲观光和采摘等	农业物种、农事活动	依托优良生态环境吸引度假游客（避暑为主），农村生态与农事活动增加了原有休闲产品的吸引力	资源融合	★★
				技术融合	★
				市场融合	★★
				功能融合	★★
德清高峰村	苗木种植、果蔬采摘、农产品销售、休闲观光等	农业物种、农事活动	依托民宿资源吸引大量度假游客，苗木繁育基地及特色果园休闲观光及体验丰富了度假产品内容	资源融合	★★
				技术融合	★★
				市场融合	★★
				功能融合	★★
奉化金峨村	苗木及园区休闲观光、园林科普教育等	农业物种、农事活动、农业科技	依托花卉苗木种植吸引游客前来观光休闲，是美丽经济发展与美丽乡村建设的典型	资源融合	★★★
				技术融合	★★★
				市场融合	★★
				功能融合	★★★
安吉刘家塘村	果蔬采摘、园区休闲观光等	农业物种、农事活动、农业环境、农业科技	培育富硒果蔬，提供高品质农产品，吸引民众前来采摘休闲观光，休闲市场因此而发展壮大	资源融合	★★★
				技术融合	★★★
				市场融合	★★★
				功能融合	★★★★
奉化滕头村	花卉苗木、果蔬等现代农业园观光体验，科普教育基地和素质拓展中心、乡村振兴馆等	农业生态、农事活动、农事文化、农村环境、农业科技、农村风貌	依托国家级农业示范基地等产业园，构建了以农旅经济为核心的绿色产业体系，展示新农村、新农业和新农民风貌，在全国范围内具有显著示范效应	资源融合	★★★★
				技术融合	★★★★
				市场融合	★★★★
				功能融合	★★★★★

续表

案例	产品及项目	依托资源	概述	主要融合路径	融合程度评价
安吉鲁家村	18个特色各异的家庭农场休闲观光、农业科普教育体验、乡村振兴馆等	农业生态、农事活动、农事文化、农村环境、农业科技、农村风貌	实行"一农场一主题",集循环农业、农事体验和创意农业于一体,综合效应显著,在全国具有一定影响力	资源融合	★★★★
				技术融合	★★★★
				市场融合	★★★★★
				功能融合	★★★★★

（一）资源融合

资源整合主要是指将一种形式的产业资源融合到其他产业的发展过程中。农旅融合过程中,农业生产过程、生产资料、农业景观、乡土风情等转化为旅游资源,拓展了两个产业自身发展空间。农旅融合发展后,农田、水利、农业基础设施等不再仅仅是农业生产资源,而成为具有观赏体验价值的旅游吸引物。上述案例中最普遍的做法就是直接利用竹、茶、果园、苗木等农业资源开发出休闲观光产品及旅游商品。比如大溪村的竹林、高峰村和金峨村的花卉苗木、刘家塘村的富硒果蔬等成了吸引城市居民前来休闲观光及农事体验的重要因素。同时这些资源要素经过规划开发及提升,还可创造更具体验价值与内涵的休闲产品。农田经过合理的景观设计可成为较具观赏价值的休闲项目,如鲁家村的多彩稻田、金峨村的花卉走廊等;农事活动通过融合开发出节庆与科普教育产品亦是一大卖点,如滕头村水蜜桃采摘节和鲁家村采茶节等每年均吸引了大量的游客。当然,很多时候资源融合并非简单地资源嫁接,在融合过程中也常利用技术手段进行资源整合提升,从而开发更具体验性或参与性的农业旅游休闲产品;同时,还可以利用现代生物技术繁育或改良传统农作物品种,使其更有推广价值和旅游观赏性及趣味性。

（二）技术融合

信息技术、生物工程技术等的发展为农业和旅游产业的融合提供了契机，通过技术渗透，促使两大产业在资源整合、项目建设、运营管理、市场开拓等领域融合发展。旅游产业发展亦面临着不断变化的产业环境、要素构成、组织形态、消费需求等，迫切需要创新旅游休闲产品和经营模式来应对外部竞争环境和消费需求分异。而现代科技为农旅融合发展提供了良好契机。一方面，现代科技直接运用于创新或改造农业生产过程，从而打造独具特色休闲产品项目或提升原有产品的体验性及价值内涵。在滕头村，其高科技蔬瓜种子种苗基地、植物组织培养中心、农业观光示范区等项目均广泛运用了现代先进科技。运用生物工程技术培育出各种各样西瓜，较好地满足了游客求新、求奇、求异的心理；温室大棚种植的草莓为游客提供了一个良好的采摘环境，经济效益和休闲功能均得以实现。在金峨村，运用现代苗木繁育技术，如采用高位嫁接改冠换头育苗技术使得苗木形态更为美观，观赏价值得以提高。在鲁家村，五彩水稻和双季百合等运用了现代生物技术，增加了农业资源的吸引力；借助植物精油提炼技术，百合花种植的产业链得以延长，精油产品可直接出售给游客，精油提炼过程亦可作科普教育资源；众多园区实现了实时气象播报，为农业生产提供支持；借助现代信息技术进行网络营销与推广。另一方面，在农旅融合园区或村域基础设施建设过程中，也用到了不少先进科技，比如风/光/电技术、水循环利用等技术，以保护生态环境与促进美丽乡村建设，乡村村容村貌亦是重要的旅游吸引力之一。比如滕头村建设的低碳生态乡村系统，其中村道两旁均是"风光能"环保灯，低碳环保可持续性强。

（三）功能融合

功能融合是指一个产业某种功能被其他产业所利用或者两种产业基于某个共同利益诉求而创造出新的功能价值时，便形成了产业间的功能融合。1998 年，OECD 农业委员会指出农业是具有经济、社会与环境等多方面功能价值的产业。农业多功能性的发挥是农旅融合发展的重要基础，农旅融合发展是实现农业多功能价值的重要途径，彼此相辅相成，互相促进（见表 7 – 3）。

表 7 - 3 农旅融合功能分析

农旅融合产品	功能属性	具体功能
观光游憩产品、科普教育产品、休闲体验产品、休闲度假产品、康体养生产品、科技示范产品、……	经济功能	生态农产品产销、特色旅游服务
	游憩功能	观光、休闲、度假场所与服务
	社会功能	促进就地就业、增进城乡交流
	教育功能	传承农业文化、科普教育基地
	文化功能	农村民俗、节庆活动
	康体功能	新鲜空气、养生保健
	环保功能	保护、改善生态环境

在滕头村和鲁家村等地，农业科技创新推动现代农业的快速发展，使农业的食物保障、原料供给等传统功能得以充分发挥，同时也促进了农村社会的稳定。在这些典型案例地，村民以土地资源入股助力现代农业发展，他们拿租金、挣薪金、分股金，收入水平显著提升，就业机会也日益增多，年轻人纷纷返乡创业，农村经济社会的稳定性进一步增强。另外，深度挖掘农业的文化功能与生态功能，比如滕头村推出的拉大碾、磨豆浆、做年糕等活动将农事文化渗透在体验项目中，寓教于乐；而鲁家村的观光小火车则充分发挥了农业生态的休闲游憩功能，诸如此类。总体而言，功能融合主要通过创新农业教育体验项目，培育旅游休闲产品，打造科普教育基地、建设乡土文化传承载体等以实现农业的多功能性，进而让游客了解新时期的农业农村，这亦体现了农业的社会价值。

（四）市场融合

市场融合路径可从两个方面加以阐释：第一，农旅融合发展促生新的旅游休闲产品，培育新的市场需求；第二，两大产业共享客源市场。资源融合与技术融合使得新的农业休闲产品或项目出现，从而引致新的市场需求。如鲁家村的 18 个特色各异的家庭农场，本身作为现代农业的典范，借助观光火车串联，便成为爆款的旅游吸引物，每年吸引了大量游客前来体验。还有刘家塘村的富硒果蔬在农旅融合背景下身价不断上涨，备受游客追捧。此时的农产品不再是简单地流向农贸市场或城市居民，而是转向来访的游客，普通的游客转变成潜在的农产品消费者，两大产业共享客源/消费市场，农产品变成旅游产品，农产品价值得到提升。

另外，当农旅融合发展较为成熟并产生一定示范效应时，商务、政务考察与涉农展会等活动便频频出现，这时两大产业的市场实现了高度融合。如滕头村和鲁家村的典型性吸引了来自全国各地的考察团，这也是较大的消费市场。同时，现代农业科技成果改变了传统农业生产模式，形成示范效应，也催生了现代农业商务及会展节事市场。如滕头村、金峨村和高峰村等地的苗木种植项目，既具观赏价值，又具商业价值，农业商务旅游市场空间较大。还有代表性的农业节事展会活动，如滕头村水蜜桃采摘节庆、鲁家村的采茶节等，既是具有地方特色的旅游项目，又是商家前来洽谈的重要平台，基于此两大产业市场实现有机融合（见图 7 - 1）。

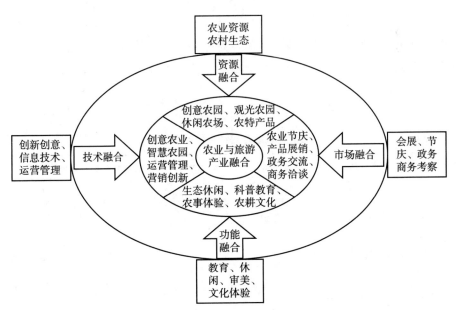

图 7 - 1　农业与旅游产业融合路径及产品

第三节　不同融合模式下的融合路径比较

在农旅融合发展实践过程中，各种融合路径并不是孤立的，而是有交互作用。部分综合类农旅项目发展是多条路径共同推进实现的，如滕头村和鲁家村等地；另有部分农旅融合项目则呈现渐进发展态势，在某一阶段某一路径居于主导地位，如除上述两个案例外的其他案例地。借助这一主导融合路径分析，可以判断农旅融合发展所处的阶段及未来可能的方向。据此亦可从定性视角评价各农旅融合项目或园区发展水平。一般认为四大主要路径融合程度均较高时，农旅融合便进入了较为成熟的阶段。本部分的六大案例，其各融合路径的发展状态存在较大差异。为此，邀请了28位有农旅融合研究或实践经历的专家对6个案例的四大路径融合状态表现进行星级评价。① 专家均有农旅融合领域研究或实践指导经验，对四大融合路径有较深刻的理解。在评价时以1~5颗星分别代表不同程度的融合状态，星数量越多意味着融合状态最理想。专家评价结果汇总后，每一路径得星数量汇总见表7-4，取星数量最多时的状态为其最终星级，若遇两星级得星数量相同，则取高一星级作为最终评价结果，具体结果如表7-4和表7-2最后一列所示。

表7-4　　　　　　　　案例地各融合路径评价结果汇总

案例	融合路径	★	★★	★★★	★★★★	★★★★★	最终评价结果
安吉大溪村	资源融合	10	16	2	0	0	★★
	技术融合	20	6	2	0	0	★
	市场融合	6	19	3	0	0	★★
	功能融合	3	16	8	1	0	★★

① 所邀请专家均有农旅融合研究及项目指导背景，其中本领域相关学者21名，宁波市和湖州市农业农村局工作人员7名。通过现场调研与发放电子邮件形式获取专家意见信息。

案例	融合路径	★	★★	★★★	★★★★	★★★★★	最终评价结果
德清 高峰村	资源融合	8	14	4	2	0	★★
	技术融合	8	16	3	1	0	★★
	市场融合	2	14	11	1	0	★★
	功能融合	2	14	7	5	0	★★
奉化 金峨村	资源融合	3	11	13	1	0	★★★
	技术融合	1	9	15	3	0	★★★
	市场融合	6	13	7	2	0	★★
	功能融合	1	8	15	4	0	★★★
安吉 刘家塘村	资源融合	2	5	17	3	1	★★★
	技术融合	4	8	14	2	0	★★★
	市场融合	2	5	19	2	0	★★★
	功能融合	2	2	4	19	1	★★★★
奉化 滕头村	资源融合	2	2	9	14	1	★★★★
	技术融合	0	4	11	11	2	★★★★
	市场融合	1	3	11	12	1	★★★★
	功能融合	0	1	5	8	14	★★★★★
安吉 鲁家村	资源融合	0	6	8	13	2	★★★★
	技术融合	0	3	9	14	2	★★★★
	市场融合	2	2	3	7	14	★★★★★
	功能融合	3	3	2	7	13	★★★★★

注：表中数目为每一路径不同星级获星数量。

　　结合上述分析比较不同融合模式下农旅融合路径，以了解不同模式下各融合路径的具体表现。在"以农助旅"模式案例中——安吉的大溪村和德清的高峰村为例，农业资源及生态环境开发为较单一的休闲观光产品是农旅融合的主要形式。此时各融合路径评价得分较低，资源融合路径占主导地位，融合产品以观光休闲产品为主，农旅融合发展处于较为初级的阶段。另外，"以旅兴农"模式案例地奉化金峨村和安吉刘家塘村各路径评价得分也不算高，但其技术融合和功能融合程度稍有增强。此时，农业的基础地位得以凸显，农业技术有效地渗透到农业休闲观光产品的开发中去，农业的多种功能价值得到了更好的挖掘。就案例奉化滕头村和安吉鲁家村而言，四大融合路径得分均较高，资源融合、技术融合、功能融合和市场融合程度均较为理想，两大产业相互渗透、相辅相成，体现出"农旅共生"特点。此时，两大产业共享市场，互利共生，意味着两大产业处于较高层次的融合阶段。农业技术渗透为旅游产业提供了较高质量的涉农休闲产品供给，农业资源的休闲、教育等功能得到充分发挥；而旅游产业亦为农业的现代化发展创造了有效的市场需求。两大产业均有的季节性特征，彼此融合渗透亦可弥足彼此的季节性波动问题。因此，要促进两产业资源、要素与技术的相互渗透，推动农业和旅游产业实现多路径融合。农旅融合过程中，除充分挖掘农业资源的经济价值外，还要进一步发挥与利用农业的生态、教育等功能，以提升农业休闲产品的价值与内涵，促进其在乡村振兴和和美乡村建设中的作用。

第八章　农旅融合发展赋能
共同富裕的路径

第一节　农旅融合发展与共同富裕目标之间的内在联系

实现共同富裕是社会主义的本质要求，是我党矢志不渝的奋斗目标。党的十八大以来，习近平总书记从共产党执政规律、社会主义建设规律和人类社会发展规律的高度，在多个重要场合深刻阐述了扎实推动共同富裕的重大意义、本质要求、目标安排、实现路径和重大举措。党的十九届五中全会对扎实推进共同富裕作出重大战略部署。国家"十四五"规划和2035 年远景目标纲要提出，"十四五"时期全体人民共同富裕迈出坚实步伐；到 2035 年，人的全面发展、全体人民共同富裕取得更为明显的实质性进展；支持浙江高质量发展建设共同富裕示范区。就共同富裕的内涵及目标而言，郁建兴等（2021）和陈丽君等（2021）指出发展性、共享性和可持续性既是共同富裕的核心要素，也是推动和实现共同富裕的必要条件，三者缺一不可。

首先，发展是实现共同富裕的前提。共同富裕首先要富裕，历史上诸种社会理想都是在物质、文化、技术高度发达的基础上描述分配问题，但是我国目前财富总量还不够高，发展阶段和财富积累总体上还赶不上人民对美好生活的期待，这决定了我们必须在发展中逐步实现共同富裕，其中包括：经济总量增强、中产阶层扩大、社会文化生态协调发展。经济总量增强是实现共同富裕的必要条件，中产阶层扩大为社会福利分配提供财税保障，社会、文化、生态等各方面全面协调可持续是高质量发展和高水平共同富裕的内在要求。

其次，共享性是共同富裕的核心元素。共同富裕的共享性必须要体现"共同""公平""平等"等元素，但又要避免走入平均主义的歧路。那么，"共同"或"差别"到何种程度能被称为共同富裕、能为民众所接受，并且能够保持经济社会可持续地良性运转？社会和经济的平等有三种形态：起点平等、过程平等、结果平等。共同富裕在何种意义上兼容于经济社会平等的不同形态，和社会追求的关键目标（如果不存在首要目标或唯一目标）有关。一个优于既有任何分配方案的共享性概念，既要在理论上兼顾自我所有权、起点过程结果公平、可行能力等问题，还要在体制机制和政策体系设计上考虑我国复杂的历史、代际和阶层问题，以及城乡、区域、群体差异和"不患寡而患不均"的文化传统。这意味着，在我国推进共同富裕，首先必须在顶层设计上保障民众的基本权利，同时，必须使民众有能力机会均等地参与经济社会高质量发展，并共享高质量经济社会发展的成果。我们还要通过制度创新和倾斜，最大限度补偿和克服"马太效应"和"阶层固化"对社会弱势群体行使权利和可行能力的影响。

最后，共同富裕的第三个关键要素是可持续性，包括发展的可持续和共享的可持续。发展的可持续性意味着发展要与人口、资源和环境的承载能力相协调，要与社会进步相适应。我们利用自然资源生产社会生活产品，是将自然资源"商品化"的过程。由于不同自然资源的不同属性，某些自然资源的商品化过程是可逆的，我们今天选择将之商品化并不会妨碍后代做选择的自由；但是，某些自然资源的商品化是不可逆的，即使今天人们的选择不会妨碍同一时间节点上其他人选择的自由（所有人一致同意就可以兼容这种情况），但可能会妨碍后代试图将这部分自然资源另作处置的自由权利，这可能在时间维度上是不正义的。当前，我们还没有很好方案解决时间维度的正义问题，但至少在道德上，应该考虑经济社会发展的可持续性（郁建兴等，2021）。

农业旅游作为农业和旅游业的结合物，是利用农业景观和农村空间吸引游客游览消费的一种新型农业经营形态，是依托现代农业发展和新农村建设两大载体，通过整合优势产业资源、优化空间布局、拓展农业旅游功能、创优品牌形象全面提升农业旅游产业。农旅融合不是简单地给二者做加法，而是要通过加快农业结构调整，推动农业从生产走向生态、生活功能的拓展，促进农业产业链延伸，建立现代农业和乡村旅游业的产业体系。农旅融合作为农村产业融合的重要形式之一，对于促进农村经济增长、助推农村产业结构优化升级具有重要作用。同时，农旅融合发展创造了大量就业机会，较好地拓展了农民增收渠道，有利于农民收入持续增加，同时可助力缩小城乡收入差距。农旅融合发展以农村良好的生态环境及基础设施和公共服务为基础，为实现农业休闲产业发展，农村生态环境质量及基本公共服务条件均将实现改善，这一过程中有利于农村地区居民共享经济发展成果，实现可持续发展，并助推城乡均衡发展，对于推进共同富裕具有重要作用。综上所述，农旅融合发展效应与共同富裕的三个维度内涵目标高度契合（如图 8 - 1 所示）。

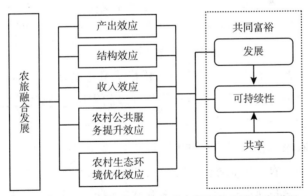

图 8 - 1　共同富裕框架与农旅融合发展效应的内在联系

第二节　农旅融合发展助推共同富裕的主要路径

基于共同富裕框架及内涵总结农旅融合发展对共同富裕的影响路径，

主要体现在以下方面。

第一，农旅融合发展与农村经济增长。

实践层面上，近年来农业旅游休闲产业呈现快速发展态势，并取得了显著的经济效益。据统计，2014年全国范围内休闲农业及乡村休闲营业收入为3600亿元，2019年这一营业收入超过了8500亿元，实现了翻倍增长。理论层面上，对其经济效应的研究学者们多从区域产业发展实际出发，就农旅融合的经济效应进行了具体分析。蒋颖等（2013）从直接与间接收入效应角度对北京市门头沟区休闲农业的经济效应进行分析发现：休闲农业对门头沟区的GDP贡献率达到2%~5%。从效应分析结果来看，国内学者的研究大多表明农旅融合对农村经济具有显著促进作用。

第二，农旅融合发展与产业结构优化升级。

相较于城市产业结构升级而言，农村产业结构升级问题面临着更加特殊的情形。我国农村地区一直缺乏资金、技术与相关政策的支持，因此广大农村仅仅依靠资金、技术或者政策支持来促进农村产业结构优化升级的方式不具有普遍可行性。农旅融合作为农村产业融合的典型形式，其对资金、要素等需求相对较低，在一定程度上可缓解了资金、技术等稀缺要素短缺的问题，同时可吸引大量的农村剩余劳动力就业，因此是推动农村产业结构升级的有利方式。虽然关于农村产业结构升级的研究成果较为丰富，但就农旅融合对推动农村产业结构优化升级的研究并不多见。为此，本书拟就农旅融合对农村产业结构优化升级的作用进行论证，这也是对已有研究的有益补充。

第三，农旅融合发展与农村居民收入增加。

众所周知，农民单靠种植、养殖的利润比较有限，农民家庭经营收入和转移性收入增长速度持续减缓且上升空间缩小。另外，随着城镇化和工业化逐渐步入中后期，现代高新技术的不断推广和使用，产业结构转型和产业组织形式的升级换代，农民工尤其是文化程度较低的农民工非农就业难度不断加大，工资性收入增长难度及其对农民纯收入贡献率下降的风险显著增大。如果仅把农业当作第一产业，农民很难发家致富，所以必须在转变农业发展方式上寻求新的突破。国际经验显示，农业发展在第一产业的增加值所占份额很小，大部分增加值发生在第二、三产业，因此农村产业融合发展便为扩宽农民增收渠道开辟了新途径。学者们亦纷纷就农村产业融合对农民增长的关系进行了论证并得到了较一致结论。作为农村产业融合的典型形式，农旅融合发展同样积极作用于农民增收，从而有利于缩小城乡收入差距，促进共同富裕。

第四，农旅融合发展与农村基本公共服务水平提升。

党的二十大报告明确指出，要统筹乡村基础设施和公共服务布局，建设宜居宜业和美乡村。农村公共服务与农民生活幸福、农业可持续发展以及农村治理水平息息相关，是衡量一个农村地区发展水平的重要指标（杨振杰和刘笑笑，2019）。乡村地区基础设施和公共服务设施，如交通、水电、通信、快递、物流等是保障农旅融合关联产业正常运行的重要因素。另外，随着农旅融合水平上升，潜在客源市场扩大，游客对公共服务供给的数量和质量均提出了新的要求。为了适应这一需求的增长以及实现农旅融合发展更大的效益，各级主体便会增加公共服务的供给。公共服务供给的增加又进一步吸引更多游客，进一步扩大市场空间。学者高楠等（2021）指出乡村旅游地基本公共服务对旅游者和乡村居民具有较强的共享性，因此农旅融合水平提升也将引致农村基本公共服务水平的提升，从而助力和美乡村建设。

第五，农旅融合发展与农村生态环境优化。

良好生态环境是农村最大优势和宝贵财富，是农村可持续发展的基础，亦是农旅融合发展的重要前提。为此，2021 年 12 月农业农村部等六部委共同制定了《"十四五"全国农业绿色发展规划》，明确提出要加快建立绿色低碳循环农业产业体系，加强农业面源污染治理，推进农业农村减排固碳，改善农村生态环境。

第九章　农旅融合与农村经济增长

农旅融合发展提高了要素资源的非市场价值，促进农业多功能价值的实现。借助农旅融合发展可实现农村地区与发达地区的市场对接，破除要素人流、物流和信息流等限制，提高农村地区市场化参与程度，推动农村地区内生式经济增长。同时，农业旅游休闲产业具有极强的产业关联性，有利于资金、人力等产业要素的有效配置，可对地区经济增长产生积极作用。

第一节　理论分析

农旅融合对地区经济增长的作用路径主要体现在以下几个方面。

第一，农旅融合提高资源要素的价值，带动地区经济增长。

相对传统农业，农旅融合产生的直接经济效益更为显著，单位土地经济产值是传统农业产值的 5.4 倍，因此农旅融合提高了土地等要素的非市场化价值。这部分要素的单位游憩价值和保存价值分别是传统种植业收益的 85.96 倍和 8.27 倍；而且有研究表明农业景观的年均游憩收益是传统农业收益的 15.7 倍（蔡银莺等，2008），因此农旅融合有利于农业多功能价值的发挥，从而可推动农村经济增长。

第二，农旅融合发展引致投资需求和资本积累增加，从而助推农村经济增长。

近年来，农业旅游休闲消费需求的激增引致了投资需求的上涨，这就要求各主体加大对农业旅游项目和设施的投资力度，如加大休闲项目、餐饮、娱乐、交通、通信等基础设施等的开发建设。农业旅游休闲服务设施的建设和服务质量的提升又增强了目的地的综合吸引能力和容纳能力，刺激了消费需求，扩大了消费规模，促进了资本要素的循环累积，进而推动了农村经济发展。同时，各级政府也安排了专项资金重点支持农村产业融合发展，通过政府转移支付、税收减免手段鼓励发展休闲农业和乡村旅游产业等，有效促进了资本形成。

第三，农旅融合发展提高劳动力就业比例，可助力农村经济增长。

旅游服务业向农业部门的延伸，也使农业从满足人们生存需要扩展到满足人们发展与享受的需要，使农业服务业得到优化发展，有利于农业劳动生产率的提高（张文健，2011）。另外，农旅融合相关产业多为劳动密集型行业，均具有较为显著的剩余劳动力吸纳功能，可促进劳动力资源的有效配置。第四，农旅融合发展形成产业集聚，从而间接促进农村经济增长。为获得资源、市场及外部经济等优势，农旅融合相关产业普遍存在于一定的地理空间，形成集聚发展态势。新经济地理学认为，集聚带来的规模效应和竞争效应提升了人力、物力、资本和管理等资源要素的配置效率，有助于企业间知识、信息和技术的溢出，从而促进技术进步和管理效率的提升，提高了产业的全要素生产率（臧旭恒，2015）。由此可知，农旅融合发展可通过规模集聚效应外溢间接地影响地区产出增长。

第二节　模型设定与变量说明

一、模型设定

基于上述分析，建立如下普通面板模型就农旅融合发展的产出效应进行估计：

$$\text{InREL}_{it} = C_0 + \beta\text{InATL}_{it} + \lambda_k \sum_{k=1}^{n} \text{In}X_{k,it} + \mu_i + \nu_t + \varepsilon_{it} \qquad (9-1)$$

式（9-1）中，REL_{it} 衡量农村经济水平，ATL_{it} 代表农旅融合水平。i 和 t 分别代表省区和年份，α、β、γ、λ 为待估参数，n 表示控制变量的个数，$X_{k,it}$ 为其他解释变量集，μ_i 代表个体效应，ν_t 代表时间效应。ε_{it} 代表随机误差项，其服从正态分布。

考虑到地区农旅融合水平与农村经济发展可能具有较强的空间依赖性，同时采用空间计量模型进行估计。常用的空间计量模型有：空间滞后模型（SLM）又叫自空间自回归模型（SAR），它可以反映被解释变量是否存在地区间的空间溢出效应；空间误差模型（SEM）度量了邻接地区关于因变量的误差冲击对本地区观察值的影响程度；但当若同时存在空间自回归和空间误差时则可用 SDM 加以解释。考虑到农旅融合水平和农村经济水平均存在空间关联性，在此运用空间杜宾模型进行估计：

$$\text{InREL}_{it} = C_0 + \rho\text{InREL}_{it} + \beta_k \sum_{k=1}^{n} \text{In}X_{k,it} + \lambda_k W \sum_{k=1}^{n} \text{In}X_{k,it} + \mu_i + \nu_t + \varepsilon_{it}$$

$$(9-2)$$

式（9-2）中，REL_{it} 表示被解释变量，$X_{k,it}$ 为解释变量集。ρ 是空间相关系数，W 为空间权重矩阵（张兵等，2015）。为此，借鉴王坤（2016）的做法，建立省会城市之间的距离衰减函数，以欧几里得距离的倒数作为空间权重（王坤，2016），同本书第四章。

二、变量说明

被解释变量为农村经济增长，只是目前没有官方统计的 GDP 数据公布，学者们一般用农业总产值或人均农业总产值衡量农村经济增长变量。在此参照学者李彬彬等（2020）做法，采用农林牧渔业总产值表示农业总产值，具体用农林牧渔业总产值与乡村从业人员之比来表示人均农业生产总值，即构成本节的被解释变量。核心解释变量为农旅融合水平，前文已测算。选取的其他影响农村经济增长的因素包括：①人力资本（HCI）。人力资本是农村经济可持续发展的关键（胡雪萍，2009），此处人力资本水平用各地区城乡人均受教育年限来表示（李晓龙和冉光和，2019）。②物质资本投入（MCI）。投资能够直接影响到地区经济发展，在此用农林牧渔固定资产投资与地区 GDP 的比重来表示农村固定资产投资水平（李彬彬等，2020）。③市场需求（MAD）。市场需求即居民消费需求直接决定着农产品的销路，与农村经济增长关系密切，这一关系主要通过食物消费来反映，在此可用恩格尔系数来表示市场需求的变化（匡远配和周凌，2016）。④财政支农（FSL）。财政支农状况体现了政府对农业农村的扶持力度，在此用农林水事务支出占地方财政一般预算支出的比重来衡量财政支农水平（王宝义和张卫国，2018）。⑤金融发展水平（ARL）。金融服务是促进农业农村发展的基础性要素（张婷婷和李政，2019；孟令国和陈炟，2022），在此用金融机构涉农贷款年末余额与农业总产值来衡量涉农贷款水平（李晓龙和陆远权，2019）。⑥城镇化水平（URB）。城镇化发展带来农业生产要素投入的变化，从而对农业产出效率产生影响（刘传福等，2022），在此用年末城镇人口占总人口的比值表示。⑦农业科技投入（ATI）。农业科技与农业生产效率息息相关，农业生产效率决定着农业产出，从而直接影响农村经济增长。参考吕屹云（2020）等的做法用省区科研费用支出的7% 作为农业科技投入规模的替代变量，再用这一数值与地区 GDP 比值表示农业科技投入水平。⑧交通发展水平（TRA）。交通条件关系到地区的可进入性，交通条件改善可减少交易成本，在此用地区交通网络密度来衡量交通发展水平（向艺等，2012）。各变量的解释见表 9-1。

表 9-1   农旅融合发展产出效应检验模型的变量说明

	变量	度量测算	数据来源
被解释变量	农村经济水平（REL）	用农林牧渔业总产值与年末乡村人口数之比来表示	《中国农村统计年鉴》《中国人口和就业统计年鉴》
核心解释变量	农旅融合水平（ATL）	根据前文测度而来	根据前文测度而来

	变量	度量测算	数据来源
控制变量	人力资本投入（HCI）	用各地区城乡人均受教育年限来度量，其值＝0×文盲和半文盲人口比例＋6×小学文化人口比例＋9×中学文化人口比例＋12×高中文化人口比例＋16×大学文化人口比例	《中国教育统计年鉴》
	物质资本投入（MCI）	用农村固定资产投资来衡量，具体以农林牧渔业固定资产投资与地区GDP来测算	《中国固定资产投资统计年鉴》
	市场需求（MAD）	用恩格尔系数来表示对农产品市场消费需求的变化	《中国统计年鉴》《中国城市统计年鉴》《中国农村统计年鉴》《中国社会统计年鉴》
	财政支农水平（FSL）	用农林水事务支出占地方财政支出的比重表示	《中国财政年鉴》
	农村金融发展水平（ARL）	用金融机构涉农贷款与农业总产值比值表示	《中国金融年鉴》《中国农村统计年鉴》
	农业科技投入（ATI）	用省份科研费用支出的7%作为农业科技投入总额的替代变量，用这一值与地区GDP比值表示农业科技投入水平（亿元）	《中国统计年鉴》
	城镇化水平（URB）	用年末城镇人口占总人口的比值表示	《中国统计年鉴》
	交通发展水平（TRA）	用交通网络密度来衡量，具体值＝（铁路里程数×5＋公路长度×3＋内河航运里程数×1）/9	《中国统计年鉴》

第三节　普通面板模型估计

一、模型估计结果

首先对面板数据进行平稳性检验，所有变量都拒绝存在单位根的零假设,可见面板数据具有良好的平稳性。接着对面板数据模型进行 LR 检验、BP 检验、Hausman 检验及面板设计的 F 检验,最终确定建立固定效应模型。经比较发现,个体/省区固定效应拟合情况较理想,在此选择个体固定效应模型进行估计①。为避免多重共线性对模型的干扰,采用逐步纳入变量回归的方式进行基准模型估计,结果如表 9 - 2 所示。

表 9 - 2　　　　　　　　　农旅融合产出效应检验结果

变量	全域				分地区		
	(1)	(2)	(3)	(4)	(5)	(6)	(7)
lnATL	0. 179 *** (5. 277)	0. 140 *** (8. 618)	0. 143 *** (5. 752)	0. 185 *** (4. 423)	0. 159 *** (3. 749)	0. 197 *** (6. 736)	0. 187 *** (3. 992)
lnHCI		0. 195 ** (2. 930)	0. 193 ** (3. 290)	0. 179 ** (3. 117)	0. 110 ** (3. 207)	0. 209 *** (5. 417)	0. 135 (1. 150)
lnMCI		0. 100 ** (3. 045)	0. 106 ** (3. 154)	0. 165 ** (2. 988)	0. 115 * (2. 092)	0. 137 * (2. 152)	0. 126 ** (2. 853)
lnMAD		0. 165 ** (2. 982)	0. 145 ** (3. 124)	0. 212 ** (3. 048)	0. 208 ** (3. 319)	0. 216 * (2. 020)	0. 227 * (2. 051)
lnURB			0. 194 ** (3. 330)	0. 224 *** (4. 945)	0. 313 *** (3. 634)	0. 238 ** (2. 876)	0. 152 *** (4. 678)
lnFSL			0. 092 * (2. 152)	0. 090 * (2. 159)	0. 048 * (2. 315)	0. 085 ** (3. 221)	0. 095 *** (5. 636)
lnARL			0. 071 ** (3. 197)	0. 074 *** (4. 272)	0. 094 ** (2. 987)	0. 073 *** (5. 136)	0. 058 ** (2. 840)
lnATI				0. 154 ** (2. 903)	0. 211 * (1. 972)	0. 171 ** (2. 672)	0. 186 ** (2. 611)
lnTRA				0. 241 *** (3. 972)	0. 178 *** (4. 021)	0. 232 *** (4. 194)	0. 279 *** (6. 654)
Adj R^2	0. 554	0. 658	0. 671	0. 743	0. 725	0. 598	0. 679

① 模型(4)~模型(9)的 Hasuman 检验均表明应采用固定效应,但事实上采用随机效应方法也不影响研究结论。

续表

变量	全域				分地区		
	(1)	(2)	(3)	(4)	(5)	(6)	(7)
面板设定的 F 检验	19.098 ***	15.984 ***	14.475 ***	41.434 ***	25.695 ***	32.087 ***	32.087 ***
样本值	392	392	392	392	112	112	168

注：*、**、*** 分别代表在 10%、5%、1% 的显著性水平性，括号内为 T 值。

由表 9-2 可知，模型（1）~模型（4）四个方程的回归系数来看，随着各解释变量的逐步引入，农旅融合对农村经济的回归系数始终为正（$P < 0.01$），这充分说明农旅融合发展有利于促进农村经济水平提升，即在农旅融合水平越高的地区，农村经济水平越高。从系数值来看，农旅融合水平每提升 1%，则会促进农村经济增长 0.185%。物质资本投入和人力资本投入的回归系数显著为正（$P < 0.01$），说明这两个因素的提升与改善，有利于促进农村经济增长。两者的回归系数比较而言，人力资本投入的回归系数略高于物质资本投入的回归系数，由此可见，随着教育的普及，农村居民的文化素养越来越高，其在促进农村经济增长中的作用日益显现。市场需求与城镇化水平的回归系数均为正，说明市场需求上升可促进农村经济增长，城镇化水平提升亦是实现农村经济增长的重要途径。财政支农水平的回归系数为正，且通过了显著性检验，说明政府对"三农"领域的重视程度越高，越有利于农村经济增长。农村金融发展水平回归系数为正，且通过了显著性检验，可见农村地区可获取和运用的金融资源和金融服务越多，越有助于农村经济增长。农业科技和交通条件的回归系数分别为 0.154 和 0.241，且通过了显著性检验，可见地区农业科技水平越高，交通设施条件越完善，越有助于农村经济增长。

为检验不同区域农旅融合水平对农村经济发展的影响是否存在差异，分别以全部省份、东部地区、中部地区和西部地区省份为对象构建模型（5）~模型（7），借助各省份面板数据对模型进行估计。从估计结果来看，农旅融合水平在三个区域样本中的回归系数均显著，说明农旅融合发展对农村经济具有提升作用的事实存在区域普遍性。然后，其中也体现出一定的异质性特征，具体表现为中部地区农旅融合水平的回归系数最大，西部地区的次之，东部地区的最小。可能的原因如下：中部地区具备农旅融合发展的资源基础，因此开发农业休闲旅游市场的空间较大。另外，东部地区休闲产业相对成熟，休闲产业体系较为完善，比如城市休闲等领域对于农业休闲而言具有一定的替代性。西部地区亦具备农旅融合发展的良好基础，只是其农业休闲市场需求相对不足，因此对农村经济的撬动作用不如中部。因此，中部农旅融合发展对地区农村经济提升的边际效应最为突出。

二、内生性和稳健性检验

农旅融合发展对地区农村经济的影响也有可能存在的双向因果关系，即可能存在内生性问题，导致无法判断是农旅融合发展促进了农村经济水平上升，还是农村经济水平上升驱动了农旅融合发展。为解决这一问题，在此借鉴隋广军（2017）、宋凌云和王贤彬（2013）的做法进行稳健性检验，具体说明如下：第一，以农旅融合水平的滞后项（L. InATL）作为解释变量进行固定效应（FE）回归；第二，使用农旅融合水平的滞后项（L. InREL）作为农旅融合水平当期的工具变量进行工具变量（IV）回归；第三，加入农旅融合水平的滞后项（L. InATL）作为控制变量，以避免因为遗漏重要变量而引发内生性问题，采用系统 GMM 法进行回归（见表 9－3）。

表 9－3　　　　　　　　产出效应估计模型稳健性检验

变量	FE	IV	系统 GMM
L. InREL	—	—	0. 534 *** （11. 148）
L. InATL	0. 598 *** （4. 326）	—	—

续表

变量	FE	IV	系统 GMM
lnATL	—	1.234** (3.077)	0.031** (2.848)
Adj R^2	0.707	0.743	—
控制变量	有	有	有
样本值	392	392	392

注：*、**、*** 分别代表10%、5%和1%的显著性水平。

表9－3回归系数第（1）列以农旅融合水平的滞后项代替当期解释变量进行回归，其系数显著为正；回归系数第（2）列以农旅融合水平的滞后项作为其当期的工具变量，采用二阶段最小二乘法进行估计，结果得出农旅融合水平的系数显著为正；第（3）列加进了农旅融合水平的滞后期作为解释变量，采用系统GMM法进行估计，农旅融合水平的系数同样显著为正。以上分析结果均表明，农旅融合发展正向促进了农村经济水平的提升，这与表9－1的结果一致。

第四节　空间面板模型估计

一、模型设定及检验

在确定使用空间计量模型之前，首先要考虑数据是否存在空间上的相互依赖性。前文已对农旅融合水平的空间相关性进行过检验，现对农村经济水平进行空间相关性检验，结果见表9－4。结果显示，在研究期内各样本省区贫困水平的全局莫兰指数均为正且均显著，由此可见两变量均存在空间相关性。从时间维度来看，变量的全局莫兰指数历年总体呈现不断增大态势。

表9-4　　　　　　　农旅融合水平与农村经济发展水平全局莫兰值

农旅融合水平				农村经济水平			
年份	莫兰值	年份	莫兰值	年份	莫兰值	年份	莫兰值
2006	0.1298 ***	2013	0.2104 ***	2006	0.2398 ***	2013	0.2739 ***
2007	0.1374 **	2014	0.2181 ***	2007	0.2432 ***	2014	0.2763 ***
2008	0.1327 **	2015	0.2221 ***	2008	0.2478 ***	2015	0.2696 ***
2009	0.1341 ***	2016	0.2294 ***	2009	0.2560 ***	2016	0.2846 ***
2010	0.1358 ***	2017	0.2188 ***	2010	0.2571 ***	2017	0.2873 ***
2011	0.1597 **	2018	0.2198 ***	2011	0.2694 ***	2018	0.2891 ***
2012	0.1907 ***	2019	0.2194 ***	2012	0.2598 **	2019	0.2895 ***

注：*、**、*** 分别代表10%，5%和1%的显著性水平。

　　鉴于上述空间自相关检验，农旅融合水平与农村经济水平均具有较强的空间相关特征，因此在研究两者关系时应将空间因素考虑在内（王坤等，2016）。现根据埃洛斯特（Elorst，2003）提出的"两步法"来确定合适的空间计量模型：第一步先判断非空间面板模型是否适用，SLM 的 LM 检验结果均显著，而且 P 值均显示拒绝了不存在 SLM 和 SEM 的原假设，检验结果见表9-5。LM、Robust LM 和 Robust LM-error 统计量均通过了显著性检验，说明可拒绝不存在 SLM 和 SEM 的原假设。其中 SEM 的 LM 统计量未通过检验，由此可见 SLM 要优于 SEM。第二步再结合 Wald 和 LR 统计量确定使用何种空间计量模型。结果显示 Wald 和 LR 统计量均通过了显著性检验，说明 SDM 不能简化成 SLM，表明使用 SDM 模型来拟合样本数据更具合理性。再结合 Hausman 检验结果来判断使用固定效应抑或随机效应模型，Hausman 检验统计值为 21.99（P 值为 0.000），表明选择固定效应更为合适。

表9-5　　　　　　　　空间面板计量模型检验结果

空间相关性检验结果	LM-lag	Robust LM-lag	LM-error	Robust LM-error
	7.644 ***	11.643 ***	0.432	4.532 **

续表

Wald 统计量 和 LR 统计量 检验结果	Wald-spatial lag	LR-spatial lag	Wald-spatial error	LR-spatial error
	31. 755 ***	9. 464 ***	17. 921 ***	5. 408 **

注：*、**、***分别代表10%、5%和1%的显著性水平。

在估计杜宾模型的过程中，采用极大似然法（ML）对估计模型可较好地避免内生性问题（周强，2019）。在此基于埃洛斯特提出的空间面板极大似然法进行模型估计，并借助对数似然值（Log L）判断模型的适宜性（王晶晶等，2021）。

二、模型估计结果

由表9-6中可知，空间固定效应的 Log L 值最大，但其 Adj R^2 最小，而时空双固定效应的上述指标相对较为理想，因此时空双固定模型可视为较理想的模型。在上述普通面板模型估计中，农旅融合发展对农村经济的影响系数为0.485，而在双固定效应空间杜宾模型估计中，其对农村经济的参数估计值（影响系数）为0.375。由此可知普通面板模型由于忽略了空间因素而存在高估农旅融合产出效应可能性。另从空间模型的 ρ 值可以看出，在农旅融合发展过程中，省区农旅融合水平的产出效应在空间上存在显著溢出性，本地区农旅融合发展会对邻近地区农旅融合发展产生明显的示范效应。其中主要原因有：一方面，受制于现行假期制度，民众在闲暇时间的出游方式仍然以近距离、短时间旅行为主，因而周边游客与旅游地更容易发生频繁且稳定的经济联系（张佑印和顾静，2013；周强，2019）。同时随着基础设施进一步完善，因实行差异化经营模式而优先获得消费者青睐的农业休闲或乡村旅游目的地，短期内将吸引更多本地区和邻近地区的消费者，在此基础上形成新的消费增长极。另一方面，迫于竞争压力，邻近地区也会利用当地特色旅游资源打造独特经营模式。因此，本地区的农旅融合发展不仅能够直接带动本地区乡村产业发展，还能够带动邻近地区赶超创新。

表 9 – 6　　　　　　　　　空间面板杜宾模型估计结果

变量	全域			分地区（空间杜宾双固定模型）		
	空间固定	时间固定	时空固定	东部	中部	西部
lnATL	0.313 ** (2.584)	0.262 (1.154)	0.375 *** (4.324)	0.366 ** (3.006)	0.424 *** (5.764)	0.380 * (2.431)
W × lnATL	0.352 ** (2.956)	0.326 * (2.186)	0.395 ** (3.176)	0.332 * (2.098)	0.362 * (2.111)	0.277 * (2.209)
lnHCI	0.052 ** (2.914)	0.026 ** (2.321)	0.075 ** (2.693)	0.026 * (2.188)	0.023 *** (5.470)	0.014 * (1.976)
lnMCI	0.003 * (1.968)	0.073 * (2.145)	0.042 ** (2.873)	0.016 * (2.126)	0.033 * (2.186)	0.036 * (2.174)
lnMAD	0.128 (0.967)	0.198 * (2.096)	0.361 * (1.967)	0.221 * (2.176)	0.258 * (2.084)	0.376 * (1.979)
lnURB	0.185 * (2.396)	0.029 (0.673)	0.497 ** (2.760)	0.385 ** (2.675)	0.485 * (1.998)	0.521 ** (3.065)
lnFSL	0.281 (0.438)	− 0.525 * (− 2.109)	0.285 * (1.967)	0.281 * (1.979)	0.149 * (2.089)	0.164 * (1.969)
lnARL	0.305 (0.187)	0.186 (0.438)	0.174 * (1.998)	0.133 * (1.986)	0.113 ** (3.204)	0.141 ** (3.217)
lnATI	0.653 ** (2.665)	0.187 (0.975)	0.415 ** (2.886)	0.386 * (1.979)	0.337 * (2.328)	0.492 * (1.991)
lnTRA	0.323 ** (2.693)	0.487 ** (3.136)	0.394 ** (2.889)	0.533 *** (4.762)	0.453 ** (2.828)	0.286 *** (5.423)
Adj R^2	0.768	0.802	0.840	0.898	0.847	0.826
Log L	193.638	145.764	188.139	163.622	185.732	149.736
ρ	0.189	0.081	0.312	0.321	0.287	0.385

注：限于篇幅，本表中未列出除 ATL 之外的变量与空间权重乘积项的系数，*、**、*** 分别表示在 10%、5% 和 1% 的显著性水平。

由于空间杜宾模型将变量作为滞后因子引入了模型当中，因此其估计值并不能直接体现解释变量的边际效应，还需进行效应分解（张肃，2017）。效应分解结果（见表 9 – 7）显示：农旅融合水平对农村经济的直

接影响系数为 0.290, 间接影响系数（即溢出效应）为 0.121, 总效应为
0.411。这表明农旅融合水平增长 1% 将直接促进本地区农村经济水平提升
0.290%; 而邻近地区这一指标增长 1%, 会通过空间交互作用间接促进本
地区农村经济水平提升 0.121%。农业旅游休闲活动具有较强的人员流动
性, 这类活动引致了客流的空间扩散和生产及创新的空间溢出, 从而带动
邻近地区农旅融合发展, 因此溢出效应为正。在控制变量方面, 各控制变
量等均对农村经济具有明显的促进作用, 只是财政支农的间接效应不显
著, 这主要是因为财政支农款项主要用于本地区, 对周边地区影响甚微。

表 9 – 7　　　　　　　　双固定效应 SDM 模型效应分解结果

变量	InATL	InHCI	InMCI	InMAD	InURB	InFSL	InARL	InATI	InTRA
直接效应	0.290 ** (2.738)	0.062 ** (2.698)	0.123 * (2.214)	0.305 * (2.105)	0.423 ** (3.214)	0.178 ** (2.121)	0.106 * (1.998)	0.403 ** (2.241)	0.239 * (2.114)
间接效应	0.121 ** (2.878)	0.043 ** (2.765)	0.030 * (1.993)	0.070 * (2.091)	0.067 * (1.993)	0.150 (0.975)	0.078 ** (2.619)	0.121 * (2.046)	0.231 * (2.254)
总效应	0.411 ** (2.839)	0.105 ** (2.754)	0.153 * (1.998)	0.375 ** (2.906)	0.490 ** (2.971)	0.329 * (2.190)	0.184 * (2.187)	0.524 ** (1.976)	0.470 * (2.098)

注: *、**、*** 分别表示在 10%、5% 和 1% 的显著性水平。

　　进一步分东部、中部和西部三地区分别进行模型估计, 模型估计采用
双固定 SDM 模型, 结果见表 9 – 6 最后三列。从分析结果可以看出, 东部、
中部和西部三地区的估计结果与全国样本基本一致: 农旅融合发展的直接
效应显著为正, 空间溢出效应显著为正。这说明上述研究结果比较稳健。
同时, 分别对各地区的效应进行分解。比较发现, 东部地区和中部、西部
的估计结果尚存一定差异, 具体见表 9 – 8。直接效应方面, 中部、西部地
区大于东部地区, 其中中部地区的直接效应最强, 这与普通面板回归分析
结果相近。空间溢出效应方面, 东部地区旅游减贫溢出效应大于中部、西
部区。黄潇莹 (2014) 研究表明, 经济越发达地区的休闲产业经济溢出效应
越显著。相较而言, 东部地区具有良好的经济基础和基础设施条件, 客流、

信息流、要素流等因此而得以便捷高效运转，其溢出效应因此而增强。

表9-8　　　　　　　　分地区空间溢出效应分解结果

变量	东部地区	中部地区	西部地区
直接效应	0.281 ** (2.953)	0.233 ** (3.087)	0.215 * (1.973)
间接效应	0.185 ** (2.876)	0.129 * (1.999)	0.118 ** (2.904)
总效应	0.466 ** (3.198)	0.362 ** (3.101)	0.333 * (2.280)

注：*、**、***分别表示在10%、5%和1%的显著性水平。

三、稳健性检验

为检验模型估计结果不受空间权重矩阵选择的影响，在此通过变换空间权重矩阵进行估计来佐证。为此构建基于经济距离的空间权重矩阵，进行空间计量回归。从估计结果来看，使用基于经济距离的空间权重矩阵的估计结果基本与前文相同：农旅融合发展对农村经济的直接影响效应显著为正，空间溢出效应同样显著为正。由此可知，本部分的结论不受空间权重矩阵选择的影响，即证明研究结论具有稳健性。另外，还使用了带有所有控制变量空间滞后项的空间杜宾模型进行估计，结果显示，主要结论均未发生明显变化，进一步说明结论稳健性较好。

第十章 农旅融合与农村
产业结构升级

农旅融合作为农村产业融合的典型形式，其对资金、要素等需求相对较低，在一定程度上可缓解了资金、技术等稀缺要素短缺的问题，同时可吸引大量的农村剩余劳动力就业，因此是推动农村产业结构升级的有利方式。

第一节 机理分析与研究假设

农旅融合发展对农村产业结构优化升级的影响体现在以下方面。

第一，农旅融合发展引发动态产业集聚，推动产业结构变迁。

马歇尔（Marshall，1920）指出外部性（外部规模经济）是产业集聚的根本原因。根据新结构经济学观点，因要素禀赋结构变化、市场消费需求升级所引致的产业集聚可以推动经济结构调整（林毅夫，2012）。农业旅游休闲产业呈现集聚发展态势同样符合上述理论判定的规律。农业旅游休闲产业集聚对农村产业结构变迁升级的作用体现在：在集聚初期，首先产业内部各主体专业化集中的外部性形成关联效应，跨行业间企业集中所产生的多元化外部效应同样使得关联产业在地区空间上的集聚，由此推动了人力、资本等要素流动、基础设施改善和创新溢出等，这些要素结构的变化有助于推动产业结构转型升级（吴雪飞和赵磊，2019）；同时，产业集聚形成规模经济又拓宽了市场广度，而消费者需求的差异性和休闲体验的综合性又使得产业链向市场深度延展，市场范围进一步扩大促进了产业分工，分工的精细化又会推动产业结构转型。

第二，农旅融合发展促使土地加速流转，促进产业结构变迁。

土地是农旅融合发展的重要基础要素，而土地因素对地区产业结构的变化具有重要影响（陶长琪和刘振，2017；米旭阳和代单，2020）。为推进旅游休闲产业发展，近年国家和地方政府出台了相关政策文件为旅游休闲产业项目用地提供便利支持。同时，在土地财政背景下，地方政府往往也以土地优惠政策来吸引企业或资本前来投资。相对传统农业，农旅融合所用土地的经济产值是传统农业产值的 5.4 倍，单位游憩价值和保存价值分别是传统种植业收益的 85.96 倍和 8.27 倍（蔡银莺等，2008）。土地要素价值的提升助推着土地流转的发生，同时受政府政策支持，当土地流转成为农业休闲项目建设用地时，农村产业结构便开始由传统农业向第二、三产业演进。

第三，农旅融合休闲产品自身的供求特征，驱动产业结构变迁。

孔萨穆特等（Kongsamut et al.，2001）认为，在需求层面旅游休闲产业可以通过绝对收入效应影响产业结构变迁，在供给层面，可以通过要素产出效应影响产业结构变迁。基于非位似偏好假设可知，随着民众可支配收入水平的提升，民众休闲需求的收入弹性也会随之上升，这使得相关资源要素向此类休闲服务部门流动从而引发产业结构变化（Hori et al.，2015）。农旅融合产品作为典型的休闲服务型产品，对消费者而言同样具有显著的绝对收入效应。作为新兴服务部门，农业旅游休闲产业要素具有较高的边际收益，这使得原本用于农业的生产要素向休闲服务业流动，从而促进产业间资源要素的优化配置，也使得传统农业向新兴服务业转变。

基于此提出假设 1：农旅融合发展对农村产业结构优化变迁具有显著影响。

此外，前文已验证农业与旅游产业的融合受地区经济发展水平驱动，因此农旅融合对农村产业结构优化升级的作用可能受当地经济发展水平的限制。首先，经济发展水平促进了农业与旅游产业的深度融合。从农旅融合产品的市场需求来看，经济发展水平高的地区民众可支配收入水平高，其旅游休闲的需求更强，更利于农业休闲相关产业深入发展。另外，经济发达地区民众更加注重休闲服务产品的质量、内涵和效用，有利于助推农业休闲产品附加值的提高，因此可带动农村产业结构升级。

基于此提出假设 2：农旅融合发展影响农村产业结构升级的过程受经济发展水平的调节。

第二节　变量说明与模型设定

一、变量说明

产业结构变迁（IST）是指生产要素在各部门或产业之间再配置以及部门产值比重相对变化的过程（Kuznets，1963）。产业结构合理化（ISR）和产业高级化（ISU）是衡量产业结构变迁的两个重要指标，本书亦采用这两个层面来度量产业结构优化升级。产业结构合理化（ISR）指各产业之间要素的合理配置情况，一般采用结构偏离度对其进行度量，借鉴干春晖等（2011）和吴雪飞等（2019）的做法，通过对泰尔指数进行重新定义来衡量产业结构合理化程度，具体测算公式如下：

$$\mathrm{ISR} = \sum_{i=1}^{n} \left(\frac{Y_i}{Y} \right) \ln \left(\frac{Y_i}{L_i} \Big/ \frac{Y}{L} \right) \qquad (10-1)$$

式（10-1）中，Y_i 代表各产业的产出，L_i 代表各产业的就业人数。当 $\mathrm{ISR}=0$，则经济体处于均衡状态，产业结构合理；当 $\mathrm{ISR} \neq 0$，则经济体偏离不均衡状态，其值与 0 相差越大，则产业结构越不合理。

产业结构高级化（ISU）反映产业结构由低级到高级的变迁状态。产业结构高级化（ISU）主要表现为产业之间产出比例关系的改变，在此采用农村第三产业产出与第二产业产出之比来衡量农村产业结构高级化（李虹和邹庆，2018）。

在此以农村产业结构合理化（ISR）和农村产业结构高级化（ISU）为被解释变量，以农旅融合水平（ATL）为核心解释变量。选取的其他影响农村产业结构的因素包括：①人力资本（HCI）。人力资本通过知识溢出从而对产业结构优化产生影响，人力资本投入可用各地区城乡人均受教育年限来表示（李晓龙和冉光和，2019）。②经济发展水平（PCG）。经济发展带来消费需求变化，对产业结构产生影响（韩永辉等，2017），采用人均国内生产总值度量地区经济发展水平。③对外开放程度（OPE）。外资开放会引致示范效应、关联效应和人员培训效应等促进产业升级，同时也可能产生负向溢出效应，挤压国内企业生存和发展空间，使产业陷入低端锁定的困境，因此对产业结构可能存在双向作用（臧铖等，2022），在此采用实际利用外商直接投资占 GDP 比值度量，并利用各年人民币对美元平均汇率对引进外资总额进行换算。④财政支农（FSL）。财政支出通过提高全要素生产率引起劳动力在部门间流动从而引致产业结构变迁，在此用一般公共预算支出占地区 GDP 比重来测算（杨钧和罗能生，2017）。⑤农村金融发展水平（ARL）。金融可改进资本配置效率，激发技术与管理创新，从而为产业结构优化提供条件，在此用金融机构涉农贷款余额占农业总值比值度量农村金融发展水平（易信和刘风良，2015；周春波，2018）。⑥城镇化（URB）。城镇化推动了技术创新，促进新兴产业集聚，从而推动了产业结构升级（Michaels et al.，2012），在此用年末城镇人口占总人口的比值表示城镇化水平。⑦农村信息化水平（RINL）。农村信息化建设提高了农产品生产效率，促进生产要素从传统农业流向二三次产业，从而促进农村产业结构升级，在此用农村宽带接入户数与农村家庭户数比值来表示农村信息化水平（陶涛等，2022）。⑧交通发展水平（TRA）。交通便利性的提升可以增强要素流动性，降低市场交易成本，从而正向影响企业生产率，有助于推动产业结构优化升级，在此用交通设施密度度量交通发展水平（见表 10 - 1）。

表 10 – 1 农旅融合发展结构效应检验模型的变量说明

	变量	变量度量与测算	数据来源
被解释变量	产业结构变迁 (IST)	产业结构高级化（ISU）：用农村第三产业产出与第二产业产出之比来度量农村产业结构高级化	《中国农村统计年鉴》《中国统计年鉴》《中国人口和就业统计年鉴》和各省统计年鉴和年度统计公报
		产业结构合理化（ISR）：见式（6 – 17）	《中国农村统计年鉴》《中国统计年鉴》《中国人口和就业统计年鉴》和各省统计年鉴和年度统计公报
核心解释变量	农旅融合水平 (ATL)	根据前文测度而来	根据前文测度而来
	人力资本投入 (HCI)	用各地区城乡人均受教育年限来度量	《中国教育统计年鉴》
	经济发展水平 (PCG)	用人均地区生产总值来衡量，具体以地区 GDP/年末总人口数来测算	《中国统计年鉴》
控制变量	农村金融发展水平（ARL）	用金融机构涉农贷款与农业总产值比值表示	《中国金融年鉴》《中国农村统计年鉴》
	财政支农水平 (FSL)	用农林水事务支出占地方财政支出的比重表示	《中国财政年鉴》
	对外开放水平 (OPE)	用实际利用外商直接投资占地区 GDP 比值	《中国贸易外经统计年鉴》《中国统计年鉴》
	城镇化水平 (URB)	用年末城镇人口占总人口的比值表示	《中国统计年鉴》
	农村信息化水平（RINL）	农村宽带接入户数与农村家庭户数比值来表示	《中国统计年鉴》和各省统计年鉴及工信部官网统计数据
	交通发展水平 (TRA)	用交通网络密度来衡量，具体值 =（铁路里程数 ×5 + 公路长度 ×3 + 内河航运里程数 ×1）/9	《中国统计年鉴》

二、模型设定

此部分以产业结构变迁（IST）为被解释变量，以农旅融合水平（ATL）为核心解释变量。产业结构变迁包括产业结构合理化（ISR）与产业结构高级化（ISU）两方面，分别以此两者作为被解释变量进行回归分析。为此构建如下计量模型：

$$\text{InIST}_{it} = C_0 + \beta \text{InATL}_{it} + \sum_{k=1}^{n} \text{In}X_{k,it} + \mu_{1i} + \nu_{1t} + \varepsilon_{1it} \qquad (10-2)$$

式中，$X_{k,it}$ 为控制变量集，μ_{1i} 代表个体效应，ν_{1t} 代表时间效应。ε_{1it} 代表随机误差项，其服从正态分布。同时，鉴于经济发展水平对农村产业结构变迁的影响，在式（10-2）的基础上，添加农旅融合与经济发展水平的交互项作为解释变量，构建如下模型对经济发展水平的协调作用进行检验：

$$\text{InIST}_{it} = C_0 + \beta \text{InATL}_{it} + \lambda \text{InATL}_{it} \times \text{InPCG}_{it} + \sum_{k=1}^{n} \text{In}X_{k,it} + \mu_{2i} + \nu_{2t} + \varepsilon_{2it}$$

$$(10-3)$$

式中各变量解释与前文类似。

第三节　检验结果与分析

一、全样本估计结果

首先对面板数据进行平稳性检验，所有变量都拒绝存在单位根的零假设，面板数据具有良好的平稳性。接着进行模型设定检验，面板设定的 F 检验结果均表明选择固定效应较为合适；另外，经 Hausman 检验可知，固定效应模型优于随机效应模型。采用逐步纳入解释变量的方式进行基准模型估计，以避免多重共线性的干扰，估计结果如表 10-2 所示。

表 10 - 2　　　　　　　　　　　农旅融合结构效应检验结果

变量	因变量：ISR				因变量：ISU			
	（1）	（2）	（3）	（4）	（5）	（6）	（7）	（8）
lnATL	0.656 *** (4.015)	0.550 ** (2.374)	0.362 ** (2.867)	0.349 ** (2.821)	0.476 * (2.092)	0.312 ** (2.759)	0.260 ** (2.783)	0.143 ** (2.429)
lnHCI		0.666 *** (3.682)	0.214 ** (3.129)	0.211 ** (2.821)		0.461 * (2.468)	0.309 ** (2.111)	0.263 ** (3.209)
lnURB		0.363 *** (9.587)	0.215 ** (2.825)	0.201 *** (9.681)		0.324 *** (12.785)	0.233 *** (5.324)	0.214 *** (11.978)
lnPCG		0.623 *** (10.062)	0.433 *** (5.021)	0.398 ** (3.064)		0.376 *** (5.113)	0.331 *** (3.621)	0.126 *** (3.533)
lnOPE		- 0.040 ** (- 2.717)	- 0.020 * (- 2.324)	- 0.007 * (- 1.981)		0.019 (1.056)	0.011 (1.324)	0.005 (0.577)
lnARL			0.055 * (2.152)	0.063 * (1.998)			0.061 ** (3.165)	0.056 *** (3.646)
lnFSL			0.302 ** (3.181)	0.177 * (2.329)			0.232 ** (2.879)	0.106 * (2.270)
lnRINL			0.048 * (2.152)	0.042 * (2.411)			0.133 * (2.479)	0.121 * (2.074)
lnTRA			0.271 ** (3.181)	0.196 ** (2.981)			0.156 ** (2.912)	0.101 * (2.165)
lnATL * lnPCG				0.145 (1.244)				0.167 ** (3.134)
Adj R²	0.251	0.435	0.602	0.714	0.221	0.420	0.579	0.674
面 板 设 定 的 F 检验	21.322 ***	32.563 ***	28.515 ***	38.931 ***	14.375 **	26.727 ***	37.712 ***	26.892 ***
样本值	364	364	364	364	364	364	364	364

注：*，**，*** 分别代表10%，5%和1%的显著性水平。括号内为 T 值。

从估计结果来看，随着控制变量的逐步引入，农旅融合对农村经济的影响系数始终为正，农旅融合水平始终对农村产业结构合理化和农村产业结构高级化有显著正向影响。结合表6-10中模型（3）和模型（7）可知，农旅融合水平每提高1%，则会促进农村产业结构合理化水平提升0.362%，会促进农村产业结构高级化水平提升0.260%，由此可知，农旅融合发展有助于推进农村产业结构升级。从各控制变量来看，人力资本投入、城镇化和地区经济发展水平的回归系数均显著为正（P值均小于0.01）。由此可见，人力资本水平、城镇化水平和经济发展水平的上升对于农村产业结构均具有显著正向影响。对外开放因素对农村产业结构合理化的影响因素显著为负，对农村产业结构高级化没有显著影响。这可能是因为各地引进外资用于制造业居多，用于农业发展和农村建设项目的较少。另外，外资项目还可能产生"人才虹吸"现象，导致农村人力资本流失，从而不利于农村产业升级发展。财政支农对农村产业结构合理化的回归系数为0.302，对农村产业结构高级化的回归系数为0.232，且均通过了显著性检验，由此可知政府投入越大，越有利于农村产业结构升级。农村金融发展水平对农村产业结构合理化与农村产业结构高级化的回归系数分别为0.055和0.061，且通过了显著性检验，可见农村地区可利用的金融资源越多、服务水平越高，越有利于农村产业结构优化升级。另外，交通和农村信息化水平的回归系数均为正且显著，说明交通和信息化水平能显著促进农村产业结构升级，农村地区交通越便利、信息化水平越高越有利于促进要素流动，降低了交易费用，提升企业生产效率，从而可推动产业结构升级。

之后，在模型中加入农旅融合水平与经济发展水平的交互项，回归结果如上表中的模型（4）和模型（8）所示。当以产业结构合理化（ISR）为被解释变量时，交互项回归系数未通过显著性检验，反映出农旅融合发展对农村产业结构合理化的作用并未因经济发展水平不同而存在差异。但当以产业结构高级化为被解释变量时，交互项系数为0.167，且通过了显著性检验，反映出农旅融合发展对产业结构高级化的促进作用会因为经济发展水平差异而存在不同，由此可得假设2成立。

二、分地区估计结果

（一）农旅融合助推农村产业结构合理化的地区差异

为探究农旅融合对农村产业结构合理化影响的地区差异，分别对东部、中部和西部地区样本省份数据进行回归分析。总体来看，不同地区农旅融合发展均会对农村产业结构合理化产生积极影响（回归系数显著为正）。这主要是因为农旅融合发展可吸收农村剩余劳动力，使得劳动力等要素在产业间实现了合理配置，所以对农村产业结构合理化具有较显著的正向作用。然而，农旅融合发展对农村产业结构合理化的影响效应存在地区差异，其中中部地区农旅融合对产业结构合理化的作用最大（回归系数为0.471），东部次之（回归系数为0.408），西部最小（回归系数为0.321）。究其原因可能与以下因素有关：东部地区经济发达，从而其要素流通效率较高，劳动力要素在农村各产业之间也能较顺畅地流动，农旅融合对于推动劳动力在农村各产业间流通时发挥的作用不突出；中部地区本身具有良好的农业及生态资源，农旅融合发展基础较好，而且长期以来中部地区农村人口基数大，农村地区仍有大量剩余劳动力，通过发展农旅融合劳动力等要素得以更为合理有效地配置，因此中部地区农旅融合发展对该地区农村产业结构合理化的影响效应要比东部地区要大。西部地区相对而言经济综合发展水平不高，农旅融合市场需求相对不充足，故西部地区农旅融合发展对农村产业结构合理化的影响效应不突出（见表10-3）。

表10-3　　　　　　　　农旅融合结构效应分区域估计结果

变量	东部		中部		西部	
	ISR	ISU	ISR	ISU	ISR	ISU
lnATL	0.408 * (2.098)	0.285 ** (2.759)	0.471 * (2.155)	0.216 *** (4.062)	0.321 * (2.321)	0.170 (1.684)

续表

变量	东部		中部		西部	
	ISR	ISU	ISR	ISU	ISR	ISU
lnHCI	0.256 *** (4.131)	0.406 ** (2.987)	0.310 * (2.448)	0.211 ** (2.355)	0.082 ** (3.162)	0.472 *** (3.469)
lnURB	0.259 *** (5.618)	0.246 *** (11.266)	0.172 ** (2.817)	0.251 *** (3.079)	0.240 *** (4.624)	0.167 *** (6.098)
lnPCG	0.251 *** (4.091)	0.515 *** (7.065)	0.502 ** (2.967)	0.295 *** (4.154)	0.298 * (2.461)	0.313 ** (2.787)
lnOPE	−0.042 (−1.589)	0.030 * (2.446)	−0.007 (−0.276)	0.006 (0.322)	−0.016 (−0.684)	0.010 (1.764)
lnARL	0.026 *** (3.993)	0.063 * (2.098)	0.067 ** (2.661)	0.045 *** (3.615)	0.042 * (2.506)	0.075 ** (3.095)
lnFSL	0.204 *** (4.630)	0.169 *** (6.614)	0.292 *** (5.160)	0.230 *** (4.779)	0.475 ** (2.861)	0.421 ** (3.162)
lnRINL	0.065 * (2.163)	0.163 ** (1.963)	0.041 ** (2.632)	0.102 *** (3.463)	0.054 * (2.262)	0.154 *** (3.331)
lnTRA	0.322 *** (5.135)	0.248 ** (2.852)	0.214 *** (6.093)	0.128 ** (4.630)	0.212 ** (2.873)	0.142 ** (3.168)
Adj R²	0.725	0.811	0.679	0.623	0.579	0.608
面板设定的 F 检验	17.110 ***	21.043 ***	7.5216 ***	15.046 ***	13.701 ***	15.438 ***
样本值	112	112	112	112	144	144

注：*，**，*** 分别代表10%，5%和1%的显著性水平。括号内为 T 值。

（二）农旅融合对农村产业结构高级化影响的地区差异

为探究农旅融合对农村产业结构高级化影响的地区差异，分别对东部、中部和西部地区样本省区数据进行回归分析。结果表明，东部和中部地区的农旅融合水平对农村产业结构高级化具有显著影响，均通过了显著性检验，而西部地区回归系数未通过显著性检验。由此可知，东中部地区农旅融合发展均对地区农村产业结构高级化产生着显著正向作用，而西部地区农旅融合发展并不能有效促进农村产业结构高级化。东部地区经济相对发达，居民消费水平较高，对农业休闲产品特色与内涵等的期望较高，因此助推着农旅融合产品质量升级，从而使得东部地区可以借助于农旅融合发展来促进提升农村产业附加值；中部地区农业及生态资源较丰富多样，具备推进农业和旅游产业融合发展的良好基础，所以中部地区可以利用农业资源的生态属性来实现农业附加值的增加，从而促进产业结构的高级化；由第四章分析可知西部地区农旅融合发展水平较低，西部地区的农旅融合发展暂且未能起到推动农村产业结构高级化的作用。

三、内生性及稳健性检验

为避免农旅融合发展与农村产业结构变迁两者间可能存在的因果关系，在此需进行内生性检验。为解决这一问题，在此遵照本章第二节中的做法进行相应检验，具体结果见表10-4。表10-4中，模型（1）~模型（3）以农村产业结构合理化为因变量，模型（4）~模型（6）以农村产业结构高级化为因变量。模型（1）和（4）中以农旅融合水平的滞后项代替当期解释变量进行回归，其系数均显著为正；模型（2）和模型（5）中以农旅融合水平的滞后项作为其当期的工具变量，在此采用二阶段最小二乘法进行回归得到农旅融合水平回归系数显著为正；模型（3）和模型（6）中加进了被解释变量的滞后期作为解释变量，采用系统 GMM 法进行估计得到农旅融合水平的系数同样显著为正。基于上述结果可知，农旅融合发展能正向促进农村产业结构升级，这与表10-2的结果一致。另外，将控制变量中的经济发展水平更换为农村经济发展水平，用农林牧渔产值与年末乡村人口数来表征农村经济发展水平，再进行回归分析，结果与前文结果基本一致。综上可认为设定的模型具有较好的稳健性。

表 10 - 4 结构效应估计模型稳健性检验

因变量：ISR	FE 模型（1）	IV 模型（2）	系统 GMM 模型（3）	因变量：ISU	FE 模型（4）	IV 模型（5）	系统 GMM 模型（6）
滞后 1 期 L. lnISR	—	—	0.453 *** （9.108）	滞后 1 期 L. lnISU	—	—	0.519 *** （6.008）
滞后 1 期 L. lnATL	0.632 *** （6.309）	—	—	滞后 1 期 L. lnATL	0.620 *** （5.642）	—	—
lnATL	—	1.094 ** （3.154）	0.059 ** （2.975）	lnATL	—	0.978 ** （3.077）	0.022 *** （5.086）
Adj R²	0.723	0.803	—	Adj R²	0.816	0.748	—
控制变量	有	有	有	控制变量	有	有	有
样本值	364	364	364	样本值	364	364	364

注：*，**，*** 分别代表 10%，5% 和 1% 的显著性水平。括号内为 T 值。

第十一章　农旅融合与农村
居民收入增加

党的二十大报告提出，要发展乡村特色产业，拓宽农民增收致富渠道。农旅融合通过拓展农业多种功能，延伸产业链和拓展价值链，形成产业集聚和多种生产组织形式，可助力拓宽农民就业增收渠道。近年来，政府对产业融合支持力度也不断增大，这些对农户家庭经营收入、财产收入、工资收入和转移收入均具有一定影响。随着农村居民收入水平的增加，城乡收入差距也将随之缩小。

第一节　理　论　分　析

农旅融合发展对农村居民收入水平的影响主要体现在以下方面。

第一，农旅融合与经营性收入。

农旅融合发展通过发掘稻田湿地、油菜花海、草原绿地等生态价值，挖掘农耕文化、农业节事民俗等的市场价值，实现农业物化产品和精神产品的双重增值。另外，它可以让消费者"吃农村美食、赏农村美景、购农村物产、住农村旅馆、享农村环境"，从而使农村物产在旅游相关产业中实现直销，减少了其中间环节的漏损。融合发展过程中，特色农产品的种养、工艺品的制造等可形成农村特色产业，旅游包装又增加农村特产的附加值等，这些均可提升农民的经营性收入水平。

第二，农旅融合与工资性收入。

农业旅游休闲产业关联效应显著，扩大了民众的就业空间。农旅融合发展带动餐饮、住宿、农产品加工、交通运输、建筑、文化、教育、娱乐、节庆等众多关联产业发展，从而创造大量的就业岗位、增加就业水平，带动农民工资性收入的增加。农业旅游休闲产业具有较典型的季节性和临时性特点，使得从业劳动力工作时间更加灵活。农业劳动力可充分利用自己的剩余劳动时间从事相关工作，获得工资收入。

第三，农旅融合与财产性收入。

农旅融合发展对土地和资金等要素的需求较大，有利于激活农村土地和金融市场，农户通过流转土地或参与投资均可获得相应的财产性收入（曹祎遐和耿昊裔，2019）。同时，农家自有房屋、门前庭院、菜园等可变成旅店及民宿、可租借的休闲场所，其财产性收入因此而增加。

第四，农旅融合与转移性收入。

在乡村振兴战略背景下，各级政府出台了系列政策支持农村产业融合发展，具体涉及加大农村新型经营主体的财政补贴、对新型职业农民补贴等方面，这促进了农户家庭的转移性收入的增长。同时，针对农旅融合发展，各级政府均设置了专项资金扶持示范县、示范村镇建设，通过转移支付支持农旅融合项目建设与发展，也使得农户可以获得一定的转移性收入（见图11-1）。

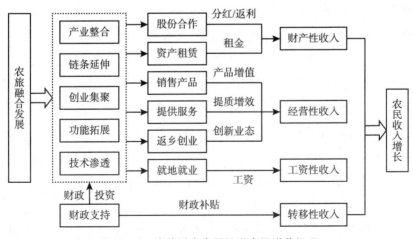

图11-1　农旅融合发展促进农民增收机理

第二节 基于宏观层面的检验

一、变量说明

农旅融合发展增加了农村居民的收入水平，同时也使城乡收入差距进一步缩小。为此，选取分别以农村居民收入水平（RDI）和城乡收入差距水平（GAP）作为被解释变量。常用于衡量城乡收入差距水平的方法有比值法、基尼系数法与泰尔指数法三种，其中比值法应用最为普遍（李晓龙和冉光和，2019；王明康和刘彦平，2019；毛其淋，2011），因此本部分亦用城镇居民人均可支配收入与农村居民人均纯收入的比值来衡量城乡收入差距水平①。解释变量为农旅融合水平，其他影响因素作控制变量处理，选取如下：①人力资本（HCI）。人力资本水平越高，意味着劳动力文化程度越高，劳动技能越强，其发展潜力和工资报酬也会越高（胡雪萍，2009），在此人力资本用各地区城乡人均受教育年限来表示（李晓龙和冉光和，2019）。②物质资本投入（MCI）。固定资本投资直接影响到地区经济发展，为居民增收创造条件，在此用农林牧渔固定资产投资与地区 GDP 的比重来表示农村固定资产投资水平（李彬彬等，2020）。③经济发展水平（PCG）。地区经济发展水平决定着消费需求，亦为地区产业投资发展提供了条件，因此与居民收入关系密切。在此用地区人均 GDP 来表示经济发展水平。④城镇化水平（URB）。城镇化促进产业聚集发展，提高了生产效率，并且创造了大量就业机会和消费需求，因此可为农村居民增收提供支撑（周强，2019）。在此用年末城镇人口占总人口的比值表示城镇化水平。⑤财政支农水平（FSL）。财政支农状况反映着地区政府对农业农村

---

① 2013 年后，农村居民人均纯收入调整为农村居民人均可支配收入，在此统一使用农村居民人均纯收入这一概念。

的支持情况，是农村产业发展的支撑条件，因此与农民增收关系密切，在此用农林水事务支出占地方财政一般预算支出的比重来衡量财政支农水平（王宝义和张卫国，2018）。⑥金融发展水平（ARL）。金融服务是促进农业农村发展的基础性要素（张婷婷和李政，2019；孟令国和陈炟，2022），在此用金融机构涉农贷款年末余额与农业总产值来衡量涉农贷款水平（李晓龙和陆远权，2019）。⑦对外开放水平（OPE）。使用外商投资使得劳动力工资水平和土地等要素的收益发生变化，因此对居民收入产生影响（唐向红，2011），在此用年末城镇人口占总人口的比值表示城镇化水平（见表11-1）。

表11-1　　　　　　　农旅融合发展收入效应检验模型变量说明

	变量	度量方式	数据来源
被解释变量	农村居民收入水平（RDI）	用农村居民人均可支配收入表示	《中国统计年鉴》
	城乡收入差距水平（GAP）	用城镇居民人均可支配收入与农村居民人均可支配收入的比值表示	《中国统计年鉴》
核心解释变量	农旅融合水平（ATL）	根据前文测度而来	根据前文测度而来
	人力资本投入（HCI）	用各地区城乡人均受教育年限来表示	《中国教育统计年鉴》
	物质资本投入（MCI）	用农村固定资产投资来衡量，具体以农林牧渔业固定资产投资与地区GDP比值来测算	《中国固定资产投资统计年鉴》
控制变量	财政支农水平（FSL）	用农林水事务支出占地方财政支出的比重衡量	《中国财政年鉴》
	经济发展水平（PCG）	用地区人均生产总值来表示	《中国统计年鉴》
	城镇化水平（URB）	用年末城镇人口占总人口的比值表示	《中国统计年鉴》
	农村金融发展水平（ARL）	用金融机构涉农贷款与农业总产值比值表示	《中国金融年鉴》《中国农村统计年鉴》
	对外开放水平（OPE）	实际利用外商直接投资占地区GDP比值	《中国贸易外经统计年鉴》《中国统计年鉴》

二、模型设定

为检验农旅融合对农村居民收入及城乡收入差距的影响，分别建立如下模型进行实证检验。

$$\ln Y_{it} = C_0 + \beta \ln ATL_{it} + \lambda_k \sum_{k=1}^{n} \ln Col_{k,it} + \mu_i + \nu_t + \varepsilon_{it} \qquad (11-1)$$

式中，Y_i 为被解释变量农村居民人均可支配收入（*RDI*）或城乡收入差距（*GAP*），i 和 t 分别代表省区和年份，β、λ 为待估参数，$Col_{k,it}$ 为控制变量集，μ_i 代表个体效应，ν_t 代表时间效应。ε_{it} 代表随机误差项，其服从正态分布。

三、估计结果与分析

（一）全局估计结果

首先对面板数据进行平稳性检验，所有变量都拒绝存在单位根的零假设，面板数据具有良好的平稳性。接着进行模型设定检验，面板设定的 F 检验结果均表明固定效应显著；同时，Hausman 检验结果值显著，所以可认为使用固定效应模型较为合适。经比较发现个体固定效应具有较好的拟合优度，因此采用个体固定效应进行模型估计，结果如表 11-2 所示。

表 11-2　　　　　　　　　　农旅融合收入效应检验结果

自变量	因变量：RDI 模型（1）	自变量	因变量：GAP 模型（2）
lnATL	0.078 ** （2.623）	lnATL	-0.041 *** （-4.218）
lnMCI	0.099 *** （4.361）	lnMCI	-0.066 *** （-5.543）

续表

自变量	因变量：RDI 模型（1）	自变量	因变量：GAP 模型（2）
InHCI	0.082 * （2.077）	InHCI	-0.032 ** （-4.142）
InFSL	0.220 ** （2.890）	InFSL	-0.058 *** （-2.457）
InPCG	0.136 ** （2.850）	InPCG	-0.040 *** （-5.295）
InURB	0.511 * （2.578）	InURB	-0.014 *** （-4.077）
InARL	0.093 *** （3.632）	InPRL	-0.012 * （-2.556）
InOPE	0.028 ** （2.849）	InOPE	-0.018 *** （-5.024）
Adj R^2	0.730	Adj R^2	0.659
面板设定的 F 检验	54.391 ***	面板设定的 F 检验	46.389 ***
样本值	392	样本值	392

注：*，**，*** 分别代表 10%，5% 和 1% 的显著性水平。括号内为 T 值。

由表 11-2 可知，农旅融合水平每提高 1%，会促进农村居民收入上升 0.078%，促进城乡收入差距缩小 0.041%，两个系数均通过了显著性检验，由此可知，农旅融合发展对农村居民收入水平提升与城乡收入差距缩小均有显著积极作用。从各控制变量来看，城镇化对于提升农村居民收入的效应较明显，回归系数在所有变量中最大，且其对缩小城乡收入差距的效应亦较为显著。城镇化促进可促进要素流动与集聚且创造大量就业机会等，因此是提升农村居民收入、缩小城乡收入差距的重要途径（李晓龙和冉光和，2019）。紧随其后的是财政支农，回归系数为 0.220（$P < 0.05$），政府对于农业农村的支持与帮扶，可为农村产业发展创造条件，直接作用于农村居民的经营性收入和转移性收入。地区经济发展水平回归系统为

0.136（$P<0.05$），地区经济发展水平为决定着消费需求，亦为形成资本积累的重要条件，可为农村地区产业发展提供支持，从而带动农村经济发展并促进农民增收。分析结果显示，上述三个因素对于促进农民增收、缩小城乡收入差距具有较突出的作用。另外在两个回归模型中，物质资本投入和人力资本投入的回归系数均在1%的水平上显著为正，说明这两个因素的提升与改善，有利于促进农村居民收入提升和缩小城乡收入差距。只是就两者的回归系数而言，人力资本投入的回归系数均低于物质资本投入的回归系数，由此可见，在提升农村居民收入和缩小城乡收入差距方面人力资本的作用不及物质资本投入的作用。对外开放水平在两个模型中的回归系数在所有模型中均显著。其主要原因可能是：当前我国贸易产业主要还是依赖于低技能型劳动力，外资扩张为技能水平不太高的农村居民创造了更多的就业机会，因此对农村居民人均收入增加产生了积极作用（李晓龙和冉光和，2019），农村居民从中获得的收益相较于城市居民要大，导致城乡收入差距缩小。农村金融发展在两个模型中均通过了显著性检验，说明农村金融资源越丰富、服务水平越高，对于提升农村居民收入的作用越强。

（二）分区域估计结果

为分析不同区域农旅融合收入效应的差异性，现利用不同区域样本进行模型估计，估计结果见表11－3。总体来看，中西部地区农旅融合发展能显著提升农村居民收入水平，且对缩小城乡收入差距具有显著正向影响，而东部地区这两类影响均不显著。就农村居民收入而言，西部地区农旅融合的影响效应最大（回归系数最大），其次是中部和东部。这可能是因为西部地区农村居民收入水平相对稍低，农村产业融合发展带来的边际收益较大，因此对提升农村居民收入的边际贡献较大。而中部地区具有农旅融合发展的良好基础，另外其城乡收入差距较大①，因此农旅融合发展

---

① 经计算，在研究期内东部地区城乡收入差距均值为0.402，中部地区城乡收入差距均值为0.405，西部地区仅为0.322.

在促进农民增收的同时也对弥合城乡收入差距发挥着重要作用。

表 11 - 3　　　　　　　　收入效应普通面板模型分区域估计结果

自变量	因变量：RDI			自变量	因变量：GAP		
	东部	中部	西部		东部	中部	西部
lnATL	0.070 (1.333)	0.117 *** (4.191)	0.128 *** (4.629)	lnATL	- 0.013 (- 1.686)	- 0.088 ** (- 2.651)	- 0.043 ** (- 2.324)
lnMCI	0.051 ** (3.016)	0.103 ** (0.280)	0.109 *** (3.454)	lnMCI	- 0.016 (- 2.771)	- 0.069 (- 1.909)	- 0.048 * (- 2.151)
lnHCI	0.116 *** (4.426)	0.079 *** (3.567)	0.062 * (2.167)	lnHCI	- 0.003 ** (- 3.201)	- 0.001 * (- 3.329)	- 0.001 (- 0.978)
lnFSL	0.180 *** (4.525)	0.226 ** (2.750)	0.261 * (2.356)	lnFSL	- 0.012 ** (- 2.842)	- 0.041 ** (- 2.843)	- 0.040 ** (- 2.152)
lnPCG	0.102 ** (2.987)	0.167 * (2.323)	0.209 *** (5.448)	lnPCG	- 0.041 * (- 2.372)	- 0.003 * (- 2.095)	- 0.001 * (- 2.067)
lnURB	0.836 *** (4.287)	0.311 ** (3.184)	0.480 * (2.151)	lnURB	- 0.116 *** (- 3.547)	- 0.073 * (- 2.223)	- 0.021 (- 0.816)
lnPRL	0.333 (8.991)	0.041 * (2.228)	0.026 * (2.332)	lnPRL	- 0.065 *** (- 8.443)	- 0.046 *** (- 3.902)	- 0.008 ** (- 1.049)
lnOPE	0.072 *** (4.727)	0.031 ** (3.184)	0.022 *** (4.638)	lnOPE	- 0.102 ** (- 2.101)	- 0.009 *** (- 4.822)	- 0.006 *** (- 4.163)
Adj R^2	0.810	0.701	0.739	Adj R^2	0.763	0.557	0.680
面板设定的 F 检验	61.992 ***	26.415 ***	31.671 ***	面板设定的 F 检验	36.299 ***	14.160 ***	16.869 ***
样本值	112	112	168	样本值	112	112	168

注：*，**，*** 分别代表10%，5%和1%的显著性水平。括号内为 T 值。

（三）内生性检验

农村居民收入水平提升与城乡收入差距缩小也可能导致资本要素集聚与流动，从而推动农旅融合发展，因此被解释变量与解释变量间可能存在双向因果关系而产生内生性问题，为此需要进行内生性检验。在此同样采用工具变量法进行模型估计，检验上述结论是否稳健。采用农旅融合水平的滞后一期作为自身的工具变量。农旅融合水平与其滞后一期的相关系数为0.765，且 P 值小于0.01，满足"工具变量与内生解释变量具有相关性"的要求；另外，当期农村居民收入或当期城乡收入差距难以影响到前一期的农旅融合水平，且 P 值均小于0.01，亦满足"工具变量与随机扰动项无关"的要求。可见，通过工具变量法得到的估计结果与前文基本一致，因此前文研究结论具有一定的稳健性。

第三节　基于微观视角的检验

本部分将借助微观调研数据就农旅融合的农户增收效应进行检验，以更精确地反映农旅融合发展对农户收入的影响，对宏观层面的检验形成有益的补充。

一、研究方法

本部分将使用政策评价中常用的平均处理效应（Average Treatment Effect，ATE）方法来实证分析参与农旅融合对农户收入的影响，具体如下：将农户家庭 i 是否涉足农旅融合发展看作一个二元随机变量 Int_i，其中，$Int_i = 1$ 表示该农户家庭涉足过农旅融合，$Int_i = 0$ 表示该农户从未涉足过农旅融合。同时，本书用 $Incom_i$ 表示农户家庭 i 的农户收入，并将对应于 $Int_i = 1$ 的农户收入记为 $Incom_{1i}$，对应于 $Int_i = 0$ 的农户收入记为 $Incom_{0i}$，那么 $Incom_{1i} - Incom_{0i}$ 代表了农户家庭 i 参与了产业融合对其家庭农户收入带来的影响。在现实中由于不能同时观测到农户家庭 i 的 $Incom_{1i}$ 和 $Incom_{0i}$，在此将 $Incom_i$ 定义为：

$$Incom_i = (1 - Int_i) \times Incom_{0i} + Int_i \times Incom_{1i}$$
$$= Incom_{0i} + Int_i \times (Incom_{1i} - Incom_{0i}) \qquad (11-2)$$

由于农户家庭在选择是否参与产业融合时是非随机的、"自选择"的，

估计农旅融合收入效应时需要考虑自选择问题。在此选择采用倾向得分匹配方法（Propensity Score Matching，PSM）来解决农户参与产业融合的自选择问题。实际上，PSM 方法是在未涉足过农旅融合的农户的集合中，为每个参与了农旅融合的农户挑选一个或一些未参与过农旅融合的农户进行匹配，而这些匹配成功的未参与产业融合的农户正是那些今后有资格和能力接受"处理"的样本个体。具体来说，当把分析样本限制到已经接受"处理"的个体时，便得到了平均处理效应（Average Treatment Effects on Treated，ATT）。在本书中，ATT 便是参与农旅融合对已融合的农户家庭的收入影响，即 $E(\text{Incom}_{1i} - \text{Incom}_{0i}|\text{Int}_i = 1)$，它既测算了融合过的农户在参与农旅融合后的收入变化，也代表了有条件接受"处理"的农户家庭在未来参与产业融合后能获得的潜在收入增长。ATT 的估计结果更为精确，包含了更为丰富的信息。在条件期望独立假设下，可以用 PSM 的方法来估计 ATT，即通过估计每个个体的倾向得分 $P(X_i)$，在此将那些特征比较接近的参与农旅融合和未参与产业融合的不同农户家庭进行配对。

一般来说，有如下的 ATT 表达式：

$$\text{ATT} = \frac{1}{N_1} \sum_{i=1}^{N_1} \left(incom_{1i} - \sum_{j \in C_0(p_i)} \omega_{ij} incom_{0j} \right) \tag{11-3}$$

式中，N_1 是处理组（涉足过农旅融合的家庭）中的个体数目，$C_0(p_i)$ 是处理组第 i 个个体的配对组，ω_{ij} 是个体 i 的配对组中每个个体的权重，且 $\sum_{j \in C_0(p_i)} \omega_{ij} = 1$。不同的估计方法，会选择不同的配对方法，产生的 $C_0(p_i)$ 和 ω_{ij} 也会不同。在此参考李云新等（2017）的做法，主要采用最邻近匹配法、分层匹配法和核匹配法这三种 PSM 法来估计 ATT。

二、数据来源与样本描述

本部分数据来源于笔者团队于 2020 年 7~8 月在浙江省安吉、德清两地开展的入户调查，课题组共入户访谈农户 378 户。课题组通过对农户户主进行问卷调查结合结构式访谈收集农户家庭经济信息。主要信息包括家庭人口信息、家庭耕地资源及融合方式、家庭收支情况等相关信息。两个调研地在农旅融合发展方面较具代表性与示范性，因此有利于清晰地解释农旅融合发展的收入效应。表 11 - 4 是涉及的主要变量数据定义及赋值情况。

表 11 - 4　　　　　　　　　变量选择及赋值

变量	含义与取值
是否参与农旅融合（Int）	参与或涉足农旅融合（处理组）= 1；未参与或未涉足农旅融合（对照组）= 0
利益联结程度（Benifit）	1 散户；2 合作社社员；3 农旅融合衍生职业（休闲农业企业员工、旅游农特产品销售员等）；4 休闲农业企业老板或股东
户主年龄（Age）	实际岁数
户主受教育程度（Education）	0 文盲；1 小学；2 初中；3 高中或中专；4 大专及以上
户主婚姻状况（Marriage）	1 未婚；2 初婚；3 再婚；4 离婚；5 丧偶
是否参加过管理与技能培训（Training）	0 否；1 是
农户收入（Incagr）/元	家庭一年内与农业有关或农业拓展出的第二、三产业收入之和
农户其他收入（Incother）/元	家庭一年内非农工资性收入、转移性收入、财产性收入
经营地（land）/亩	家庭实际经营的耕地、林地、果园等总面积

调研共获得有效样本 378 份，各样本的描述性统计见表 11 - 5，其中未参与融合农户 217 户，参与农旅融合农户 161 户。户主的平均年龄为 49.9 岁，其中未参与产业融合农户的平均年龄稍大于融合户。具有初中以上文化程度的占比为 73.2%，具有高中以上文化程度的占比为 28.9%，其中参与融合的户主文化程度稍高于未融合户，且参与融合的农户收入高于未参与融合户。经营地表现为未参与融合户稍高于参与融合户。经营地的标准差未参与产业融合户大于参与产业融合户，因此总体来说，参与融合户的家庭经济分化程度要高于未参与融合户。对于农户收入来说，参与融合组与未参与融合组的组间差异的 T 检验显示在 0.001 的水平上显著。

表 11 –5　　　　　　　　　　　　样本的描述性统计

变量	全样本 N = 378		处理组 N = 161		对照组 N = 217	
	均值	标准差	均值	标准差	均值	标准差
利益联结程度（Benifit）	1.572	1.093	2.344	1.053	1	0.094
户主年龄（Age）	49.873	9.832	46.495	8.834	52.38	10.832
户主受教育程度（Education）	1.839	0.713	1.894	0.677	1.799	0.733
户主婚姻状况（Marriage）	2.044	0.439	2.018	0.44	2.063	0.429
是否参加过管理与技能培训（Training）	0.126	0.353	0.194	0.354	0.076	0.352
农户收入（Incagr）/元	59017.522	7613.683	80281.432	8018.732	43241.073	7768.493
农户其他收入（Incother）/元	24572.845	2254.184	51259.053	10432.892	4773.401	2267.521
经营地(land)/亩	3.223	2.109	2.198	2.098	3.982	2.987

三、倾向得分匹配分析

农旅融合发展的农户收入效应可以用同一农户在参与融合情况下的农户收入状况与未参与融合情况下的农户收入状况的差异来刻画。但对于未参与融合的农户，参与融合的农户收入是无法观测的反事实；反之，对于参与融合的农户而言，未参与融合的农户收入是无法观测的反事实。倾向得分匹配法正是针对这种反事实问题来解决样本选择造成的误差。在此用Logistic 模型估计倾向得分，在从未参与农旅融合农户中寻找与参与农旅融合中家庭经济条件相似的农户，模型中包括户主年龄、婚姻状况、受教育程度、是否参与休闲农业经营管理与服务技能培训、家庭经营地变量。表11 –6 列出了 Logistic 回归结果。回归结果表明，户主年龄越低，农户越倾向参与农旅融合，相比未参加管理与技术培训的农户，参加过培训的农户更倾向于参与农旅融合，但是，家庭农业经营地越多，农户更倾向于不参与农旅融合。产生这一结果的可能原因是家庭经营地越多，农户越缺乏足够精力投身于农业旅游休闲产品开发和服务提供中来。受教育程度对户主是否选择参与农旅融合亦有显著直接正向关系。倾向得分的 Logistic 估计的 chi^2 卡方值为 42.966，小于 P 值的概率为 0，拒绝原假设，说明整个模型的总体拟合效果较好，模型整体显著。

表 11 – 6 倾向得分的 Logistic 估计结果

变量	系数	标准误	Exp(B)
户主年龄（Age）	− 0.031 **	0.013	(0.012)
户主受教育程度（Education）	0.013 **	0.182	(0.085)
户主婚姻状况（Marriage）	− 0.569	0.847	(0.048)
是否参加过管理与技能培训（Training）	1.412 ***	0.386	(1.612)
经营地（land）	− 0.221 ***	0.051	(0.031)
N	345		
Pseudo R^2	0.089		
chi^2	42.966		
$Prob > chi^2$	0.000		

注：**、*** 分别代表 5% 和 1% 的显著性水平。

倾向得分匹配后，参与农旅融合对农户收入效应的估计结果如表 11 – 7 所示。通过使用最邻近匹配法、分层匹配法和核匹配法这三种方法对 ATT 进行估计，得出的 T 值均显著，ATT 的估计结果充分说明参与农旅融合能使农户收入水平显著上升。因此，农旅融合的增收效应得到了有效检验。

表 11 – 7 ATT 的基本估计结果

方法	处理组	控制组	ATT	标准差	T 值
最邻近匹配法	153	78	30723.212	10322.903	4.336 ***
分层匹配法	139	219	13543.098	7987.143	4.287 ***
核匹配法	143	215	27832.210	4542.021	3.501 ***

注：*** 代表 1% 的显著性水平。

第十二章　农旅融合与农村公共服务水平提升

党的二十大报告明确指出，要统筹乡村基础设施和公共服务布局，建设宜居宜业和美乡村。目前，我国大部分农村地区已初步实现公共服务的供给，但仍存在农村公共服务供给"碎片化"、供给不均衡、城乡供给差异、供给结构不良等问题（刘伟忠，2020）。在推进城乡公共服务均等化背景下，农村公共服务的供给水平仍落后于社会现实需求（张菊梅，2021）。导致这些问题的原因，学者们认为主要有政府管理体制、财政体制、法治缺失的掣肘等方面（尹利民，2011；姚林香和欧阳建勇，2018）。为此，可从政府、社区、村民三方面出发，以社会组织为支点，以社会资源为支撑，推动农村公共服务资源下沉（陈沛然和靳永翥，2018）。同时，要培养农村公共服务供给的内生性能力，充分途径挖掘农村公共服务供给的内生潜力（冷忠燕等，2013）。

乡村地区基础设施和公共服务设施，如交通、水电、通信、快递、物流等是保障农旅融合关联产业正常运行的重要因素。另外，随着农旅融合水平上升，潜在客源市场扩大，游客对公共服务供给的数量和质量均提出了新的要求。为了适应这一需求的增长以及实现农旅融合发展更大的效益，各级主体便会增加公共服务的供给。公共服务供给的增加又进一步吸引更多游客，进一步扩大市场空间，促进农旅融合进一步发展。个别学者分析了我国乡村旅游公共服务水平时空格局与影响因素（高楠等，2021），并指出乡村旅游公共服务对于游客与农村居民具有共享性，本章正是基于此观点展开讨论。

第一节　理　论　分　析

　　农村基本公共服务主要指能满足农村居民的基本生活需要，保障农村居民在教育、医疗、文体、环卫等方面的基本权利，并且通过公共财政投资建设并以物质形态呈现出来的公共服务（胡志平，2022）。农村基本公共服务可看作公共产品或准公共产品。一直以来，城乡二元结构导致了我国城乡公共产品供给结构的失衡，而农旅融合发展在一定程度上可提升农村公共产品供给。一方面，农村公共产品供给是农旅融合发展的前提，因此农业旅游休闲产业发展可引致农村公共服务供给水平的增加。另一方面，农旅融合发展促进了地区经济的发展，也为农村公共服务供给增加提供了条件。事实上，农旅融合发展对农村基本公共服务的数量增加和质量提升均会产生一定影响，在此视供给质量和数量于一体，以农村基本公共服务供给水平表示农村基本公共服务水平。现用图 12 – 1 来表示农旅融合发展与农村基本公共服务水平之间的关系。S 表示农村公共服务供给曲线，D 表示农村公共服务需求曲线，B 点表示初始均衡状态，L 表示农旅融合水平。

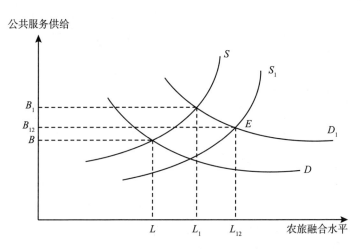

图 12 – 1　农旅融合背景下农村基本公共服务的供求关系

农旅融合水平的上升，带来了农村公共服务需求的增加，于是 D 曲线向右平移至 D_1，与 S 曲线相交于 B_1 点，此时的供给仅为 OB，存在 BB 的公共服务供给缺口。农旅融合发展也将带来经济发展水平的提升，公共服务的供给随之增加，由 S 移至 S_1，实际的公共服务供给增加为 BB_{12}，公共服务的增加也使得农旅融合水平增加到 L_{12}，农村公共服务供给达到新的均衡点 E。

第二节　变量选择与模型设定

一、变量选择

依据农村基本公共服务的内涵与本质，遵循概括性、系统性和资料可获取性等指标选取原则，从基础设施、医疗社保、文化科教、环境治理等四个维度出发构建农村基本公共服务水平评价体系（王肖惠等，2013）。在此基础上运用多指标综合评价法测度农村公共服务水平的综合得分，同时借助标准差标准化和熵值法测算各指标的权重（具体方法参见第四章），最后根据线性加权法计算各样本农村公共服务供给水平综合得分：

$$\mathrm{PSL}_i = \sum_{j=1}^{m} \omega_j p_{ij} \qquad (12-1)$$

其中，PSL 值越大意味着农村基本公共服务水平越高，其值越小意味着农村基本公共服务水平越低。评价指标体系见表 12-1。

在此以农旅融合水平（ATL）为核心解释变量。另外，农村基本公共服务水平亦受到其他多种因素的影响，影响因素大体分为自然因素和经济社会因素。学者们普遍认为自然因素难以改变，社会经济因素则更为活跃且易于观测，因此学者们广泛关注了这些影响农村公共服务的经济社会因素（李继霞等，2022）。在此借鉴学者们的做法，以农村经济水平（REL）、城镇化水平（URB）、财政支农（FSL）和农村居民收入（RDI）

作为控制变量（邓宗兵等，2013；张开云，2009；李燕凌和曾福生，2007；何育静和张炜炜，2022），各控制变量测算同前文。本小节数据主要来源于《中国农村统计年鉴》《中国社会统计年鉴》《中国统计年鉴》《中国城乡建设统计年鉴》《中国卫生健康统计年鉴》《中国教育统计年鉴》《中国文化和旅游统计年鉴》《中国环境统计年鉴》《中国财政统计年鉴》以及各省区历年统计年鉴和统计公报等资料等，其中个别年份、个别省区缺失数据采用插值法补齐处理。

表 12 - 1   农村基本公共服务水平评价指标体系

一级指标	测度指标	单位	属性	一级指标	测度指标	单位	属性
基础设施	农村人均道路面积	m²/人	正向	环境治理	农村无害化卫生厕所普及率	%	正向
	每年农村人均用电量	kW·h/人	正向		当年完成造林面积	千公顷	正向
	农村自来水普及率	—	正向		各地区农作物成灾面积	千公顷	正向
	农村燃气普及率	—	正向		各地区节水灌溉面积	千公顷	正向
	农村宽带接入用户	千户	正向		农村绿化覆盖率	%	正向
文化科教	农村初中师生占比	—	正向	医疗社保	每千农业人口农村卫生室数量	个	正向
	农技推广机构	个	正向		每千农业人口卫生人员数（人）	人	正向
	每千农业人口文化站数量	个	正向		农村低保人数占比	%	负向
	每年农村举办文化展览次数	次	正向		每千农业人口养老机构数量	个	负向

二、模型设定

考虑到农村基本公共服务水平受前期状态影响较大，为更客观地揭示农村公共服务的动态变化过程，解释变量中引入农村基本公共服务水平的滞后一期，构建动态面板计量模型如下：

$$\text{InPSL}_{it} = \alpha_0 + \rho \text{InPSL}_{it-1} + \beta \text{InATL}_{it} + \lambda_k \sum_{k=1}^{n} \text{In}X_{k,it} + \mu_i + \nu_t + \xi_{it}$$

$$(12-2)$$

其中，i 表示省区，t 表示年份，μ_i 代表个体效应，ν_t 代表时间效应。ε_{it} 代表随机误差项，其服从正态分布。由于式（12-2）引入了被解释变量的滞后一期项作为解释变量，其可能与随机扰动项相关，所以即便运用固定效应模型估计剔除个体效应 μ_i，亦不能消除内生性导致的参数估计偏误。阿雷亚诺和邦德（Arellano & Bond，1991）认为当模型存在的内生变量会导致普通面板回归结果出现偏误时，动态面板估计可以消除这一偏误。动态面板模型通常运用差分广义矩估计法（DIF-GMM）和系统广义估计方法（SYS-GMM）来进行参数估计。蒙特卡洛试验表明，SYS-GMM 比 DIF-GMM 更有效，它能够同时使用水平方程和差分方程的信息，针对有限样本估计更为行之有效，是目前解决联立内生性偏误的可行方法（单德朋，2012）。为保证 6-24 式能获得可靠的无偏估计量，在此采用系统广义矩估计（SYS-GMM）进行动态面板模型估计。

第三节　估计结果与分析

为了捕捉农村基本公共服务水平的"惯性"，农村基本公共服务水平的滞后一期项被纳入估计模型中。首先借助 Hansen 检验和 Arellano-Bond 检验对模型稳定性进行判断，前者检验工具变量过度识别问题，后者检验残差自相关问题。为检验不同区域的农旅融合水平对提升农村公共服务功效是否存在差异，分全样本、东部、中部和西部分别构建模型。为方便比较，同时给出了普通面板固定效应模型估计结果，结果见表 12-2。

表 12 – 2　　农旅融合对农村基本公共服务水平的影响检验结果

变量	全样本		东部地区		中部地区		西部地区	
	FE	SYS – GMM	FE	SYS – GMM	FE	SYS – GMM	FE	SYS – GMM
lnATL	0.076 ** (2.874)	0.044 *** (3.643)	0.080 * (2.098)	0.045 ** (2.994)	0.042 * (1.987)	0.037 * (1.998)	0.038 * (2.132)	0.031 * (2.114)
lnREL	0.099 *** (4.092)	0.101 ** (2.041)	0.165 *** (5.004)	0.098 * (2.122)	0.108 ** (2.761)	0.113 ** (3.142)	0.086 *** (4.432)	0.080 * (2.212)
lnFSL	0.028 * (2.021)	0.019 * (2.094)	0.013 ** (3.017)	0.118 (1.003)	0.024 ** (2.972)	0.032 ** (3.015)	0.023 ** (2.245)	0.032 * (2.011)
lnURB	0.052 * (2.043)	0.086 ** (4.547)	0.062 ** (3.021)	0.048 ** (3.154)	0.038 *** (5.011)	0.021 * (2.161)	0.029 ** (3.017)	0.025 * (2.161)
lnRDI	0.002 * (2.032)	0.005 ** (3.215)	0.003 *** (4.098)	0.012 ** (3.141)	0.003 * (0.012)	0.006 ** (2.732)	0.003 * (2.018)	0.002 * (2.154)
L. lnPSL$_{it}$		0.323 *** (5.011)		0.220 *** (3.831)		0.390 *** (4.127)		0.398 *** (4.437)
面板设定的 F 检验	26.811 ***		22.787 ***		16.983 **		17.862 **	14.087 **
调整的 R^2	0.786		0.701		0.686		0.665	0.635
AR(1) _test		−3.945 *** [0.000]		−2.521 *** [0.000]		−4.088 *** [0.000]		−3.497 *** [0.000]
AR(2) _test		1.153 [0.298]		0.895 [0.174]		1.374 [0.486]		1.543 [0.486]
Hansen_test		21.432 [0.194]		32.537 [0.143]		17.798 [0.242]		15.179 [0.258]

注：*** 、** 、* 分别表示在1% 、5% 、10% 的置信水平下拒绝原假设。中括号内为检验统计量 P 值，小括号内为 T。

上述四个动态面板模型的 Hansen 检验中 P 值均大于临界值 0.05，表明动态面板模型不存在过度识别问题。从 AR(1) 和 AR(2) 栏中的 P 值可以得知[①]，四个估计模型扰动项差分均存在一阶自相关现象，但不存在

① AR(1) 和 AR(2) 分别表示 Arellano – Bond 的 AR(1) 和 AR(2) 检验统计量，用于检验一次差分残差序列是否存在一阶和二阶自相关，原假设为不存在序列自相关。

二阶自相关。至此，模型设定通过了各方面的检验。全样本动态面板模型估计结果显示，农村基本公共服务水平滞后一期项同本期的农村基本公共服务水平呈正相关关系（$P < 0.01$），前期农村基本公共服务水平每提高1%，本期其水平将提高0.323%，这表明农村基本公共服务水平存在一定的动态惯性。另外，农旅融合回归系数为0.044（$P < 0.05$），这一系数与普通面板固定效应模型的系数低。分区域来看，东部地区农旅融合水平的回归系数在两种估计方法中均最大，反映该地区农旅融合发展对农村公共服务提升的作用最为突出，这可能得益于地区经济发展水平和农旅融合市场空间；同时在动态面板模型估计，这一区域滞后一期农村基本公共服务水平对当期该水平的影响系数最小，这可能是因为东部省区经济相对发达，每年对农村公共服务及农村基础设施建设上的投入相对较多[①]，因此其农村基本公共服务水平受前期影响较小。就控制变量而言，整个研究区内农业经济发展水平、城镇化水平、财政支农和农村居民收入水平均对农村公共服务提升的作用较为显著。众所周知，当前我国农村基本公共服务投入主要靠上级政府财政预算支出。地区经济越发达，财政资金越多，地方政府对当地农村的公共服务支出便越多，农村基础设施建设和公共服务就越完善。另外，农村居民收入越高，其参与准公共品的生产能力与意愿会增加，同时其对公共品消费需求也会增加，从而引致农村公共服务供给的增加（邓宗兵等，2013）。

---

① 经计算，研究期内东部农村基本公共服务水平均值比中部和西部地区高。

第十三章 农旅融合与农村生态环境优化

习近平总书记在党的第二十次全国代表大会上的报告第十部分的主题是"推动绿色发展，促进人与自然和谐共生"，他深刻阐述了站在人与自然和谐共生的高度谋划发展的必要性和重要性，进一步明晰了人与自然的关系、人与社会的关系从根本上决定着共同富裕目标的实现（方世南，2023）。农村作为共同富裕的基本单元，既要从物质和精神层面满足共同富裕的要求，也要在生态方面保证共同富裕的底色。农旅融合以良好的农业农村生态环境为资源基础，其在发展过程中必然也将促进农业农村生态环境的保护与优化。鉴于此，本部分将尝试从以下方面展开讨论：首先基于利益相关者视角剖析农旅融合对农村生态环境质量的影响机理；同时构建农村生态环境质量评价体系，借助综合评价法对农村生态环境质量进行测度；接着，分别运用普通（静态）面板和动态面板模型检验农旅融合水平与农村生态环境质量之间的关系，以此论证农旅融合发展对农村生态环境质量的影响效应及其机理。

第一节 农旅融合影响农村生态环境质量的机理分析

利益相关者的概念最初源于企业管理领域，美国经济学家弗里德曼（Freeman，1951）认为，利益相关者是"那些能影响组织目标的实现，或能被这种目标的实现影响的团体或个人"①。农旅融合发展过程中主要涉及普通农户或农旅融合项目经营者、休闲消费者即游客和相关行政管理部门等利益相关主体。利益相关者视角下农旅融合影响农村生态环境质量的机理如图 13 - 1 所示。

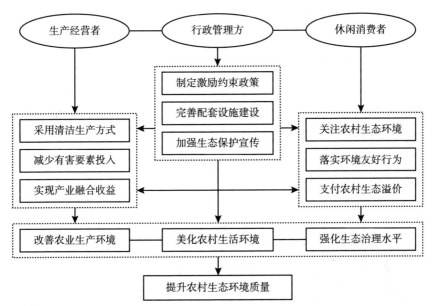

图 13 - 1　农旅融合对农村生态环境的影响机理

就休闲消费者而言，当前"吃农村美食、赏农村美景、购农村物产、享农村环境"成为其旅游休闲的新常态，他们是农村生态环境的亲历者和受益者。新时代的到来，民众对绿色环保生态体验的需求日益高涨。数据显示，93% 的中国游客倾向于选择环境友好目的地，环境友好正是乡村休闲目的地的重要特征。农业休闲游客在欣赏自然美的同时也在融入自然，关注着环境问题，这让农业休闲成为一种极富社会责任感的出游方式。乡村文化感知、乡村景观感知和农业经济感知均会对游客的环境责任行为产

---

① Freeman R E. Strategic management：a stakeholder approach ［M］. Cambridge：Cambridge University Press，1951.

生积极影响，从而有利于农村生态环境保护。另外，其在农村地区的休闲消费使得农村生态环境价值转变为了经济效益，生态环境溢价因此而实现，从而推动生产经营主体采用绿色环保的生产方式，间接促进农村生态环境的可持续发展。

就生产经营主体而言，他们作为生态环境保护的决策者、主导者、示范者与受益者，其是否实施环境行为在一定程度上影响着生态环境的好坏。在此将当地普通农户（不论涉农与否）也看作间接的生产主体，因为他们的环境意识和环境行为均对当地的生态环境质量具有重要影响，同时他们也将在地区发展过程中受益。当生产经营主体意识到存在生态环境溢价时，亦会强化自身环保意识和行为以实现其经营活动的长期可持续。如采取环境友好型生产方式，减少有害生产要素投入，提高农业生态效率以改善农业生产环境；使用低碳节能材料和设备，对废弃物分类回收并实现资源化处理以实现资源和能源的节约等。

就行政管理主体而言，其肩负着促进地区经济长效发展的使命，是产业发展政策的制定者与生产经营活动的监督管理者。近年来，全国各级行政管理部门出台了系列政策文件指导农旅融合发展，部分地方行政管理部门甚至设立了专门的休闲农业环境管理机构。在"绿水青山就是金山银山"理念指导下，各地政府制定了针对性的生态治理和环境管理办法，将环境目标作为农旅融合相关产业发展的目标之一。与此同时，在推动农旅融合发展过程中，地方政府还承担着提供基础性公共服务的任务，比如道路改造、水利设施等的建设，加强生态环境保护教育，提供农业相关技术服务等，这些措施均为农村生态环境保护创造了条件。

第二节　变量与模型设定

一、变量选取与测度

在此以农村生态环境质量（REQ）为被解释变量。以农旅融合发展水平（ATL）为解释变量。农村生态环境建设是国家生态文明建设体系的重要组成部分。目前学界对农村生态环境评价的研究呈现两条主线演进：一是以农村生态文明、美丽乡村建设、农村人居环境为主体，对农村的经济、社会、文化和环境等进行综合评价；二是聚焦农村生态环境这一核心，对农村生态环境质量、农村环境治理和环境建设等进行评价研究，本书中亦沿袭这一主线切入。农村生态环境质量评价指标体系是对农业生产环境、农村生活环境以及生态环境保护与治理的客观评价和反映（郑满生和姜仁珍，2020）[①]。在遵循指标体系构建的系统性、代表性和可行性原则的基础上，参考学者们的美丽乡村建设评价（黄磊等，2014）[②]、农村生态文明建设评价（郜彗等，2015）[③]、农村人居环境评价（侯敬和王慧，2015）[④]、农村生态环境评价（王晓君等，2017）[⑤]研究成果等一系列农村生态环境评价指标体系，从农业生产环境、农村生活环境和农村环境治理三个维度出发构建农村生态环境质量评价体系。其中农业生产环境维度包括人均耕地面积、灌溉用水量、化肥施用量、农药施用量、农用塑料膜使用量、畜禽养殖规模等6个指标；农村生活环境包括森林覆盖率、湿地面积、空气质量达到二级以上天数的比重、卫生厕所普及率、自来水供水普及率、行政村公路通达率等6个指标；农村环境治理包括当年造林面积、节水灌溉面积、水土流失治理面积、环境污染治理投资额、生活垃圾无害化处理率5个指标（见表13-1）。

---

　　① 郑满生，姜仁珍. 区域农村生态环境发展水平评价与分析——以山东省为例［J］. 江苏农业学报，2020，36（6）：1583-1588.

　　② 黄磊，邵超峰，孙宗晟，等. "美丽乡村"评价指标体系研究［J］. 生态经济（学术版），2014，30（1）：392-394，398；陈锦泉，郑金贵. 生态文明视角下的美丽乡村建设评价指标体系研究［J］. 江苏农业科学，2016，44（9）：540-544.

　　③ 郜彗，金家胜，李锋，等. 中国省域农村人居环境建设评价及发展对策［J］. 生态与农村环境学报，2015，31（6）：835-843.

　　④ 侯敬，王慧. 山东省农村人居环境评价研究［J］. 曲阜师范大学学报（自然科学版），2015，41（4）：98-104.

　　⑤ 王晓君，吴敬学，蒋和平. 中国农村生态环境质量动态评价及未来发展趋势预测［J］. 自然资源学报，2017，32（5）：864-876.

表13-1 农村生态环境质量评价指标体系

要素层	指标层	指标单位	属性	权重
农业生产环境 (0.3537)	人均耕地面积	公顷/人	正向	0.0601
	灌溉用水量	立方/公顷	正向	0.0598
	化肥施用量	万吨	负向	0.0586
	农药施用量	万吨	负向	0.0538
	农用塑料膜使用量	万吨	负向	0.0611
	畜禽养殖规模	万头	负向	0.0603
农村生活环境 (0.3429)	森林覆盖率	百分比	正向	0.0597
	湿地面积	万公顷	正向	0.0573
	每年空气质量达到二级以上天数的比重	百分比	正向	0.0584
	卫生厕所普及率	百分比	正向	0.0576
	自来水供水普及率	百分比	正向	0.0518
	行政村公路通达率	百分比	正向	0.0581
农村环境治理 (0.3034)	当年造林面积	万公顷	正向	0.0599
	节水灌溉面积	万公顷	正向	0.0621
	水土流失治理面积	万公顷	正向	0.0590
	环境污染治理投资额	亿元	正向	0.0623
	生活垃圾无害化处理率	百分比	正向	0.0601

参考已有文献，控制变量选取影响农村生态环境质量的主要因素：农村人口自然增长率（RP）、人力资本水平（HC）、工业化水平（ID）和农业经济发展水平（PE）四个指标。其中人力资本水平用大专及以上的人口数量占农村总人口数的比重表示，工业化水平用工业增加值占地区生产总值比重表示，而农业经济发展水平用人均农业增加值表示。

二、模型设定

（一）普通面板固定效应模型

固定效应模型可以控制不随时间变化的个体非观测因素，因此可以有效解决模型因存在遗漏变量而造成的偏误问题（Halaby，2004）[①]。基于此，采用个体固定效应面板模型进行农旅融合水平和农村生态环境质量之间线性关系的检验，模型设定如下：

$$EQ_{it} = \alpha_0 + \beta CI_{it} + \lambda_1 RP_{it} + \lambda_2 ID_{it} + \lambda_3 PE_{it} + \lambda_4 HC_{it} + \mu_i + \xi_{it}$$

$$(13-1)$$

式中，μ_i 是个体效应，ξ_{it} 代表随机误差项，其服从正态分布。

（二）动态面板回归模型

生态环境质量受前期影响较大，因此为更客观地揭示生态环境质量的动态变化过程，在式（13-1）的基础上引入农村生态环境质量的滞后一期 REQ_{it-1}，构建动态面板计量模型如下：

$$EQ_{it} = \alpha_0 + \rho EQ_{it-1} + \beta CI_{it} + \lambda_1 RP_{it} + \lambda_2 ID_{it} + \lambda_3 PE_{it} + \lambda_4 HC_{it} + \mu_i + \xi_{it}$$

$$(13-2)$$

由于省级异质性特征 μ_i 可能与其他解释变量相关，因此 OLS 估计法会产生遗漏变量偏差问题。由于式（13-2）引入了被解释变量的滞后一期项作为解释变量，其可能与随机扰动项相关，所以即便运用固定效应模型估计剔除个体效应 μ_i，同样不能消除内生性导致的参数估计偏误。阿雷亚诺和邦德认为当模型存在的内生变量会导致普通面板回归结果出现偏误时，动态面板估计可以消除这一偏误[②]。动态面板模型通常运用差分广义矩估计法（DIF-GMM）和系统广义估计方法（SYS-GMM）来进行参数估计。蒙特卡洛试验表明，SYS-GMM 比 DIF-GMM 更有效，它能够同时使用水平方程和差分方程的信息，针对有限样本估计更为行之有效，是目前解决联立内生性偏误的可行方法。为保证式（13-2）能获得可靠的无偏估计量，在此采用系统广义矩估计（SYS-GMM）进行动态面板模型估计。

---

① Halaby C N. Panel models in sociological research：Theory into practice［J］. AnnualReview of Sociology，2004，30（1）：507-544.

② Arellano M，Bond S. Some tests of specification for panel data：Monte Carlo ecidenceand anapplication to employment equation［J］. Review of Economic Studies，1991，58（2）：277-297.

第三节　实证分析结果

一、农旅融合对农村生态环境质量的影响检验

为检验不同区域的农旅融合水平对提升农村生态环境质量功效是否存在差异，分全部省份、东部、中部和西部分别构建模型（1）~模型（4）。借助各省份历年数据对普通面板固定效应模型进行估计。首先，经 F 检验发现个体固定效应显著。另外，Hausman 检验拒绝了随机效应（RE）和固定效应（FE）系数没有系统性差异的原假设。所以可以优先考虑个体固定效应模型。由普通面板个体固定效应模型估计结果（见表 13 - 2）可知：整个研究区内农旅融合发展水平对农村生态环境质量的回归系数为 0.0764（$P < 0.05$），这说明在其他因素不变情况下，农旅融合发展水平每提高 1%，会相应促进农村生态环境质量水平上升 7.64%。分区域来看，东、中和西部农旅融合水平均对农村生态环境质量具有正向提升效应，只是东部地区这一影响比整个研究区和中西部地区更为显著，这可能与该区域优越的自然地理环境、经济发展水平以及旅游市场需求条件有关。

表 13 - 2　　　　农旅融合对农村生态环境质量的影响检验结果

系数	模型（1）- 整个研究区		模型（2）- 长江流域		模型（3）- 黄河流域	
	FE	SYS – GMM	FE	SYS – GMM	FE	SYS – GMM
REQ_{it}	0.0764 ** (0.002)	0.0479 ** (0.008)	0.0803 ** (0.001)	0.0557 ** (0.001)	0.0628 * (0.002)	0.0379 * (0.005)
RP_{it}	- 0.0807 ** (0.012)	- 0.1021 ** (0.041)	- 0.0655 * (0.004)	- 0.0985 * (0.002)	- 0.0815 * (0.006)	- 0.0832 * (0.002)

续表

系数	模型（1）-整个研究区		模型（2）-长江流域		模型（3）-黄河流域	
	FE	SYS – GMM	FE	SYS – GMM	FE	SYS – GMM
ID_{it}	− 0. 0284 * (0. 021)	0. 0198 * (0. 094)	− 0. 0132 ** (0. 017)	− 0. 118 (0. 003)	− 0. 0232 * (0. 002)	− 0. 0320 (0. 015)
PE_{it}	0. 0524 * (0. 043)	0. 0861 * (0. 007)	0. 0617 ** (0. 021)	0. 0986 ** (0. 014)	0. 0387 * (0. 011)	0. 0281 * (0. 161)
HC_{it}	0. 0021 * (0. 031)	0. 0151 * (0. 001)	0. 0017 ** (0. 002)	0. 0264 * (0. 001)	0. 0035 * (0. 012)	0. 0061 * (0. 002)
REQ_{it-1}		0. 321 *** (0. 011)		0. 223 *** (0. 031)		0. 398 *** (0. 027)
F_test	26. 831 ***		28. 754 ***		16. 983 **	
Hausman_test	28. 983 ***		32. 831 ***		24. 398 ***	
R^2	0. 7865		0. 7011		0. 6865	
AR（1）_test		− 3. 925 *** [0. 000]		− 2. 525 *** [0. 000]		− 4. 084 *** [0. 000]
AR（2）_test		1. 154 [0. 298]		0. 896 [0. 174]		1. 376 [0. 486]
Hansen_test		21. 877 [0. 094]		32. 021 [0. 143]		17. 907 [0. 286]

注：***、**、*分别表示在1%、5%、10%的置信水平下拒绝原假设。中括号内为检验统计量P值，小括号内为标准差。

为了捕捉农村生态环境质量的"惯性"，农村生态环境质量水平的滞后一期项被纳入到估计模型中，这一滞后一期项可能会与随机误差项相关而导致模型出现内生性问题，从而使得回归结果出现偏差。为了克服内生性，同时考虑到本书所使用的面板数据结构"大 N 小 T"特征，在此采用 SYS – GMM 估计动态面板模型较为合适。为此，首先借助 Hansen 检验和 Arellano – Bond 检验对模型稳定性进行判断，前者检验工具变量过度识别问题，后者检验残差自相关问题。

上述四个模型的 Hansen 检验中 P 值均大于临界值 0.05，表明动态面板模型不存在过度识别问题。从 AR(1) 和 AR(2) 栏中的 P 值可以得知，三个估计模型扰动项差分均存在一阶自相关现象，但不存在二阶自相关。至此，模型设定通过了各方面的检验。模型（1）动态面板模型估计结果显示，农村生态环境质量滞后一期项同本期的农村生态环境质量水平呈正相关关系（$P < 0.01$），前期农村生态环境质量水平每提高 1%，本期其水平将提高 0.321，这表明农村生态环境质量水平存在一定的动态惯性。另外，农旅融合回归系数为 0.0479（$P < 0.05$），这一系数与普通面板固定效应模型相比略低。分区域来看，东部地区农旅融合水平对农村生态环境质量水平的回归系数在两种估计方法中均最大，反映该地区农旅融合发展对农村生态环境质量提升的作用最为突出，这可能得益于地区经济发展水平和旅游市场空间，同时也与地区生态资源优势存在一定的联系；同时在动态面板模型估计，这一区域滞后一期农村生态环境质量水平对当期该水平的影响系数最小。就控制变量而言，整个研究区内农业经济发展水平、农村人力资本对农村生态环境质量提升的作用较为显著，而农村人口和工业化水平对农村生态环境具有显著负向影响。

二、农旅融合对农村生态环境影响机制检验

为了进一步分析农旅融合对农村生态环境影响的机制，在此对农村生态环境各维度进行分析，建立农旅融合水平对农业生产环境、农村生活环境和农村生态治理的面板回归分析模型，其中模型（4）、模型（5）、模型（6）的被解释变量分别为农业生产环境（AE_{it}）、农村生活环境（RE_{it}）和农村生态治理水平（EG_{it}），控制变量同上文。上述被解释变量的值均通过熵值法计算得来，仍然分别运用普通面板固定效应模型和动态面板 SYS – GMM 方法进行估计（见表 13 – 3）。

表 13－3 农旅融合对农村生态环境影响机制检验结果

系数	模型（4）		模型（5）		模型（6）	
	FE	SYS－GMM	FE	SYS－GMM	FE	SYS－GMM
REQ_{it}	0.0486* (0.010)	0.0316* (0.001)	0.0593* (0.009)	0.0317* (0.002)	0.0768* (0.009)	0.0452* (0.002)
RP_{it}	−0.0697 (0.004)	−0.1021 (0.044)	−0.0915* (0.208)	−0.0054* (0.143)	0.0315 (0.021)	0.008 (0.304)
ID_{it}	−0.1184* (0.114)	0.0064 (0.494)	−0.0832* (0.243)	−0.0465* (0.097)	0.0032* (0.109)	0.0104* (0.004)
PE_{it}	0.0021* (0.206)	0.0861* (0.004)	0.0417* (0.021)	0.0387* (0.164)	0.0017 (0.319)	0.0054 (0.295)
HC_{it}	0.0036* (0.103)	0.0055* (0.001)	0.0019 (0.307)	0.0321 (0.119)	0.0017* (0.028)	0.0043* (0.170)
$L.AE_{it}$		0.1874*** (0.001)				
$L.RE_{it}$				0.1397*** (0.003)		
$L.EG_{it}$						0.0687* (0.017)
F_test	29.981***		23.814***		13.964**	
Hausman_test	38.983***		26.837***		29.394***	
R^2	0.6809		0.8032		0.7104	
AR（1）_test		−3.214*** [0.000]		−2.877*** [0.000]		−2.752*** [0.000]
AR（2）_test		1.0182 [0.427]		0.895 [0.624]		0.918 [0.781]
Hansen_test		22.980 [0.073]		26.096 [0.044]		35.753 [0.004]

注：***、**、*分别表示在1%、5%、10%的置信水平下拒绝原假设。中括号内为检验统计量 P 值，小括号内为标准差。

由表 13 - 3 结果可知，农旅融合水平对农村生态环境各维度均具有显著影响，其中农业生产环境、农村生活环境和农村生态治理水平均伴随农旅融合的不断深入而相应提高，较好地验证了前文农旅融合水平对农村生态环境质量的影响机理。另外，各因变量滞后一期项均与本期项存在显著正向关系，其中农村生活环境滞后一期项对本期项的影响最大，而农村生态治理水平滞后一期项对本期项的影响相对较小，这可能是因为农村生态治理水平与生态环境保护政策紧密相关，政策措施等因素不一定具备长期持续性。在控制变量方面，人力资本和农业经济发展水平对农业生产环境的影响较为突出，人口自然增长率、人力资本和工业化水平对农村生活环境的作用较为显著，而工业化和农业经济发展水平对农村生态治理水平的影响较为显著。

本 章 小 结

本章在分析农旅融合对农村生态环境质量的影响机理的基础上，采用普通和动态面板数据模型就农旅融合对农村生态环境质量的影响及其机理进行了检验，同时也考察了农村人口、工业化水平、农村人力资本和农业经济发展对农村生态环境质量的影响。研究得出以下结论：第一，普通面板和动态面板模型分析均表明农旅融合发展都对农村生态环境质量具有显著的正向关系，表明农旅融合发展可以对农村生态环境质量提升起到积极的作用；第二，动态面板模型表明上一期的农村生态环境质量对本期的农村生态环境质量有显著的影响，表明农村生态环境质量具有较强的惯性；第三，不同区域的分析表明，东部地区农旅融合水平对农村生态环境质量促进作用最显著；第四，从影响机制检验来看，普通面板模型和动态面板模型均表明农旅融合发展均对农业生产环境、农村生活环境和农村生态治理水平具有显著的正向影响。

由上述研究结论可知，农旅融合发展是农村生态环境质量提升的重要因素，因此要认识到农旅融合对农村生态环境质量的重要作用，采取积极措施推进农业和旅游产业的融合发展。政府部门应进一步完善农村产业融合发展的人才、资金、税收等政策制度保障条件，支持农旅产业融合新业态、新模式的发展，引导开展农旅融合创业活动，促进农业和旅游产业高效有序地融合，进一步实现农旅融合发展的多维效应，充分发挥农旅融合在生态文明建设和乡村振兴及共同富裕目标实现过程中的重要作用。

第十四章　农旅融合赋能共同富裕的综合效应评价

　　农旅融合发展提高了要素资源的非市场价值，促进农业多功能价值的实现。借助农旅融合发展可实现农村地区与发达地区的市场对接，破除要素人流、物流和信息流等限制，提高农村地区市场化参与程度，推动农村地区内生式经济增长。同时，农业旅游休闲产业具有极强的产业关联性，有利于资金、人力等产业要素的有效配置。农旅融合项目对资金、要素等需求相对较低，在一定程度上可缓解了资金、技术等稀缺要素短缺的问题，同时可吸引大量的农村剩余劳动力就业，因此可推动农村产业结构升级。农旅融合发展形成新的产业模式与形态，创造了更多就业岗位，拓宽了农民增收渠道。农业旅游休闲活动促进实现财富由中高收入群体向中低收入群体的转移，可有效促进城乡要素双向流动，有利于城乡收入差距缩小及城乡协调发展。随着农旅融合水平上升，潜在客源市场扩大，游客对公共服务供给的数量和质量均提出了新的要求。为了适应这一需求的增长以及实现农旅融合发展更大的效益，各级主体便会增加基础设施与公共服务的供给，从而使得乡村人居环境与生活保障条件得以完善。简言之，农旅融合有助于盘活农村闲置资源，提升资源利用效率，促进农村产业结构升级，推动城乡居民在人均收入、基础设施、公共服务、人居环境、精神文化等方面的均衡发展，从而有利于区域协调发展与共同富裕目标的实现。

第一节 研 究 假 设

旅游休闲活动本身具有很强的流动性，从而使得旅游休闲产业空间效应较为突出。我国广袤的疆域和便捷的交通条件也为跨区域旅游休闲创造了基础与条件。就农业旅游休闲而言，农作物生产的季节性强化了农业旅游休闲活动的流动性。在农旅融合过程中，区域农旅融合发展形成的示范效应和竞争效应等可推动区域经济的整体发展，融合过程中的技术、人才、知识、资金等要素自由流动所引致的外溢效应为周边地区农旅融合发展提供了动力支持。因此，农旅融合水平的提升不仅会促进本地区共同富裕目标的实现，同时还会通过溢出效应影响周边地区农旅融合水平而带动周边地区实现共同富裕。

据此提出假设 H1：农旅融合在对本地区共同富裕产生影响的同时也会对周边地区的农旅融合和共同富裕产生正向的溢出效应。

同时，由于农旅融合发展处于动态复杂的社会经济系统中，农旅融合对共同富裕的影响必然受到自身发展条件与外界环境的制约。农旅融合发展处于不同阶段时，农业休闲产业结构、行业就业形式及对人力资本需求特征等存在一定的差异，对居民收入产生不同层次的影响，因此对共同富裕水平的推动作用也可能呈现非线性特征。就外部因素而言，经济发展水平较高的地区农业旅游休闲市场需求较旺盛，基础设施和公共服务较为完善，农旅融合发展水平亦较高。同时，经济实力较强的地区实现共同富裕的阻力相对较小，而经济基础较薄弱的地区实现共同富裕的阻力相对较大。因此，地区经济发展水平与农旅融合发展、共同富裕目标实现息息相关，因此农旅融合推动实现共同富裕目标的过程亦会受到地区经济发展水平影响。

据此提出假设 H2：农旅融合发展对共同富裕的影响受农旅融合水平与地区经济发展水平等因素制约，因此呈现一定的非线性特征。

第二节　共同富裕水平测度

一、测度指标体系构建

基于共同富裕理论框架，刘培林等（2021）从总体富裕和发展成果共享两个层面出发构建了共同富裕程度评价体系，韩亮亮等（2022）和王瑛等（2023）的做法与此类似。张金林（2022）基于微观调研数据从物质富裕、精神富裕和社会共享等三个方面对地区共同富裕水平进行了评价。刘心怡等（2022）借助居民收入水平和居民收入差距来衡量共同富裕水平。考虑到经济社会发展与人口、资源和环境的承载能力相协调适应是高质量发展与共同富裕的重要保障，郁建兴等（2021）和陈丽君等（2021）指出可持续性也应纳入共同富裕评价体系。为此，本书借鉴刘培林等（2021）和陈丽君等（2021）的研究成果并结合数据的可获得性，从发展性、共享性和可持续性三个层面出发构建共同富裕水平测度模型，具体见表14-1。在此借鉴孙学涛等（2022）采用熵权 TOPSIS 法测算共同富裕子指数/水平及发展性指数、共享性指数和可持续性指数。

表 14-1　　　　　共同富裕水平测度指标体系

主维度	一级指标	二级指标	属性
发展性	富裕度	城镇居民人均可支配收入（万元）	正向
		农村居民人均可支配收入（万元）	正向
		人均可支配收入占 GDP 的比重（%）	正向
	共同度	恩格尔系数（%）	负向
		农村居民可支配收入与城镇居民可支配收入之比（%）	负向
		农村居民人均可支配收入与全国农村居民人均可支配收入之比（%）	正向
		城市居民人均可支配收入与全国城市居民人均可支配收入之比（%）	正向
		常住人口城镇化率（%）	正向

续表

主维度	一级指标	二级指标	属性
共享性	基础设施	每万人拥有公共交通数量（台/万人）	正向
		每万人拥有公共厕所数据（座/万人）	正向
	文化教育	人均教育文化娱乐消费支出（元）	正向
		每十万人口高等学校数（个）	正向
	信息化	移动电话年末用户（户）	正向
		人均互联网宽带接入端口（个/人）	正向
	医疗健康	每千人口医疗卫生机构床位数（张）	正向
		每千人口卫生技术人员（人）	正向
可持续性	生态环境	森林覆盖率（%）	正向
		二氧化碳排放强度	负向
	科技水平	每万人专利授权数（件/万人）	正向
		R&D 经费支出占地区 GDP 比重（%）	正向
	财政水平	人均财政收入（万元/人）	正向
	经济水平	人均 GDP 增长率（%）	正向

二、测度结果及分析

借助面板数据和测度模型分别对研究期内共同富裕水平和农旅融合水平进行测算。为方便比较，同时分别测算了东中西部历年共同富裕和农旅融合水平均值及各省在研究期内这两个变量的均值（如图 14-1 和图 14-2 所示）。经计算 2008～2019 年，共同富裕水平整体呈现不断上升态势，2019 年共同富裕水平较 2008 年上升了 82.15%；分区域来看，中部和西部地区历年年均共同富裕水平较低，但其增速较快，共同富裕水平分别增长了 85.70% 和 92.23%。从各省份情况来看，东部地区省份，比如上海、浙江、北京、天津、江苏、广东、山东和福建等省市经济发展较快，发展较为均衡，共同富裕水平较高；而西部地区青海、宁夏、甘肃和新疆等省区的共同富裕水平较低。就农旅融合水平而言，随着时间推移整

个研究区域 ATL 的持续上升，其值由 2008 年的 0.660 上升至 2019 年的
2.317。分区域来看，东部地区的 ATL 均值最高，而西部地区 ATL 均值相
对较低。东部地区经济基础良好，交通等基础设施及公共服务条件较为完
善，农业休闲市场空间较大，受地区经济发展水平和市场需求等关键因素
驱动下农旅融合水平较高；相对而言西部地区这些驱动因素作用并不突
出。共同富裕和农旅融合水平总体呈现由沿海向内陆、由东部向西部逐步
降低的态势。

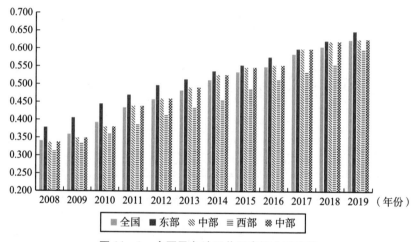

图 14 - 1　全国及各地区共同富裕水平均值

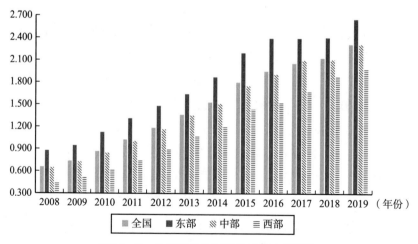

图 14 - 2　全国及各地区农旅融合水平均值

第三节　实证模型设定与数据处理

一、模型设计

（一）动态空间杜宾模型

如前文理论分析可知，农旅融合发展可通过人才、技术、知识、管理等要素的流动形成空间溢出效应，因此农旅融合水平具有一定的空间关联性。另外，中国经济发展区域聚集特征明显，收入分配公平性也存在较大差异，因此共同富裕水平亦可能存在空间关联特征。鉴于被解释变量和解释变量均可能存在空间关联性，本书构建了空间杜宾模型。考虑到推进共同富裕是一个动态连续的过程，即到共同富裕水平易受前期状态的影响，为此在模型中引入滞后一期的共同富裕项（$\mathrm{CR}_{i,t-1}$），以缓解模型可能存在的内生问题，模型构建如下：

$$\mathrm{CR}_{it} = \alpha_0 + \tau \mathrm{CR}_{i,t-1} + \rho \sum_{j=1}^{n} W_{ij} \mathrm{CR}_{jt} + \beta X_{it} + \theta \sum_{j=1}^{n} W_{ij} X_{jt} + \mu_i + \upsilon_t + \varepsilon_{it}$$

$$(14-1)$$

其中，CR_{it} 和 X_{it} 分别代表被解释变量和解释变量（含控制变量）下标 i 和 t 分别代表省份和年份。ρ 是空间相关系数，W_{ij} 是空间权重矩阵。τ、β、ρ、θ 和 ξ 为待估参数，u_i 和 υ_t 代表空间和时间效应，ε_{it} 服从独立分布的空间误差项。在此使用两类空间权重矩阵进行模型估计：一是地理距离空间矩阵（$W1$），计算公式为：

$$W_{ij} = 1/d_{ij}^2 \quad (i \neq j)$$

其中，d_{ij} 是两个省会城市之间的直接距离。在此以地理距离空间矩阵为基准矩阵。

二是经济地理嵌套空间权重矩阵（$W2$），计算公式为：

$$W_{ij} = 1/|\bar{Y}_i - \bar{Y}_j + 1| e^{-d_{ij}}, \quad (i \neq j)$$

其中，$\bar{Y}_i$ 和 $\bar{Y}_j$ 分别代表第 i 个省份和第 j 个省份的人均 GDP，d_{ij} 释义同上。经济地理嵌套空间权重矩阵主要用于稳健性分析。

（二）动态门槛效应模型

基于前文的研究假设，为检验农旅融合对共同富裕的非线性影响，在此分别以农旅融合水平（ATL）和地区经济发展水平（EGDP）为门槛变量构建多重门槛面板模型。同时，鉴于共同富裕动态持续特点，在此亦加入滞后一期的共同富裕作为解释变量。由于缺乏将空间计量模型与门槛回归模型相结合的成熟方法，最终建立普通动态面板门槛回归模型，如下所示：

$$
\begin{aligned}
\mathrm{CR}_{it} =\ & \alpha_0 + \rho \mathrm{CR}_{i,t-1} + \beta_{11}\mathrm{ATL}_{it}I(\mathrm{ATL}_{it} \leq \theta_1) + \beta_{12}\mathrm{ATL}_{it}I(\theta_1 < \mathrm{ATL}_{it} \leq \theta_2) \\
& + \cdots + \beta_{1,n}\mathrm{ATL}_{it}I(\theta_{n-1} < \mathrm{ATL}_{it} \leq \theta_n) + \beta_{1,n+1}\mathrm{ATL}_{it}I(\mathrm{ATL}_{it} > \theta_n) \\
& + \sum_{k=1}^{n}\lambda_k C_{it,k} + \mu_i + \xi_{it}
\end{aligned}
\tag{14-2}
$$

$$
\begin{aligned}
\mathrm{CR}_{it} =\ & \alpha_0 + \rho \mathrm{CR}_{i,t-1} + \beta_{11}\mathrm{ATL}_{it}I(\mathrm{EGDP}_{it} \leq \theta_1) + \beta_{12}\mathrm{ATL}_{it}I(\theta_1 < \mathrm{EGDP}_{it} \leq \theta_2) \\
& + \cdots + \beta_{1,n}\mathrm{ATL}_{it}I(\theta_{n-1} < \mathrm{EGDP}_{it} \leq \theta_n) + \beta_{1,n+1}\mathrm{ATL}_{it}I(\mathrm{EGDP}_{it} > \theta_n) \\
& + \sum_{k=1}^{n}\lambda_k C_{it,k} + \mu_i + \xi_{it}
\end{aligned}
\tag{14-3}
$$

上两式中，θ_1，θ_2 和 θ_n 是门槛值，β_{11}，β_{12} 和 $\beta_{1,n}$ 是不同门槛区间的回归系数。$I(\cdot)$ 为示性函数，其他变量解释同式（14-1）。

二、数据处理

本书以共同富裕为被解释变量。参照已有文献，主要选取以下变量作为控制变量：投资水平（INV），采用社会固定资产投资额占当年 GDP 比重衡量；人力资本水平（HUC），在实践中以平均受教育年限表示，参照刘军和徐康宁（2010）的计算方法进行测算；政府支出（GOV），采用地方政府一般预算支出占当年 GDP 比重衡量；产业结构（STR），用产业结构合理化指标来反映，具体测算借鉴林春艳等（2017）的做法；对外开放水平（OPE），用实际外商直接投资（FDI）与地区 GDP 的比重来衡量。

第四节 空间面板模型估计结果与分析

在面板模型估计之前需要对各变量进行平稳性检验，以避免实证结果出现"伪相关"或"伪回归"，从而保证实证结果一致、无偏。单位根检验是检验变量平稳性的常用方法。为避免单次检验可能造成误差，在此采用 IPS，LLC 和 ADF – Fisher 三种方法（Im et al.，2003）对数据进行单位根检验。面板单位根结果显示，所有变量都拒绝单位根存在的原假设，说明面板数据具有良好的平稳性，可以用于面板回归分析。

一、全局空间自相关检验

经测算，农旅融合水平（ATL）和共同富裕（CR）历年的全局莫兰值均显著为正（见表 14 – 2），且均通过了显著性检验，表明农旅融合水平和共同富裕水平均具有显著的空间相关性。从时间维度上看，ATL 和 CR 的全局莫兰值的均值基本呈逐年增加态势。由此可见，农旅融合发展和共同富裕的空间集聚趋势在不断加强。

表 14 – 2 2008 ~ 2019 年农旅融合与共同富裕水平的全局莫兰值

农旅融合水平（ATL）						共同富裕（CR）					
年份	莫兰值	P 值	年份	莫兰值	P 值	年份	莫兰值	P 值	年份	莫兰值	P 值
2008	0.234 **	0.043	2014	0.269 **	0.022	2008	0.321 *	0.078	2014	0.383 *	0.075
2009	0.239 ***	0.006	2015	0.273 **	0.034	2009	0.334 *	0.019	2015	0.401 *	0.083
2010	0.243 *	0.085	2016	0.271 ***	0.008	2010	0.331 *	0.096	2016	0.415 *	0.064
2011	0.247 *	0.097	2017	0.269 ***	0.003	2011	0.345 **	0.045	2017	0.418 **	0.019
2012	0.256 **	0.039	2018	0.284 ***	0.004	2012	0.363 **	0.021	2018	0.428 ***	0.004
2013	0.257 ***	0.002	2019	0.289 ***	0.008	2013	0.371 **	0.044	2019	0.447 ***	0.001

注：*** 、** 、* 分别代表 1%、5% 和 10% 的显著性水平。

二、空间计量模型的识别

通过上述空间自相关检验，可以看出共同富裕水平和农旅融合水平都具有较强的空间相关特征，因此在研究两者之间的关系时应考虑空间因素。接着按照弗斯特（Elorst，2003）的做法选择合适空间计量模型：首先判断空间面板模型是否适用。LM-lag、Robust LM-lag、LM-error、Robust LM-error 的检验统计量都通过了显著性检验，表明可拒绝 SPM 或 SEM 不存在的原假设，即空间面板模型适用。然后结合 Wald 和 LR 统计量来确定哪种空间模型更为合适。以 SDM 为母体进行估计显示，Wald 和 LR 统计量都通过了显著性检验，说明使用 SDM 模型拟合数据更为合适。各项检验时均使用地理距离空间权重矩阵，结果见表 14 - 3。在两类空间杜宾模型中，Hausman 检验均拒绝了原假设（$P < 0.01$），因此固定效应模型更为合适。同时为避免未观测到的时间变化对估计结果的影响，最终选择双向固定杜宾模型进行实证分析。

表 14 - 3 空间计量模型检验

检验类型	静态空间杜宾模型	动态空间杜宾模型
LM-lag test	28.459 ***	43.464 ***
Robust LM-lag test	39.876 ***	49.875 ***
LM-error test	58.608 ***	97.432 ***
Robust LM-error test	52.176 ***	77.543 ***
Wald-spatial lag test	108.543 ***	154.321 ***
LR-spatial lag test	175.094 ***	164.983 ***
Wald-spatial error test	74.091 ***	65.851 ***
LR-spatial error test	55.676 ***	59.091 ***
Hausman test	45.546 ***	85.648 ***

注：*** 、** 、* 分别代表1% 、5%和10%的显著性水平。

三、空间计量模型估计结果

（一）基准回归结果

基于两类空间权重矩阵进行模型估计，估计结果见表 14 - 4。所有模型中的 ATL 对共同富裕的影响系数均为正且通过了显著性检验，表明预设模型具有一定的稳健性。从模型拟合度 R^2 来看，动态空间杜宾模型的拟合度高于静态空间杜宾模型，说明动态空间杜宾模型更为理想。这主要是因为静态空间杜宾模型在回归过程中没有考虑共同富裕的动态影响，导致了估计误差。在动态空间面板模型的回归结果中，$CR_{i,t-1}$ 的系数 ρ 均为正（$P < 0.01$），充分说明共同富裕具有显著动态持续性特征。

表 14 - 4　　　　　　　　　　空间杜宾模型估计结果

变量	静态空间杜宾模型		动态空间杜宾模型	
	模型 1（$W1$）	模型 2（$W2$）	模型 3（$W1$）	模型 4（$W2$）
$CR_{i,t-1}$			0.432 *** (4.739)	0.351 *** (3.670)
ATL_{it}	0.325 ** (3.951)	0.282 ** (2.718)	0.211 *** (3.752)	0.246 *** (4.432)
INV_{it}	0.445 *** (4.546)	0.428 ** (3.141)	0.416 *** (3.966)	0.421 ** (3.221)
STR_{it}	0.096 ** (2.969)	0.075 ** (3.139)	0.033 ** (2.118)	0.019 ** (3.097)
OPE_{it}	0.035 * (2.326)	0.053 * (2.176)	0.021 * (2.165)	0.022 * (2.143)
GOV_{it}	0.801 * (4.180)	0.774 * (2.143)	0.765 ** (3.245)	0.671 ** (3.213)

变量	静态空间杜宾模型		动态空间杜宾模型	
	模型 1（$W1$）	模型 2（$W2$）	模型 3（$W1$）	模型 4（$W2$）
HUC_{it}	0. 143 ** (2. 496)	0. 085 ** (2. 989)	0. 201 ** (2. 733)	0. 152 ** (2. 879)
$W \times ATL_{it}$	0. 175 ** (3. 097)	0. 081 ** (2. 035)	0. 137 ** (2. 954)	0. 141 ** (3. 035)
Adj R^2	0. 720	0. 698	0. 811	0. 738
ρ	0. 421 *** (4. 841)	0. 406 *** (5. 635)	0. 415 *** (3. 819)	0. 331 *** (4. 092)
Log L	113. 538	125. 753	198. 087	135. 764

注：*** 、** 、* 分别代表 1%、5% 和 10% 的显著性水平。

此外，对比不同模型估计结果发现，基于地理距离权重矩阵的动态空间杜宾模型拟合程度最高，因此在此主要对表 14 – 4 中第 4 列（模型 3）的结果进行分析。ATL 系数为 0. 211（$P < 0.01$），表明农旅融合水平对共同富裕具有显著正向影响。最终促进共同富裕的增长。动态空间杜宾模型中 ATL 的系数显著低于静态空间杜宾模型，说明静态空间杜宾模型高估了 ATL 对 CR 的正向作用。ATL 的空间滞后项系数（W × ATL）在 5% 置信水平下显著为正，说明省份间的 ATL 存在交互作用，某一地区农旅融合发展会影响相邻省份的共同富裕水平。综上可知，农旅融合发展对共同富裕的影响具有空间溢出性，假设 1 得以验证。究其原因可能是，在农旅融合发展的初级阶段，拥有区位优势且资源环境条件较好的区域会优先发展为产业集聚区，随着农旅融合产业集聚效应的逐渐饱和，产业的边际效益趋减，于是资本、人才、技术等要素便会向周边地区溢出。同时，旅游休闲产业本身关联性强、带动作用大，对周边地区具有较强的示范带动作用。另外，相邻地区在资源禀赋和产业发展条件上往往具有相似性，导致出现竞争现象，各地均可能考虑通过技术、产品或管理创新等方面来提升自身的竞争力，这一过程促进了资源配置效率的提升，从而促进农旅融合对地区经济带动作用，推动实现共同富裕目标。

就控制变量而言，由表 14－4 可知，投资水平、人力资本水平、政府支出、产业结构及对外开放水平等控制变量对共同富裕水平的影响均为正，且通过了显著性检验。因此在实现共同富裕的过程中，这些因素也应该重点关注。

（二）空间效应分解

由于空间溢出效应的存在，ATL 的上述回归系数无法单独解释为其对共同富裕的边际效应，因此，需要对其进行分解以更好地揭示 ATL 对共同富裕的直接（局部）和间接（空间溢出）效应。空间效应的分解结果如表 14－5 所示：ATL 对共同富裕的直接（局部）效应为 0.151（$P <$ 0.05），对共同富裕的间接（溢出）效应为 0.105（$P < 0.1$），表明本地区 ATL 上升可促进本地区和周边地区共同富裕水平同时上升。

表 14－5　　　　　　　　　　空间效应分解结果

变量	ATL_{it}	INV_{it}	STR_{it}	OPE_{it}	GOV_{it}	HUC_{it}
直接效应	0.151 ** (3.053)	0.315 * (2.334)	0.021 ** (2.638)	0.015 * (2.121)	0.593 ** (2.814)	1.022 ** (2.537)
溢出效应	0.105 * (1.999)	0.205 * (2.124)	0.076 * (2.735)	0.011 (1.295)	0.116 (0.021)	0.562 * (2.359)
总效应	0.256 * (2.232)	0.520 * (2.192)	0.097 * (1.993)	0.026 * (2.214)	0.709 * (2.126)	1.584 * (2.161)

注：*** 、** 、* 分别代表 1%、5% 和 10% 的显著性水平。

近年来，随着各地区农业旅游休闲基础设施的进一步完善，因实现创新发展、差异化管理等而率先发展起来的农业休闲目的地，将首先获得游客的青睐，并在短期内吸引更多本地区和周边地区的游客。这给周边地区也带来了竞争压力，为在竞争中获得一定的优势，周边地区亦会利用或整合当地的农业旅游休闲资源，创造新颖独特的商业模式，开发出有吸引力的农业休闲产品。因此，一个地区的农旅游融合不仅可以直接带动该地区农村产业调整，还可以推动周边地区农业创新发展。另外，随着交通、物流与信息互动效率的提升，区域间合作发展、协同治理水平得以提升，这为农旅融合的空间溢出效应形成创造了良好的条件。农旅融合发展不仅促进了本地区农业结构升级和发展方式转变，同时也推动了周边地区的农业劳动力配置和农业产业结构的优化，提高周边地区产业发展质量，推动周边地区共同富裕水平上升。只是还要注意到一点，ATL 的溢出效应回归系数虽通过了显著性检验，但其显著性水平为5%，低于直接效应回归系数的显著性水平 1%。可能的原因是，当前农业旅游休闲市场竞争较为激烈，产品同质化竞争现象较普遍，导致消费者出现审美疲劳、感知体验欠佳等状况，使农旅融合的空间溢出效应有限。

（三）区域异质性分析

鉴于中国不同地区经济发展水平与资源禀赋条件差异较大，在此将整个研究区划分为东部、中部和西部三个区域进行分析，以检验不同区域的异质性。模型估计结果如表 14 - 6 所示。由表 14 - 6 可知，各区域估计结果与整个研究区样本结果基本一致：农旅融合对共同富裕的直接影响和空间溢出效应均显著，这说明上述研究结果较为稳健。三个区域 $CR_{i,t-1}$ 的系数均显著为正，说明所有区域共同富裕水平都受到前一阶段状态的影响；且空间自相关系数 ρ 均显著为正，表明共同富裕存在空间溢出效应。此外，三个区域 $W \times ATL_{it}$ 系数均显著为正，说明本地区 ATL 对周边地区共同富裕具有正向的空间溢出效应。

表 14 - 6 分地区估计结果

变量	东部地区	中部地区	西部地区
$CR_{i,t-1}$	0. 465 *** (3. 879)	0. 402 *** (4. 760)	0. 376 *** (3. 608)

变量	东部地区	中部地区	西部地区
ATL_{it}	0.266 ** (2.738)	0.314 ** (3.153)	0.179 ** (3.074)
INV_{it}	0.462 * (2.021)	0.331 * (1.998)	0.339 * (2.527)
STR_{it}	0.0214 * (1.976)	0.0134 * (2.065)	0.113 * (2.245)
OPE_{it}	0.081 ** (3.154)	0.016 ** (3.086)	0.004 (1.663)
GOV_{it}	0.932 * (2.432)	0.815 ** (3.121)	0.509 ** (3.142)
HUC_{it}	0.272 * (2.214)	0.165 ** (3.132)	0.009 (1.255)
$W \times ATL_{it}$	0.212 * (2.331)	0.115 ** (2.675)	0.113 ** (2.695)
Adj R^2	0.8543	0.8092	0.7278
ρ	0.421 *** (4.841)	0.487 *** (3.605)	0.385 ** (3.875)
Log L	114.432	90.794	75.853

注：*** 、** 、* 分别代表1%、5%和10%的显著性水平。

接着就不同区域的空间进行了分解，结果如表 14 - 7 所示：在直接（局部）效应方面，中部地区的直接（局部）效应最强，系数为 0.201（$P < 0.05$）。这可能是因为中部地区农旅融合发展的资源基础较好，而共同富裕水平并不高，因此农旅融合发展对共同富裕的边际效应较为突出。在空间溢出效应方面，东部地区农旅融合对共同富裕的溢出效应回归系数为 0.121（$P < 0.05$），大于其他地区这一系数。相对而言，东部地区具有较好的经济基础和基础设施条件，旅游流、信息流和要素流可以便捷高效

地互动运转。因此，东部地区的溢出效应更为突出，而西部地区的溢出效应较弱。

表 14 - 7　　　　　　　不同区域空间效应分析

变量	东部地区	中部地区	西部地区
直接效应	0.165 ** (2.975)	0.201 ** (2.997)	0.135 ** (3.091)
溢出效应	0.121 ** (3.031)	0.069 ** (3.115)	0.016 ** (2.606)
总效应	0.287 ** (2.786)	0.270 ** (3.113)	0.151 ** (2.867)

注：*** 、** 、* 分别代表 1%、5% 和 10% 的显著性水平。

第五节　门槛效应检验结果与分析

一、全样本分析结果

为论证农旅融合对共同富裕的影响是否存在非线性特征，现通过门槛效应回归模型来进行检验。门槛效应回归模型检验的第一步是确定门槛值和门槛值变量的个数。为此先以农旅融合水平作为门槛变量，在单一门槛和双重门槛检验中，F 统计量均通过了显著性水平检验，各原假设均被拒绝，而在三重门槛效应检验中，F 统计量未通过显著性水平检验，原假设无法被拒绝，由此可知，存在"双重门槛"效应①。当以经济发展水平为门槛变量时，门槛值和门槛变量个数的检验过程与此类似。经检验，经济发展水平存在单一门槛，不存在多重门槛（见表 14 - 8）。

---

① 单一门槛检验的原假设为"不存在门槛"，双重门槛检验的原假设为"仅存在单一门槛"，三重门槛检验的原假设为"存在双重门槛"。

表 14 - 8　　　　　　　　　门槛特征检验

门槛变量	模型检验	门槛估计值	F 统计量	P 值	临界值		
					1%	5%	10%
ATL	单一门槛	0.879	28.437***	0.003	14.097	6.865	4.432
	双重门槛	门槛值1: 0.879 门槛值2: 1.347	15.237**	0.028	21.943	14.843	10.132
	三重门槛	—	2.221	0.170	5.909	2.558	1.029
EGDP	单一门槛	0.931	39.098***	0.000	11.975	6.843	3.987
	双重门槛	—	2.019	0.498	3.114	2.764	1.498

注：***、**、* 分别代表1%、5%和10%的显著性水平。

由于设定的门槛回归模型中含有被解释变量的滞后项，若使用 OLS 法估计包含被解释变量滞后项的门槛值回归模型，将会得到有偏的结果。所以在此使用系统广义矩估计法进行估计，估计结果见表 14 - 9。

表 14 - 9　　　　　　　全样本门槛回归模型估计结果

门槛变量	门槛及区间	回归系数	T 值	标准误
ATL	第一区间：ATL≤0.879	0.374**	3.021	0.002
	第二区间：0.879 < ATL≤1.347	0.165*	2.326	0.001
	第三区间：ATL > 1.347	0.417**	2.926	0.055
EGDP	第一区间：EGDP≤0.931	0.221**	2.654	0.032
	第二区间：EGDP > 0.931	0.432***	4.765	0.007

注：***、**、* 分别代表1%、5%和10%的显著性水平。

当以 ATL 为门槛变量时，就整个研究区而言 ATL 在第任意区间值均为正且显著，充分说明农旅融合有助于共同富裕水平提升。只是在不同区间，ATL 回归系数有所差异。当 ATL 位于第一区间（ATL≤0.879）时，其回归系数为0.374（$P<0.05$）；当 ATL 位于第二区间时（0.879 < ATL≤1.347）时，其回归系数有所下降，其值为0.165（$P<0.1$）；当 ATL 进入第三区间时（ATL > 1.347）时，其回归系数升至0.417（$P<0.05$）。出现这一结果可能的原因是：在农旅融合发展初期，其发展模式单一，整个农

业产业基本处于粗放与自发经营状态，资源与劳动密集型特征明显，对于知识、技能要求相对较低，可吸引大量农村居民就业、拓展农副产品销售渠道，增收效应较为明显。但随着融合发展水平不断上升，休闲农业经营主体便会追求市场化与品牌化发展道路，对于从业人员的知识技能提出了更高要求，农村居民由于自身知识技能相对欠缺，其在农旅融合过程中的获利能力受到挤压。同时，也出现了外来资本、技术及人才等要素涌入，导致产业收益可能出现外流或漏损，制约了共同富裕水平的提升。但当农旅融合发展到较高层次时，农业休闲企业就业与经营者人力资本得到有效提升，农旅融合品牌形象得到有效塑造，农旅融合效应得到体现；同时，农旅融合对促进区域经济增长、城乡交流合作及城乡融合发展的作用日益显著，因此对推动共同富裕的作用更为突出。

当以地区经济发展水平（EGDP）为门槛值时，结果发现，当EGDP低于门槛0.931时，ATL对共同富裕的回归系数为0.221（$P<0.05$），当EGDP高于门槛值0.931时，ATL对共同富裕的回归系数为0.432（$P<0.01$）。由此可知，随着经济发展水平的上升，农旅融合发展对共同富裕的影响效应呈增强态势。其主要的原因可能是：在地区经济发展水平较低时，农村地区餐饮、住宿及交通等基础设施较不完善，公共服务水平较低，农村地区的可进入性和吸引力不够，同时城镇居民收入水平较低导致农业休闲需求不足，关联产业与资源配置不合理，产业规范化水平较低，这些因素均制约了农旅融合共同富裕效应的有效发挥。随着地区经济发展水平提升，基础设施和公共服务设施日益完善，市场需求逐渐扩大，产业配套更加合理，营商环境日益净化等经济发展红利得到有效释放，为农旅融合高质量发展与共同富裕效应的发挥提供了动力支撑。由此可以看出，地区经济发展水平是农旅融合影响共同富裕作用发挥的重要基石。国家统计局公布的《2022年国民经济和社会发展统计公报》显示，2022年我国人均GDP超过8.5万元，城镇居民人均可支配收入高达49283元，城镇化率为65.22%[①]。社会

①　2022年国民经济和社会发展统计公报发布 http：//www.gov.cn/xinwen/2023-03/01/content_5743783.htm，2023-03-01 08：17.

经济指标的持续向好从供需两端为农旅融合发展创造了良好的条件，可有效保障农旅融合共同富裕效应的充分发挥。

二、区域异质性分析结果

为比较不同区域的差异性，现分区域进行门槛效应检验。由表 14－9 可知，分别对以农旅融合水平和经济发展水平为门槛变量进行检验，各地区门槛特征检验结果如下：东部地区农旅融合水平存在三重门槛，经济发展水平存在双重门槛；中部地区农旅融合水平存在双重门槛，经济发展水平仅存在单一门槛；西部地区农旅融合水平存在双重门槛，经济发展水平也仅存在单一门槛。而具体的门槛值见表 14－10。

表 14－10　　　　　　　　分区域门槛特征检验

区域	门槛个数	ATL		EGDP	
		F 统计量	门槛值	F 统计量	门槛值
东部	门槛 1	8.987 **	0.864	8.323 **	1.032
	门槛 2	6.382 **	1.194	3.497 **	1.351
	门槛 3	5.087 *	1.435	0.432	—
中部	门槛 1	9.325 **	0.875	4.644 **	1.298
	门槛 2	5.098 **	1.376	2.087	—
	门槛 3	1.310	—	0.987	
西部	门槛 1	8.987 **	0.903	5.087 *	0.864
	门槛 2	6.382 **	1.461	1.621	—
	门槛 3	1.165	—	0.694	

注：*** 、** 、* 分别代表1% 、5%和10%的显著性水平。

基于上述门槛特征检验结果，分地区对门槛回归模型进行估计，估计方法前文，结果见表 14－11。当以农旅融合水平为门槛变量时，东部地区农旅融合对共同富裕的影响系数由第一区间的 0.374 降为第二区间的

0.217，第三区间系数回升为 0.217，至第四区间时上升至 0.268，可见其对共同富裕的促进作用呈现由强转弱再转为持续增强态势。中部地区农旅融合回归系数在各区间均为正，只是在从第一区间系数值未通过显著性检验，只有当融合水平越过门槛值 0.875 时，其对共同富裕的作用才越发显著，系数值从第二区间的 0.226 上升至第三区间的 0.406，可见其影响效率呈增强态势。西部地区这一系数在第一区间为负且显著，第二区间和第三区间系数显著为正且呈上升态势，由此可见，这一地区农旅融合发展之初对共同富裕有消极影响，只有当融合水平越过门槛值 1.461 时，农旅融合才有对共同富裕起到推动作用。当以经济发展水平为门槛变量时，三个地区农旅融合水平回归系数均呈上升态势，这充分说明随着经济发展水平的提升，农旅融合对共同富裕的影响效应呈不断强化态势。因此促进地区经济发展有助于农旅融合更好地发挥其对共同富裕的推动作用。

表 14-11　　　　　　　　　　分区域门槛回归模型估计结果

门槛变量	门槛及区间	东部	中部	西部
ATL	第一区间	0.374 ** (3.211)	0.121 (0.987)	-0.084 (2.432)
	第二区间	0.217 * (1.975)	0.226 ** (2.984)	0.187 ** (2.743)
	第三区间	0.165 ** (3.216)	0.406 * (2.132)	0.215 ** (3.023)
	第四区间	0.268 ** (2.598)	—	—
EGDP	第一区间	0.176 ** (2.854)	0.265 ** (2.988)	0.321 *** (6.433)
	第二区间	0.228 *** (3.866)	0.576 * (1.962)	0.534 ** (3.139)
	第三区间	0.446 *** (4.987)	—	—

注：***、**、*分别代表1%、5%和10%的显著性水平。

本 章 小 结

本书基于 2008～2019 年中国 30 个省份（不含西藏和港澳台）数据，借助动态空间杜宾模型和门槛效应模型考察了农旅融合发展对共同富裕的影响，得到了如下结论。

第一，研究期内整个研究区共同富裕水平与农旅融合水平均呈现上升趋势，在空间维度来看，两者均具有一定的空间集聚特征。

第二，共同富裕具有显著的动态持续性特征，前期的要素投入和各界对后期共同富裕水平有积极影响。因此，动态面板模型可较好地反映共同富裕水平的实际情况，并有利于缓解模型内生性问题。

第三，农旅融合对共同富裕的影响存在空间溢出。就整个研究区而言，农旅融合水平上升不仅会促进本地区共同富裕的提高，还会对周边地区共同富裕产生积极的促进作用。分区域来看，中部地区农旅融合对共同富裕的直接（局部）效应最强，东部地区的溢出效应最大。

第四，当农旅融合水平和经济发展水平处于不同的层次与阶段时，农旅融合发展对共同富裕的推动作用呈现典型的非线性特征。不过总体来看，这一推动作用基本随着农旅融合水平与地区经济发展水平的提升而呈现增强态势。

上述研究结论对充分发挥农旅融合在助推实现共同富裕过程中的作用具有如下启示。

第一，政府应优化完善政策制度顶层设计，将产业融合发展纳入实现共同富裕目标的政策框架。各地区要充分结合农业和旅游资源禀赋特点，系统规划、共同开发农业与旅游资源及要素，促进农业与旅游产业链、价值链的有效整合，推动农业和旅游深度融合发展，打造农旅融合集聚区以实现产业集聚效应。

第二，鉴于农旅融合助推共同富裕的空间溢出效应，应切实推进和完善区域协调治理与合作发展机制。加强区域务实合作，推动农业、旅游产业集群建设，签署战略合作协议，强化区域间在产业融合、公共服务、人员交流和平台建设等方面的有效合作，逐步解决跨区域治理中竞争同质化、利益固化、制度滞后等难题。

第三，鉴于农旅融合对共同富裕的影响具有非线性即非均衡特征，应充分认识到农旅融合助推共同富裕过程中存在较为典型的阶段性和经济环境依赖性，因地制宜、因时制宜采取针对性的举措发挥农旅融合在助推共同富裕中的积极作用。具体而言，东部地区这一效应经历了由强至弱再增强的过程，当前农旅融合对共同富裕的作用还有进一步发挥的空间，为此要通过强化品牌建设及产业集聚发展、加强融合发展的科技赋能和提升行业人力资本水平等途径来进一步提升农旅融合发展质量以更好地助推共同富裕。而中西部地区基本处于农旅融合助推共同富裕的初级阶段，所以这两个区域仍需要从供需两端发力，促进农旅融合水平进一步提升。

无论在全国还是区域层面，经济发展水平提升均在朝着有利于农旅融合助推共同富裕的道路上行进，因此还要不断完善基础设施建设，提升公共服务水平，营造良好的营商环境，强化社会保障机制，加强教育培训并建立健全金融发展体系等，从而促进区域经济发展水平持续提升，进一步释放政策、环境和机制红利，为农旅融合更好地助推实现共同富裕奠定较好的经济基础。

第十五章 研究结论与政策建议

近年来，农村一二三产业融合发展形成的融合新模式和新业态备受关注。农旅融合作为农村地区产业融合发展的典型形式之一，近些年其发展态势迅猛。农村地区普遍拥有良好的自然生态资源、农业农村文化及乡村民俗资源，因此农旅融合发展具有先天的基础与优势。农旅融合发展满足了民众对农业多种功能的需求，使得农业不再简单地作为民众吃饱喝足穿暖的原料，而是催生了创意农业、教育农园、消费体验、民宿服务、农业科普、康养农业等新产业新业态。然而，农旅融合快速发展背后的原因或机理是什么？农旅融合对共同富裕究竟产生着什么样的影响？本书主要围绕以上问题展开研究。

第一节 研究结论

近年来，农旅融合发展在农村经济社会发展过程中的作用进一步显现。本书在农旅融合演化态势及融合机理等分析基础上，基于乡村振兴战略目标论证了农旅融合对农业农村发展的主要影响。主要研究结论如下。

一、我国农旅融合发展演进态势及特征

从时间维度来看，我国农旅融合自起步至今大体经历了四个主要阶

段：2000 年及以前为初步融合期，2001～2009 年为快速融合期，2010～2016 年为紧密融合期，2017 年至今为新兴融合期。各个时期农旅融合受政策导向作用而呈现不同的表现形式，融合发展的内涵不断深化，其在经济社会发展中的功能亦越来越多的重视。从空间格局来看，总体来看我国农旅融合发展较为突出的地区主要集中在东南和中部省区，这一格局与我国农业生产、经济社会发展格局较为吻合。同时总结发现我国农旅融合发展仍存在融合层次不高、融合发展协同推进机制不健全、基础设施和人才制约因素较突出等问题。

二、农旅融合水平及时空格局特征

研究期内两大产业融合水平整体呈逐年上升态势，但仍未达到较理想的融合状态。从空间维度来看，南方较北方融合水平高，且东部较西部地区融合水平高的规律。两大产业融合水平呈现从沿海向内陆逐步递减的特征，这与产业发展条件、经济发展基础与配套设施的完善存在一定的联系。从农业与旅游产业融合状态的空间关联格局来看，两大产业融合发展呈现显著的全局和局部空间集聚格局，整体空间关联特征具有较为显著的空间溢出效应。为此，要在客观认识不同省区经济社会发展差异的基础上，结合各省区两大产业基础与特色因地制宜地进行产业融合发展规划，增强省区自身两大产业融合发展质量与能力；同时要鼓励在产业融合政策制定方面，要强化区域合作与综合规划，推动形成省份间协同发展新格局。

三、农旅融合发展的主要机理

从企业视角来看，企业间交易成本的下降和资产通用性的增强，促进了企业间的联合生产，这是产业间发生融合的条件和原因。从系统演进视角来看，农业和旅游产业融合本身是一个动态演进的过程，其最终目标是实现两产业互惠互利、共生发展，融合行为的功能表现在融合单元之间的利益分配和共生的稳定性。从稳定性的角度分析，对称性互惠融合系统具有最大的能量或产出绩效，基于数据模型可推演出两产业融合发展能达到的理想（稳定）状态。

农业与旅游产业实现融合的过程本质上是产业价值链解构与重构的过程，随着两大产业的融合发展，农业的多种功能价值得到发挥，农业产业链条得到了有效拓展，农业产业链价值得以提升，而消费者在此中获得了农业休闲、审美、文化、教育及康养等体验。

四、农旅融合发展的驱动因素

农旅融合发展受到农业农村内生力、技术进步与创新支持力、农业特色资源支撑力等内部驱动力和政府支持引导力、经济社会发展牵引力和消费需求市场推动力等外部驱动力的共同作用，各个驱动力相互作用，互相调整与反馈，引致产业结构优化和产业组织调整，促使农业和旅游产业向动态平衡演进，最终构成农旅融合发展的驱动力系统。从全局效应分析结果来看，驱动作用最强的仍然是政策支持因素、经济发展水平和市场需求等因素。农业农村内生发展需求中农业转型升级需求因素对农旅融合具有显著正向作用，而农村资源生态化导向回归系数未通过显著性检验。技术创新水平中信息化水平因素的驱动作用显著且为正，但农业技术投入的驱动作用不显著。另外不同时空背景下，各驱动因素的作用存在差异。

总体来看，分析结论与我国农旅融合的发展实际较为相吻合。政府利好政策出台是产业融合的重要条件，其支持力度很大程度影响着农业与旅游产业融合发展，对农旅融合示范县区创建起到重要作用。经济发展水平与市场需求则影响着农旅融合的方式与潜力，我国农旅融合业态在市场需求的驱动下从最初的农家乐向休闲农庄、生态农园、特色小镇、家庭农场、田园综合体等不断演进。农业自身资源特色及品牌等是推动农旅融合的重要基础。而且资源生态导向作用于农旅融合的各方面，推进了农业休闲的生态化发展。信息化水平的提升为产业融合发展提供了有力支持，为农业休闲产品的供给双方提供了有效衔接的平台。

五、农旅融合发展的主要模式

从农旅融合的资源基础及产品功能视角出发，农旅融合的主要模式有田园农业旅游模式、民俗风情旅游模式、村落小镇旅游模式、休闲度假旅游模式、科普教育旅游模式、农家乐旅游模式和回归自然旅游模式等。基于农业和旅游产业在交叉渗透过程中存在相互作用大小和方向问题，学者们归纳了三种常见的农旅融合模式——"以旅兴农"模式、"以农促旅"模式和"农旅共生"模式。两大产业实现融合的主要路径有资源融合、技术融合、功能融合和市场融合四大方面。其中，资源融合是最基础、最普遍的融合路径，亦是其他融合路径实现的前提。技术融合既是开发新的产品/项目的有力支持，也是优化与深度开发传统产品的重要支撑。功能融合在于发挥农业的多种功能，提升融合产品的内涵与价值，同时创造良好的多维效应。市场融合是融合的较高级阶段，此时农业和旅游产业真正实现共享客源市场，互利共生。各路径相互交织，共同推进两大产业融合发展。因此推进两大产业实现多路径深度融合是提升融合质量与效益关键。

六、农旅融合发展对共同富裕目标的主要影响效应

第一，就各影响路径而言，农旅融合发展对农村地区经济增长、产业结构优化、居民收入增加和城乡收入差距缩小、农村基本公共服务和农村生态环境质量提升均具有较显著的促进作用，其中促进农村经济增长和产业结构优化反映着农旅融合发展对于实现"农业强"的作用，促进居民收入增加和城乡收入差距缩小体现着农旅融合对于实现"农民富"的作用，促进农村基本公共服务和农业生态效率提升反映出农旅融合对于实现"农村美"的作用。

第二，农旅融合发展对农业农村的影响效应具有较突出的区域异质性特征。产出效应方面，农旅融合发展可显著提升农村经济水平，但农旅融

合发展对不同地区农村经济的作用具有一定的异质性，中部地区促进作用
最大，东部地区和西部地区效应其次。结构效应方面，中部地区农旅融合
对农村产业结构合理化的影响效应最大，东部次之，西部最小。东部和中
部地区的农旅融合水平对农村产业结构高级化具有显著影响，而西部地区
影响不显著。收入效应方面，中西部地区农旅融合发展对农村居民收入增
加的影响最为突出，中部地区农旅融合对于城乡收入差距的缩小效应最为
突出。另外，东部地区农旅融合水平对农村基本公共服务水平和农业生态
效率的影响效应最大，其次是中西部地区。

第三，农旅融合发展对农村经济增长的影响效应具有一定的空间溢
出性，忽略空间效应会高估农旅融合发展对地区农村经济增长的影响。
从空间溢出效应来看，东部地区溢出效应最大，其次是中部和西部地
区。为此，农旅融合发展过程中应加强区域协调合作，推进区域统筹
规划。

第四，公共服务水平和农村生态环境质量提升效应方面，由于农村基
本公共服务水平和农村生态环境质量均存在一定的"惯性"，上一期农村
基本公共服务水平或农村生态环境质量水平均会对当期水平产生影响，忽
略这一影响会导致高估农旅融合发展对农村公共服务或农村生态环境质量
的影响效应。

第五，农旅融合助推共同富裕的综合效应方面：其一，农旅融合对共
同富裕的作用具有空间溢出性。就整个研究区而言，农旅融合水平上升不
仅会促进本地区共同富裕的提高，还会对周边地区共同富裕产生积极的促
进作用。分区域来看，中部地区农旅融合对共同富裕的直接（局部）效应
最强，东部地区的溢出效应最大。其二，农旅融合发展对共同富裕的推动
作用呈现典型的非线性特征，当农旅融合水平和经济发展水平处于不同的
层次与阶段时，农旅融合对共同富裕的影响效应存在差异。不过总体来
看，这一作用随着农旅融合水平与地区经济发展水平的提升而大体呈现增
强态势。

第二节 对 策 建 议

为推进农旅融合深入发展，提升农旅融合发展质量，使其更好地发挥在助推农业农村发展过程中的作用，现结合农旅融合发展现状、机理及具体效应等分析结论和融合发展中存在的问题，提出如下对策建议。

一、强化农业的基础地位

根据前文融合机理分析可知，农业资源基础是农旅融合发展的重要前提。农业本身所具有生态属性，是农业旅游休闲产品的重要组成部分，而农事活动所体现的传统文化，是体现农业旅游休闲产品价值与内涵的重要内容。因此农旅融合发展必须以农业可持续发展为前提，不断推动农业产业结构的优化与升级，从而从根本上促进地区农业农村发展。只有农业农村实现了可持续发展，农旅融合发展才有可持续发展的可能。

坚持农业的基础地位，才能让农村居民无后顾之忧，才能让农旅融合产品更具特色与内涵。丢掉农业根基，失去乡愁的乡村旅游，难以满足游客深层的精神需求，无法提高游客满意度和重游率。比如，将流转的土地用于建仿古景观和商业街区等，这类项目往往因缺乏文化底蕴和农业农村特色而难以为继，这正是当前我国许多农旅融合项目失败的重要原因。无序开发或盲目模仿，可能造成项目前期投入变成沉没成本，还可能造成流转过来的土地无法复耕，影响到农村居民的可持续生计。

为此，各地区要因地制宜，根据本地农业资源特色和优势，有序推进农旅融合发展，开发合适的农业旅游休闲项目和产品。根据具体情况，采取不同的市场策略。在农业资源基础一般或基础设施条件较薄弱的情况下，先从创意农业或休闲农业入手，如遇市场情况并不乐观，这些农业基础依然可以保障农民基本生活。当市场空间扩大、接待人数增多后，可考虑延伸农业休闲产业链条，从农业延伸到农产品加工业，实现一、二产业融合，使农产品变为旅游农特产品，农产品附加值得以体现；同时，推进一、三产业融合，挖掘农业的多种功能，打造农事体验、科普教育、生态康养、社会实践等农业旅游休闲产品，发挥农业的多功能价值。

二、强化政府引导监管职能

前文中针对农旅融合驱动因素的检验结果显示，不管是微观分析结果，还是宏观数据检验结论均表明政府在农旅融合发展过程中扮演着重要的角色。为推进农旅融合深入发展，提升其发展质量，政府可从以下方面继续发力。

第一，制定完善的政策法规、管理体系与行业标准，促进农旅融合规范化发展。目前，由于资金和人才缺乏，大多数农旅融合项目开发存在较大自发性和盲目性。另外，由于农业休闲产业管理部门监管力度较弱，缺乏定期评估和淘汰，许多农业休闲项目无证经营的现象比较普遍，行业标准化、规范化、品牌性差，整体服务质量较低，影响农旅融合的可持续发展。因此，政府应加快制定相对完善的农业休闲和特色旅游乡村准入标准体系，并适当提高准入门槛，制定特色产业的管理标准、资源开发的环境保护标准、生态修复的技术标准、效益评估标准等。同时，完善针对生态保护、资源配置、竞争秩序和土地利用等的规章制度，以协调各经营主体合理利用有限的乡村资源，推进农旅融合规范化发展，形成乡村振兴和共同富裕的合力。

第二，推动区域协同发展体制，充分发挥农旅融合发展的空间效应。经检验，农旅融合发展具有较显著溢出效应，即本地区农旅融合发展会对周边地区农旅融合发展产生推动作用。因此，各地各级政府可适时推进区域统筹规划机制，完善区域间协同发展机制的完善（周鹏飞等，2021）。各地各级政府可适时推进区域统筹规划机制，完善区域间协同发展机制的完善。比如，通过产业集群或战略合作等途径来加强区域合作，促进人力、物质、信息和资金流等要素流通渠道的畅通，破解跨区域治理过程中利益固化、同质竞争、行政管制和制度滞后等难题，加快形成政府间协同治理新范式，促进农旅融合发展溢出的发挥。

第三，加大农旅融合发展的资金支持力度。一方面，加强财政资金支持力度。前文实证研究表明，农旅融合效应的发挥受到多种因素共同影响，财政支农水平便是其中的重要因素。其中重点是要加大农村基础设施建设资金投入，促进农村地区交通、通信、电力、水利、生态环保等基础设施的完善，加强农村环境治理，改善村容村貌，为农旅融合发展奠定基础，同时亦可为新农村建设和城乡均衡发展助力。同时，加大对农旅融合相关项目的资金支持，加强对资金利用绩效的评估，确保项目扶持资金使用合理得当。另一方面，积极引导社会资金的流入，鼓励发展农村集体经济。调研发现，不少农旅融合项目均由社会资本投资和村集体自筹资金开发的，这类项目具有较强的内生发展需求，因此项目的运营效率和效益普遍较高。另外，地方政府应鼓励当地银行等金融机构对发展休闲农业和乡村旅游的农户，扩大其贷款抵押的范围，并适当开展信用贷款，拓宽农户的融资渠道。

三、强化农旅融合品牌建设

基于农旅融合的机理与实现路径分析可知，农业资源基础与特色是促进产业价值链重构、优化产业价值链的基础，对推动两大产业融合发展起着关键作用。实证分析亦发现，农业资源特色及品牌是农旅融合发展的重要驱动力之一。特色农业资源可形成农旅融合品牌，而品牌建设是推动农旅融合高质量发展的重要途径。但是从农旅融合发展现状来看，我国农业休闲产品主要停留在观光、采摘、垂钓等常规休闲农业和观光农业旅游项目的开发上，多数产品较为单一雷同，同质化趋势较严重，具有广泛影响力的农旅融合品牌较为少见。为此，要强化农旅融合品牌建设，提升农旅融合产品的影响力。

第一，深入挖掘农业资源特色与功能价值，打造特色鲜明的农旅融合品牌。品牌设计时要体现乡村生活方式，农业生产和地域农业文化特色，这是农旅融合品牌建设的基础，也是吸引游客的关键因素。为此，要深入挖掘地域农业资源环境特色、地域农业文化特色、农事活动特色等，在传统农村休闲游和农业体验游的基础上，通过艺术植入、功能创新、数字化运用等手段将促进农业多种功能价值的实现。推动农业休闲产品与文化创意相结合，推进农业休闲产品多元化发展，打造品牌价值突出、品牌内涵丰富的农旅融合品牌。在具体操作层面上，农旅融合品牌建设要以农业农村的资源为依托，以目标市场为导向，凸显乡村及农业文化内涵，挖掘农业休闲旅游产品或服务的物质上的文化性、人文精神内涵上的文化性，从而形成特色鲜明的农旅融合品牌。

第二，加大宣传营销力度，扩大农旅品牌影响力。注重宣传引导，构建多维度宣传平台，增强农旅融合产品的品牌影响力。首先，确立鲜明独特的宣传主题，紧紧依托农旅融合特色，依据主导客源市场的需求，设计凸显个性与核心竞争力的品牌形象。其次，从农旅融合产品的自身特性与受众群体类型出发，选择效果最佳的宣传路径与渠道，打造立体化、品牌化的宣传网格，创新宣传内容与形式（郭卫娜，2022）。通过投放旅游广告、制作线上农文旅节目、举办农文旅推介活动或节庆活动等吸引关注，注重依靠新媒体、数字技术将产品更为生动、形象地展现出来，通过微信、抖音、官网等多种渠道进行宣传，提升农旅融合品牌知名度与影响力（王春蕾，2022）。

四、强化融合发展创新驱动

经调研分析发现，技术与创新因素对农旅融合发展具有显著影响。而当前，创新因素对农旅融合的驱动作用还有进一步发挥的空间。具体而言可通过融合模式创新和技术创新等手段来推进农业和旅游产业深度融合发展，提升其融合发展质量。

第一，创新农旅融合形式，提升产品多元价值。主动拓展农旅融合产品的深度与广度，释放农旅融合的知识科普与文化弘扬等多重价值。一是要依托田园综合体、农业示范园区、农业科技园区等载体，迎合游客的求知需求与在校学生群体的教学实践需求，建立切实可行的农业科普与研学旅行复合体系，在现有农业景观、农业科技、现代农业设施等基础上，通过现场讲解、农事体验等形式将农业生产知识的科普教育功能充分发挥出来，满足游客尤其是学生等特定群体的求知需求。二是要借力农旅融合展现乡土文化，在努力挖掘地区传统农耕文化、风貌特征的基础上，于乡村民宿、餐饮、景观中渗透乡土元素，以民间秧歌会、民歌会、民俗节庆等特色娱乐活动展现乡土文化、凝聚乡村文化情怀，传承与弘扬我国农耕文明中蕴含的文化基因。

第二，增强融合发展科技支撑。实证分析结果显示，全局视角下科技创新因素的两个层面中，信息化水平的驱动作用显著且为正，但农业技术投入的驱动作用不显著。这与农旅融合发展的实际相符，全局层面上网络信息技术对农旅融合发展的作用较显著，而农业技术作用在微观的农旅融合项目中体现得较为突出。为此，还需要进一步发挥科技创新因素在推进农旅融合发展中的作用。具体而言：

一方面，稳步推进农业技术创新，完善农业科技服务体系，促进传统农业向现代农业转变。传统农业与其他产业的关联度较低；现代农业市场化程度较高，产业体系较为完善，实现现代化农业能够助推旅游产业与农业的进一步融合发展（夏杰长和徐金海，2016）。为此，要加强农业科技研发，将物联网、生物工程、大数据等技术应用于农业生产、农产品深加工等环节，既提高了农业生产与管理效率，同时亦形成了独特的休闲体验资源。具体可通过与高校、科研机构、农旅龙头企业等进行农业技术研究合作，不断落实农业科技服务来实现。

另一方面，以现代信息化手段提升融合产业链各环节的效率和价值。比如，借助人工智能、混合现实、全息成像、体感交互等技术手段对农业生产过程及农业文化等进行全方位展示，可创造良好的感官体验价值，并突破农业生产季节性特征的限制，延伸产品的生命线。网络信息技术支撑下，农旅融合发展形成品牌效应和口碑效应推动了农产品的销售，同时也带来了农业附加值的增加。此外，可借助大数据等现代信息技术追踪消费者感知体验，捕捉消费者多元化需求，以此进行产品设计与定位以精准对接市场需求，提供更高质量、更让消费者满意的农业休闲产品。

五、强化融合产业集聚发展

由于经营者品牌意识比较淡薄，我国多数农旅融合项目普遍存在规模较小、开发无序、管理混乱等问题，处于"小""散""杂"的局面（黄莉和何志贵，2020）。为此，推动建立集农产品生产、加工、休闲观光、特色产品销售等于一体的产业集群，打造融合产业聚集区，形成规模发展对推动农业创新发展，提升农旅融合发展质量至关重要。把农业休闲产品与观光工厂、农副产品加工、医药保健等行业产品开发相结合，有效链接各层次产业，促进农村一二三产业有机融合（张莞，2019）。打造以田园观光创意产品为基础，以农事体验、民俗体验、休闲度假旅游产品为主打，以研学、休闲养生乡村旅游创意产品为特色，以乡村民俗节庆和工业旅游产品为辅助的、具有市场竞争力和核心吸引力的农业休闲创意产品体系。形成区域农旅融合联动发展的品牌体系，带动观赏经济作物种植、蔬菜瓜果消费、家禽家畜消费、餐饮住宿接待、民俗文化消费的全面发展，直接或间接带动了乡村消费提档升级，促进农副产品加工价值提升（左冰，2021）。

具体而言，可依托重点景区、城镇周边等，将农业休闲项目与区域内其他旅游资源和旅游景点的开发结合起来，统筹整合各类资金和项目，拓展延伸农业休闲产业链。借助已有旅游景点的吸引力，争取客源，积极引导农业旅游休闲产业由点状分散走向区域集聚发展，增加规模效应，带动区域经济发展。如在重点景区周边配套发展休闲农场、观光庄园、户外运动区、自驾车营地、露营地等乡村旅游项目，形成资源共享，优势互补，共同发展的格局。同时还可依托村庄联合体模式，整合资源抱团发展，提升村庄发展内生动力，使产业发展实现从"单打独斗"到"抱团发展、资源共享、合作共赢"的集聚化发展（典型案例如鲁家村），实现村庄变景点，建设和美乡村样本，形成撬动乡村振兴高质量发展的产业集群。

第三节 研究不足及未来展望

第一，微观尺度的农旅融合发展水平及其共同富裕效应分析有待深入。本论文尝试从宏观视角对农旅融合水平及其共同富裕效应进行评估，囿于微观数据获取困难，本书对微观地区关注不足。未来将通过选取典型案例地的方式，如全国休闲农业和乡村旅游示范县或乡村旅游重点村等进行更微观的分析，以提高研究结论的精准性。

第二，本书中研究时间止于 2019 年，考虑到 2020 年新冠疫情对旅游休闲产业造成了巨大的冲击和影响，不利于研究结论的平稳性和可靠性，2020 年及以后的官方统计数据信息并未纳入本书研究观察期内，只是借助了微观调研数据作为补充。未来将对统计数据进行持续追踪和更新，尤其是要重点关注"十四五"开局以后农文旅等产业融合发展演化态势。

第三，农旅融合水平评价体系及方法尚需进一步优化。考虑到数据的可获取性和研究区域尺度问题，为保证农业和旅游产业指标体系的科学合理性，本书研究通过文献分析和专家访谈，构建了农旅融合水平评价指标体系，但该评价指标体系尚存在维度不够完善和覆盖面不够广泛等问题。未来将通过实地调研方式，尽可能地获取更多维度指标，提高指标的代表性和覆盖面，以进一步丰富研究结论。另外囿于数据获取难度，农旅融合水平测度时仅使用了耦合协调度模型进行测度。未来考虑综合运用投入产出模型、产业关联模型等对农旅融合水平进行评价，基于多模型分析结果，从多视角评估农旅融合水平，以对比不同评价模型的适用性。

附录 1 访 谈 大 纲

尊敬的女士/先生：

　　您好！我们是"农业与旅游产业融合发展"研究课题组成员，感谢您在百忙之中参与此次调查。请就以下问题谈谈您的看法，您的观点仅用于学术研究，请放心作答。

访谈大纲	本地区农业资源基础如何，是否形成了一定的品牌效应？ 本地区或本项目农旅融合发展的资金从哪里来，成效如何？ 本地区或本项目农业休闲旅游市场具有什么特征？规模及效益如何？ 本地区或本项目农业休闲旅游产品是否具有吸引力和竞争力呢？ 本地区或本项目农旅融合发展带动的村民规模如何？ 农旅融合发展过程中，如何与村民建立利益联结与分享机制呢？ 本地区各级政府采取了哪些举措来规范及管理农旅融合发展呢？ 为促进农旅融合，本地区（本项目）是否运用了新技术或新经营管理模式呢？ 本地区（本项目）在发展过程中遇到了哪些问题呢？ 本地区或本项目农旅融合发展的关键推动因素是什么呢？ 当前本地区农旅融合发展最大的阻碍因素是什么呢？

附录2　农业与旅游产业融合发展驱动因素调查问卷

尊敬的女士/先生：

您好！我们是"农业与旅游产业融合发展"研究课题组成员，感谢您在百忙之中参与此次调查。本次调查是为了研究农业与旅游产业融合发展（以下简称"农旅融合发展"）的主要影响因素，问卷实行匿名制，所有数据只用于统计分析，请放心填答。非常感谢您参加此次调查，祝您生活愉快！

第一部分：基本信息

1. 您的性别：男（　　　）　　女（　　　）

2. 您的年龄：A. 20 岁及以下　B. 21 ~ 30 岁　C. 30 ~ 40 岁　D. 41 ~ 50 岁　E. 51 岁及以上

3. 您的学历：A. 小学　B. 初中　C. 高中　D. 大专　E. 本科及以上

4. 您的身份：A. 农业产业园/休闲农园从业者　B. 农业产业园/休闲农园业主　C. 合作社负责人　D. 基层干部　E. 行业协会人员

5. 您所在的地区：____省____市____县____镇____村

第二部分：请根据本地区实际情况就下列因素对本地区农业与旅游产业融合发展的影响因素进行判断，根据您对各题项的认同程度在相应的框内打"√"。

题项	非常不同意	比较不同意	一般	比较同意	非常同意
1. 财政资金扶持政策促进了本地区农旅融合发展。					

题项	非常不同意	比较不同意	一般	比较同意	非常同意
2. 农村土地用地政策促进了本地区农旅融合发展。					
3. 现有的农村贷款政策促进了本地区农旅融合发展。					
4. 基层政府的作用促进本地区农旅融合发展。					
5. 政府对村民观念的引导促进了本地农旅融合发展。					
6. 政府补贴或奖励政策促进了本地农旅融合发展。					
7. 农业科技推广的力度促进了本地农旅融合发展。					
8. 智慧农业等先进技术的应用促进了农旅融合发展。					
9. 农村互联网的普及促进了农旅融合发展。					
10. 农业产业园区的建设促进了农旅融合发展。					
11. 本地农业生产活动吸引了大量前来体验或研学。					
12. 本地特色农业或农业品牌吸引了游客前来旅游休闲。					
13. 本地农业生态环境吸引了游客前来旅游休闲。					
14. 本地特色农业节事活动吸引了游客前来旅游。					
15. 消费者消费能力升级促进了本地农旅融合发展。					

题项	非常不同意	比较不同意	一般	比较同意	非常同意
16. 消费者的消费观转变促进了本地区农旅融合发展。					
17. 客源市场规模促进了本地农旅融合发展。					
18. 消费者对乡村地区的偏好促进了本地区农旅融合发展。					
19. 细分市场（比如研学教育等）增加促进了本地区农旅融合发展。					
20. 农业转型升级的需要促进了农旅融合发展。					
21. 生态环境保护的需要促进了农旅融合发展。					
22. 促进农民收入增长的需要助推了本地区农旅融合。					
23. 增加乡村人气的需要推动了本地区农旅融合发展。					
24. 地区经济发展总体水平促进了本地农旅融合发展。					
25. 民众精神文化层面的追求促进了本地农旅融合发展。					

第三部分：农旅融合发展状态

题项	非常不同意	比较不同意	基本不同意	一般	基本同意
1. 本地农业和旅游业相互促进、互利共赢、均衡发展。					
2. 本地区农业的旅游休闲价值得以挖掘。					
3. 本地旅游市场产品因农业发展而更加多元化、有内涵。					

第四部分：开放式问题

一、您认为还有哪些因素有利于本地区农旅融合发展呢？

_____（自由填答）

二、您认为有哪些因素阻碍着本地区农旅融合发展呢？

附录3 农旅融合收入效应调查问卷

尊敬的女士/先生：

您好！我们是"农业与旅游产业融合发展"研究课题组成员，感谢您在百忙之中参与此次调查。本次调查是为了了解农业与旅游产业融合发展（以下简称"农旅融合发展"）对农户收入增加是否有影响，问卷实行匿名制，所有数据只用于统计分析，请放心填答。非常感谢您参加此次调查，祝您生活愉快！

第1题，您是否参与或涉足了农业和旅游产业融合发展？（   ）。注：此处参与产业融合指从事农业休闲相关工作，或经营农业休闲相关企业（比如住宿餐饮或农特产品销售），或以其他形式参与了农业休闲产业发展（比如转让土地或租让场地等）。

1. 是   2. 否

第2题，农业与旅游产业融合过程中，您的角色是：

1. 散户   2. 合作社社员   3. 休闲农业企业老板或股东

4. 农旅融合衍生职业（休闲农业企业员工、旅游农特产品销售员等）；

第3题，您的受教育程度是（   ）。

0. 文盲   1. 小学   2. 初中   3. 高中或中专   4. 大专及以上

第4题，您的婚姻状况是（   ）。

1. 未婚   2. 初婚   3. 再婚   4. 离婚   5. 丧偶

第5题，您是否参加过管理与服务技能培训（   ）。

1. 否   2. 是

第6题，家庭一年内与农业有关或农业拓展出的二、三产业收入之和是（　　）元。

　　第 7 题，家庭一年内非农工资性收入、转移性收入、财产性收入之和是（　　）元。

　　第 8 题，家庭实际经营的耕地、林地、果园等总面积是（　　）亩。

参 考 文 献

[1] 奥利弗·威廉姆森. 资本主义经济制度 [M]. 段毅才, 等译. 北京: 商务印书馆, 2004.

[2] 贝塔朗菲. 一般系统论: 基础、发展和应用 [M]. 林康义, 等译. 北京: 清华大学出版社, 1987.

[3] 蔡银莺, 陈莹, 任艳胜, 等. 都市休闲农业中农地的非市场价值估算 [J]. 资源科学, 2008 (2): 305 - 312.

[4] 曹俊文, 曾康. 低碳视角下长江经济带农业生态效率及影响因素研究 [J]. 生态经济, 2019, 35 (8): 115 - 119, 127.

[5] 曹祎遐, 耿昊裔. 上海都市农业与二三产业融合结构实证研究——基于投入产出表的比较分析 [J]. 复旦学报 (社会科学版), 2018, 60 (4): 149 - 157.

[6] 常新锋, 张雨祥. 农旅融合对中国农业生态效率的作用机制与影响效应 [J]. 农林经济管理学报, 2022, 21 (3): 310 - 319.

[7] 陈洁. 益阳市旅游业与农业融合度评价研究 [D]. 湘潭: 湘潭大学, 2014.

[8] 陈俊红, 孙明德, 余军. 北京市乡村旅游产业融合度测算及影响因素分析 [J]. 湖北农业科学, 2016, 55 (9): 2433 - 2437.

[9] 陈林生, 鲍鑫培. 现代都市农业背景下农业产业融合水平测度及评价研究——以上海为例 [J]. 经济问题, 2019, 484 (12): 89 - 95.

[10] 陈沛然, 汪娟娟. 城乡融合发展背景下新型农村社区公共服务能力提升路径研究——基于南京市江宁区的案例分析 [J]. 中州学刊, 2020 (12): 62 - 67.

[11] 陈炜. 民族地区传统体育文化与旅游产业融合发展的驱动机制研究 [J]. 广西社会科学，2015（8）：194 - 198.

[12] 陈学云，程长明. 乡村振兴战略的三产融合路径、逻辑必然与实证判定 [J]. 农业经济问题，2018，467（11）：91 - 100.

[13] 陈赞章. 乡村振兴视角下农村产业融合发展政府推进模式研究 [J]. 理论探讨，2019（3）：119 - 124.

[14] 成晨，丁冬. "互联网 + 农业电子商务"：现代农业信息化的发展路径 [J]. 情报科学，2016，34（11）：49 - 52，59.

[15] 程道品，梅虎. 农业旅游研究综述 [J]. 改革与战略，2004（10）：28 - 31.

[16] 程锦，陆林，朱付彪. 旅游产业融合研究进展及启示 [J]. 旅游学刊，2011，26（4）：13 - 19.

[17] 程莉，孔芳霞. 长江上游地区农村产业融合发展水平测度及影响因素 [J]. 统计与信息论坛，2020，35（1）：101 - 111.

[18] 程莉，周芳雅，王琴. 农业与服务业融合发展及其农户增收效应研究——以长江上游地区为例 [J]. 西安财经大学学报，2021，34（3）：81 - 91.

[19] 崔叶辰，韩亚丽，吕宁，等. 基于超效率 SBM 模型的农业生态效率测度 [J]. 统计与决策，2020，36（21）：87 - 90.

[20] 戴斌. 文旅融合时代：大数据、商业化与美好生活 [J]. 人民论坛·学术前沿，2019（11）：6 - 15.

[21] 邓静，徐邓耀，周光美，等. 丘陵地区乡村旅游与新型城镇化关系研究——以四川省南充市为例 [J]. 中国农业资源与区划，2020，41（3）：278 - 286.

[22] 邓宗兵，张俊亮，封永刚. 重庆市农村公共产品供给效率评价和影响因素研究 [J]. 四川农业大学学报，2013，31（2）：233 - 238.

[23] 丁利春，周佳琦，李瑞. 山西能源偏向型技术进步的实证分析——基于二重嵌套的 CES 生产函数 [J]. 经济问题，2022（5）：111 - 118.

［24］段伟，马奔，孙博，等．林业生态工程对山区减贫影响实证分析：一个结构方程模型（SEM）［J］．干旱区资源与环境，2017，31（12）：8-12.

［25］段志刚．中国省级区域可计算一般均衡建模与应用研究［D］．武汉：华中科技大学，2004.

［26］方平，岳晓文旭，周立．农业多功能性、四生农业与小农户前景——基于巴西三类农场调研的反思［J］．中国农业大学学报（社会科学版），2020，37（3）：22-35.

［27］方世敏，李向阳．洞庭湖生态经济区农旅融合效率的时空差异及其优化研究［J］．湘潭大学学报（哲学社会科学版），2021，45（1）：60-64.

［28］方世敏，王海艳．基于系统论的农业与旅游产业融合——一种粘性的观点［J］．经济地理，2018，38（12）：211-218.

［29］方世敏，王海艳．农业与旅游产业融合系统演化机制研究［J］．湘潭大学学报（哲学社会科学版），2019，43（2）：63-68.

［30］干春晖，郑若谷，余典范．中国产业结构变迁对经济增长和波动的影响［J］．经济研究，2011，46（5）：4-16，31.

［31］高楠，张新成，王琳艳．中国乡村旅游公共服务水平时空格局与形成机理［J］．地理科学，2021，41（2）：252-260.

［32］高颖，刘竹青，刘玉梅．中外乡村旅游发展模式比较研究［J］．世界农业，2011（1）：80-82.

［33］高志强，高倩文．休闲农业的产业特征及其演化过程研究［J］．农业经济，2012（8）：82-83.

［34］郭卫娜，王洪艳．乡村振兴战略下珠三角乡村旅游品牌建设研究［J］．江西农业学报，2022，34（4）：214-219.

［35］哈肯．协同学：大自然的构成的奥秘［M］．上海：上海世纪出版集团，2005.

［36］哈耶克．自由序列原理［M］．邓正来，译．上海：三联书店，2022.

[37] 韩非,蔡建明,刘军萍.大都市郊区乡村旅游地发展的驱动力分析——以北京市为例[J].干旱区资源与环境,2010,24(11):195-200.

[38] 韩永辉,黄亮雄,王贤彬.产业政策推动地方产业结构升级了吗?——基于发展型地方政府的理论解释与实证检验[J].经济研究,2017,52(8):33-48.

[39] 何建民.我国旅游产业融合发展的形式、动因、路径、障碍及机制[J].旅游学刊,2011,26(4):8-9.

[40] 何立胜.产业融合与产业竞争力[J].河南社会科学,2005(3):13-15.

[41] 何育静,张炜炜.中国省域农村基本公共服务与乡村振兴耦合协调发展及影响因素分析——基于农村多维相对贫困视角[J].重庆社会科学,2022(8):48-68.

[42] 贺爱琳,杨新军,陈佳,等.乡村旅游发展对农户生计的影响——以秦岭北麓乡村旅游地为例[J].经济地理,2014,34(12):174-181.

[43] 赫伯特·丁·鲁宾.质性访谈方法:聆听与提问的艺术[M].重庆:重庆大学出版社,2010.

[44] 洪开荣,陈诚,丰超,等.农业生态效率的时空差异及影响因素[J].华南农业大学学报(社会科学版),2016,15(2):31-41.

[45] 胡金星.产业融合的内在机制研究[D].上海:复旦大学,2007.

[46] 胡文海,柳百萍.基于"三农旅游"发展的农业剩余劳动力有效转移——以合肥市为例[J].农业经济问题,2009,30(8):84-86.

[47] 胡雪萍.新农村建设中的新课题:大力培育农村人力资本[J].甘肃行政学院学报,2009(4):84-89,126.

[48] 胡亦琴,王洪远.现代服务业与农业耦合发展路径选择——以浙江省为例[J].农业技术经济,2014,228(4):25-33.

[49] 胡永佳.产业融合的经济学分析[D].北京:中共中央党校,2007.

［50］胡永佳.从分工角度看产业融合的实质［J］.理论前沿，2007
（8）：30－31.

［51］胡志平.基本公共服务促进农民农村共同富裕的逻辑与机制
［J］.求索，2022（5）：117－123.

［52］黄莉，何志贵.农旅融合视角下的全域旅游发展困境与出路
［J］.农业经济，2020（8）：60－61.

［53］黄潇莹.区域旅游经济空间溢出效应研究［D］.成都：西南财
经大学，2014.

［54］江登斌.试论农村多元经济融合［J］.经济问题，1994（8）：
10－12，17.

［55］江艳军，黄英.农村基础设施对农业产业结构升级的影响研究
［J］.资源开发与市场，2018，34（10）：1400－1405.

［56］姜长云.推进农村一二三产业融合发展新题应有新解法［J］.中
国发展观察，2015，122（2）：18－22.

［57］姜峥.农村一二三产业融合发展水平评价、经济效应与对策研
究［D］.哈尔滨：东北农业大学，2018.

［58］蒋淇.农旅融合发展动力机制与影响因素探析——以重庆铜梁
为例［J］.襄阳职业技术学院学报，2017，16（5）：82－87.

［59］蒋颖，聂华.北京市门头沟区休闲农业发展经济效益评价［J］.
广东农业科学，2013，40（23）：225－229.

［60］靳代平，王新新，姚鹏.品牌粉丝因何而狂热？——基于内部
人视角的扎根研究［J］.管理世界，2016（9）：102－119.

［61］靳晓婷，惠宁.乡村振兴视角下的农村产业融合动因及效应研
究［J］.行政管理改革，2019，119（7）：68－74.

［62］Juliet M，Strauss A L.质性研究的基础：形成扎根理论的程序与
方法［M］.3版.朱光明，译.重庆：重庆大学出版社，2015.

［63］康芒斯.新制度经济学［M］.北京：商务印书馆，1962.

［64］科斯.企业的性质原载于《企业的经济性质》［M］.上海：上
海财经大学出版社，2000.

[65] 孔祥才，王桂霞．农业供给侧改革背景下中国农业污染的治理路径 [J]．云南社会科学，2017（6）：53 –57，103，185．

[66] 匡远配，周凌．农地流转的产业结构效应研究 [J]．经济学家，2016（11）：90 –96．

[67] 赖启福，黄秀娟，陈秋华．我国涉农旅游政策的演进特征与推行效力研究 [J]．亚太经济，2020，219（2）：127 –134．

[68] 冷忠燕，靳永翥．乡村振兴背景下农村公共服务供给机制的创新及实现路径研究——基于内生性供给的理论视角 [J]．中共福建省委党校学报，2018（12）：61 –70．

[69] 黎耀奇，宋亚亚，梁斯琪，等．导游职业污名的形成机制——基于扎根理论的探索性研究 [J]．旅游学刊，2022，37（4）：79 –92．

[70] 李彬彬，米增渝，张正河．休闲农业对农村经济发展贡献及影响——以全国休闲农业与乡村旅游示范县为例 [J]．经济地理，2020，40（2）：154 –162．

[71] 李冰．农村社群关系、农业技术扩散嵌入"三产融合"的路径分析 [J]．经济问题，2019（8）：91 –98．

[72] 李谷成．中国农业的绿色生产率革命：1978—2008 年 [J]．经济学（季刊），2014，13（2）：537 –558．

[73] 李虹，邹庆．环境规制、资源禀赋与城市产业转型研究——基于资源型城市与非资源型城市的对比分析 [J]．经济研究，2018，53（11）：182 –198．

[74] 李怀祖．管理研究方法论（第2版）[M]．西安：西安交通大学出版社，2004．

[75] 李继霞，刘涛，霍静娟．中国农村公共服务供给质量时空格局及影响因素 [J]．经济地理，2022，42（6）：132 –143．

[76] 李洁．农业多元价值下的农村产业融合、内在机理与实现路径 [J]．现代经济探讨，2018，443（11）：127 –132．

[77] 李乾，芦千文，王玉斌．农村一二三产业融合发展与农民增收的互动机制研究 [J]．经济体制改革，2018，211（4）：96 –101．

［78］李斯特. 政治经济学［M］. 北京：商务印书馆，1961.

［79］李天芳. 基于产业耦合理论的我国生态农业与生态旅游业协调发展研究［J］. 理论探讨，2016，190（3）：78－82.

［80］李晓龙，陆远权. 农村产业融合发展的减贫效应及非线性特征——基于面板分位数模型的实证分析［J］. 统计与信息论坛，2019，34（12）：67－74.

［81］李晓龙，冉光和. 农村产业融合发展如何影响城乡收入——基于农村经济增长与城镇化的双重视角［J］. 农业技术经济，2019，292（8）：17－28.

［82］李燕凌，曾福生. 农村公共品供给效率实证研究［C］//建设我国现代化农业的技术经济问题研究——中国农业技术经济研究会2007年学术研讨会论文集. 北京：中国农业出版社，2007：30－46.

［83］李云新，戴紫芸，丁士军. 农村一二三产业融合的农户增收效应研究——基于对345个农户调查的PSM分析［J］. 华中农业大学学报（社会科学版），2017（4）：37－44，146－147.

［84］李芸，陈俊红，陈慈. 农业产业融合评价指标体系研究及对北京市的应用［J］. 科技管理研究，2017，37（4）：55－63.

［85］梁红宏. 贵州省农业与旅游业融合度研究［D］. 贵阳：贵州财经大学，2018.

［86］梁立华. 农村地区第一、二、三产业融合的动力机制——发展模式及实施策略［J］. 改革与战略，2016，32（8）：74－77.

［87］梁树广，马中东. 农业产业融合的关联度、路径与效应分析［J］. 经济体制改革，2017，207（6）：79－84.

［88］梁伟军. 农业与相关产业融合发展研究［D］. 武汉：华中农业大学，2010.

［89］林毅夫. 新结构经济学［M］. 北京：北京大学出版社.

［90］刘传福，王云霞，曹建民. 城镇化对粮食产区耕地利用效率的影响［J］. 农业现代化研究：1－14.

［91］刘广宇，黎斌林，李新然. 云南省农旅融合发展实证分析与模

式构建——基于 VAR 模型的检验 [J]. 生态经济, 2020, 36 (6): 135 - 141.

[92] 刘建生, 邱俊柯, 方婷. 乡村振兴背景下农村三产融合: 样态类型、发展路径及对策建议——基于中西部多案例分析 [J]. 农林经济管理学报, 2022, 21 (1): 95 - 102.

[93] 刘伟忠. 农村公共服务供给的共同生产——一种对传统供给方式的超越 [J]. 青海社会科学, 2020 (4): 99 - 105.

[94] 刘宇鹏, 赵慧峰. 生态农业和乡村旅游业耦合模式提高农民收入的实证分析——以坝上地区产业化机制创新为例 [J]. 黑龙江畜牧兽医, 2015, 484 (16): 17 - 21.

[95] 柳百萍, 胡文海, 尹长丰, 等. 有效与困境: 乡村旅游促进农村劳动力转移就业辨析 [J]. 农业经济问题, 2014, 35 (5): 81 - 86, 112.

[96] 芦千文. 农村一二三产业融合发展研究述评 [J]. 农业经济与管理, 2016 (4): 27 - 34.

[97] 吕静韦. 战略性新兴产业发展动力机制及创新模式研究 [D]. 天津: 河北工业大学, 2017.

[98] 吕屹云, 蔡晓琳. 农业科技投入、区域经济增长与农民收入关系研究——以广东省 4 个区域为例 [J]. 农业技术经济, 2020 (4): 127 - 133.

[99] 吕振东, 郭菊娥, 席酉民. 中国能源 CES 生产函数的计量估算及选择 [J]. 中国人口·资源与环境, 2009, 19 (4): 156 - 160.

[100] 罗明义. 旅游经济发展与管理 [M]. 昆明: 云南大学出版社, 2008.

[101] 马克思恩格斯选集: 第一卷 [M]. 北京: 人民出版社, 1995.

[102] 马克思恩格斯选集: 第二卷 [M]. 北京: 人民出版社, 1995.

[103] 马克思恩格斯选集: 第三卷 [M]. 北京: 人民出版社, 1995.

[104] 马克思恩格斯选集: 第四卷 [M]. 北京: 人民出版社, 2012.

[105] 马晓河. 推进农村一二三产业深度融合发展 [J]. 中国合作经

济，2015（2）：43 – 44.

[106] 迈克尔·波特. 竞争战略 [M]. 北京：中信出版社，2014.

[107] 毛其淋. 经济开放、城市化水平与城乡收入差距——基于中国省际面板数据的经验研究 [J]. 浙江社会科学，2011（1）：11 – 22，155.

[108] 毛蕴诗，陈嘉殿，李田. 农业转型升级：产业链整合与延伸——基于台湾美浓镇的实地调研与启示 [J]. 产经评论，2014，5（4）：96 – 104.

[109] 孟令国，陈烜. 农村金融发展和乡村振兴的耦合分析及空间溢出效应——以广东省 20 个地级市为例 [J]. 广东财经大学学报，2022，37（5）：100 – 112.

[110] 米旭明，代单. 农村集体建设用地流转与产业结构调整——基于地票制度的自然实验研究 [J]. 经济学动态，2020（3）：86 – 102.

[111] 那伟，祝延立，庞凤仙，等. 吉林省农业循环经济发展评价及优化对策研究 [J]. 农业现代化研究，2011，32（2）：209 – 212.

[112] 聂磊，范芳玉. 自贸区背景下海南农旅融合绩效协整分析 [J]. 海南大学学报（人文社会科学版），2019，37（2）：63 – 69.

[113] 聂磊. 海南省农旅融合发展研究 [D]. 武汉：中南财经政法大学，2019.

[114] 宁夏. 大农业：乡村振兴背景下的农业转型 [J]. 中国农业大学学报（社会科学版），2019，36（6）：5 – 12.

[115] 牛若铃. 创意农业与旅游产业融合发展研究 [D]. 金华：浙江师范大学，2014.

[116] 农业农村部. 关于印发《全国乡村产业发展规划（2020 – 2025年)》的通知 [EB/OL]. http：//zw. china. com. cn/2020 – 04/28/content_75986802. html，2020 – 04 – 28.

[117] 诺思. 制度、制度变迁与经济绩效 [M]. 上海：上海三联书店，1994.

[118] 潘丹，应瑞瑶. 中国农业生态效率评价方法与实证——基于非期望产出的 SBM 模型分析 [J]. 生态学报，2013，33（12）：3837 – 3845.

[119] 潘绥铭，姚星亮，黄盈盈．论定性调查的人数问题：是"代表性"还是"代表什么"的问题——"最大差异的信息饱和法"及其方法论意义 [J]．社会科学研究，2010 (4)：108 –115.

[120] 任开荣，董继刚．休闲农业研究述评 [J]．中国农业资源与区划，2016，37 (3)：195 –203.

[121] 芮明杰，胡金星．产业融合的识别方法研究——基于系统论的研究视角 [J]．上海管理科学，2008，168 (3)：33 –35.

[122] 桑彬彬．产业价值链视角下的旅游产业与文化产业融合机制研究 [J]．云南开放大学学报，2018，20 (1)：59 –64.

[123] 尚杰，吉雪强，陈玺名．中国城镇化对农业生态效率的影响——基于中国13个粮食主产区2009 –2018年面板数据 [J]．中国生态农业学报（中英文），2020，28 (8)：1265 –1276.

[124] 单德朋．产业结构、劳动密集度与西部地区贫困减缓——基于动态面板系统广义距方法的分析 [J]．中南财经政法大学学报，2012，195 (6)：106 –112.

[125] 石培华．旅游业与其他产业融合发展的路径与重点 [J]．旅游学刊，2011，26 (5)：9 –10.

[126] 宋凌云，王贤彬．重点产业政策、资源重置与产业生产率 [J]．管理世界，2013 (12)：63 –77.

[127] 苏飞．农业与旅游业耦合模型构建及实证分析 [J]．中国农业资源与区划，2017，38 (7)：58 –63，72.

[128] 苏毅清，游玉婷，王志刚．农村一二三产业融合发展：理论探讨、现状分析与对策建议 [J]．中国软科学，2016，308 (8)：17 –28.

[129] 苏永伟．生产性服务业与制造业融合水平测度研究——基于2005—2018年的省级面板数据 [J]．宏观经济研究，2020 (12)：98 –108.

[130] 隋广军，黄亮雄，黄兴．中国对外直接投资、基础设施建设与"一带一路"沿线国家经济增长 [J]．广东财经大学学报，2017，32 (1)：32 –43.

[131] 孙光彩，田东林．曲靖市农业产业结构的灰色关联度分析 [J]．云南农业大学学报（社会科学），2016，10（4）：30-35.

[132] 孙九霞，王学基．城乡循环修复：乡村旅游建构新型城乡关系的框架与议题 [J]．西南民族大学学报（人文社会科学版），2021，42（1）：25-32.

[133] 孙军娜，雷宏振，张馨之．价值链嵌入异质性对农业总产值影响研究 [J]．技术经济，2020，39（11）：52-59.

[134] 孙克，徐中民．基于地理加权回归的中国灰水足迹人文驱动因素分析 [J]．地理研究，2016，35（1）：37-48.

[135] 孙叶飞，夏青，周敏．新型城镇化发展与产业结构变迁的经济增长效应 [J]．数量经济技术经济研究，2016，33（11）：23-40.

[136] 谭明交．农村一二三产业融合发展：理论与实证研究 [D]．武汉：华中农业大学，2016.

[137] 唐向红．利用外资发展中国现代农业的思考 [J]．农业经济问题，2011，32（9）：43-46.

[138] 陶长琪，刘振．土地财政能否促进产业结构趋于合理——来自我国省级面板数据的实证 [J]．财贸研究，2017，28（2）：54-63.

[139] 陶涛，樊凯欣，朱子阳．数字乡村建设与县域产业结构升级——基于电子商务进农村综合示范政策的准自然实验 [J]．中国流通经济，2022，36（5）：3-13.

[140] 田伟，杨璐嘉，姜静．低碳视角下中国农业环境效率的测算与分析——基于非期望产出的 SBM 模型 [J]．中国农村观察，2014，（5）：59-71，95.

[141] 汪涛，周玲，周南，等．来源国形象是如何形成的？——基于美、印消费者评价和合理性理论视角的扎根研究 [J]．管理世界，2012（3）：113-126.

[142] 王宝义，张卫国．中国农业生态效率的省际差异和影响因素——基于1996-2015年31个省区的面板数据分析 [J]．中国农村经济，2018，397（1）：46-62.

[143] 王朝辉. 产业融合拓展旅游发展空间的路径与策略 [J]. 旅游学刊, 2011, 26 (6): 6-7.

[144] 王琛. 基于虚拟联盟的装备制造业与生产性服务业融合机制研究 [D]. 哈尔滨: 哈尔滨理工大学, 2021.

[145] 王春蕾, 韩建华. 多措并举, 推动农旅融合高质量发展 [J]. 河北农业, 2022 (7): 22-23.

[146] 王海军, 张彬, 刘耀林, 等. 基于重心—GTWR 模型的京津冀城市群城镇扩展格局与驱动力多维解析 [J]. 地理学报, 2018, 73 (6): 1076-1092.

[147] 王晶晶, 周发明. 农旅融合发展对农业生态效率的影响效应 [J]. 湖南农业大学学报 (社会科学版), 2021, 22 (2): 50-56.

[148] 王晶晶, 周发明, 谢超颖. 中国旅游产业减贫的空间溢出效应的实证检验 [J]. 统计与决策, 2021, 37 (8): 107-111.

[149] 王举颖, 石潇, 李志刚. 现代化海洋牧场的海洋产业筛选与融合机制——基于扎根理论的多案例研究 [J]. 管理案例研究与评论, 2021, 14 (4): 383-395.

[150] 王坤, 黄震方, 余凤龙, 等. 中国城镇化对旅游经济影响的空间效应——基于空间面板计量模型的研究 [J]. 旅游学刊, 2016, 31 (5): 15-25.

[151] 王丽芳. 山西省农业与旅游业融合的动力机制与发展路径 [J]. 农业技术经济, 2018, 276 (4): 136-144.

[152] 王灵恩, 何露, 成升魁, 等. 驱动因素视角的我国农业旅游发展模式与策略研究 [J]. 中国生态农业学报, 2012, 20 (6): 681-687.

[153] 王玲. 江苏省农村产业融合水平测度与区域差异分析 [J]. 农业经济, 2017, 361 (6): 21-22.

[154] 王明康, 刘彦平. 休闲农业发展对城乡收入差距的非线性效应研究——基于中国 249 个县域的面板数据 [J]. 农业技术经济, 2019, 285 (1): 40-53.

[155] 王其藩. 系统动力学 [M]. 北京: 清华大学出版社, 1994.

[156] 王琪延, 张家乐. 国内外旅游业和农业融合发展研究 [J]. 调研世界, 2013, 234 (3): 61 - 65.

[157] 王圣云, 林玉娟. 中国区域农业生态效率空间演化及其驱动因素——水足迹与灰水足迹视角 [J]. 地理科学, 2021, 41 (2): 290 - 301.

[158] 王肖惠, 杨海娟, 王龙升. 陕西省农村基本公共服务设施均等化空间差异分析 [J]. 地域研究与开发, 2013, 32 (1): 152 - 157.

[159] 王昕坤. 产业融合——农业产业化的新内涵 [J]. 农业现代化研究, 2007 (3): 303 - 306, 321.

[160] 王昕宇, 马昱. 农村基础设施建设减贫效应研究——基于面板平滑转换模型的实证分析 [J]. 农村经济, 2020, 449 (3): 47 - 53.

[161] 王艳君, 谭静, 雷俊忠. 农业与其服务业间产业融合度实证研究——以四川省为例 [J]. 农村经济, 2016, 410 (12): 82 - 87.

[162] 王莹, 许晓晓. 社区视角下乡村旅游发展的影响因子——基于杭州的调研 [J]. 经济地理, 2015, 35 (3): 203 - 208.

[163] 王玉婷. 苏州市农旅融合演进研究 [D]. 苏州: 苏州科技大学, 2016.

[164] 危浪, 桂学文. 农业与旅游产业融合发展的系统动力学分析 [J]. 数学的实践与认识, 2020, 50 (19): 261 - 268.

[165] 魏玲丽. 生态农业与农业生态旅游产业链建设研究 [J]. 农村经济, 2015 (10): 84 - 88.

[166] 吴明隆. 问卷统计分析实务——SPSS 操作与应用 [M]. 重庆: 重庆大学出版社, 2018.

[167] 吴小立, 胡新艳. 农民创业的跨层次嵌入与乡村旅游资源的适应性协同管理 [J]. 华中农业大学学报 (社会科学版), 2017 (4): 132 - 138, 151.

[168] 吴雪飞, 赵磊. 旅游业是产业结构变迁的动力吗? ——来自中国的经验证据 [J]. 旅游科学, 2019, 33 (5): 80 - 103.

[169] 习近平. 摆脱贫困 [M]. 福州: 福建人民出版社, 1992.

[170] 席晓丽. 产业融合与我国多功能农业建设初探 [J]. 福建论坛

（人文社会科学版），2007，184（9）：20-23.

[171] 夏杰长，徐金海．中国旅游业与农业融合发展的实证研究 [J]．经济与管理研究，2016，37（1）：77-83.

[172] 向从武．贫困地区农旅融合发展的现实困境及对策研究 [J]．农业经济，2018（11）：35-37.

[173] 向艺，郑林，王成璋．旅游经济增长因素的空间计量研究 [J]．经济地理，2012，32（6）：162-166.

[174] 肖宏伟，易丹辉．基于时空地理加权回归模型的中国碳排放驱动因素实证研究 [J]．统计与信息论坛，2014，29（2）：83-89.

[175] 徐虹，康晓梅，李敏．旅游经济学 [M]．北京：首都经济贸易出版.2008.

[176] 许金富，陈海春．中国体育产业与旅游产业发展耦合关联性测度及空间相关分析 [J]．山东体育学院学报，2020，36（1）：9-16.

[177] 许朗，罗东玲，刘爱军．中国粮食主产省（区）农业生态效率评价与比较——基于 DEA 和 Malmquist 指数方法省略 [J]．湖南农业大学学报（社会科学版），2014，15（4）：76-82.

[178] 薛艺君．互联网发展对农村居民文化消费的影响研究——基于动态面板的 GMM 分析 [J]．农业经济，2022（6）：82-85.

[179] 杨阿莉．从产业融合视角认识乡村旅游的优化升级 [J]．旅游学刊，2011，26（4）：9-11.

[180] 杨歌谣，周常春，杨光明．农业和旅游业产业融合与农村贫困减缓的关系分析 [J]．统计与决策，2020，36（5）：81-86.

[181] 杨红，董耀武，尹新哲．欠发达地区产业结构调整的新路径：生态农业生态旅游业耦合产业发展模式 [J]．云南财经大学学报，2013，29（1）：149-152.

[182] 杨钧，罗能生．新型城镇化对农村产业结构调整的影响研究 [J]．中国软科学，2017（11）：165-172.

[183] 杨培源．农业功能拓展与城乡融合 [J]．中共福建省委党校学报，2012（9）：57-61.

［184］杨启智，向银．乡村旅游对农民收入的贡献研究——基于成都市的实证分析［J］．经济问题，2012（9）：123－125.

［185］杨书杰．各地有序重启乡村休闲旅游市场，乡村旅游产业已基本恢复［EB/OL］．https：//news. cctv. com/2020/09/18/ARTIJmskBibWRomEEP0.2020－09－18.

［186］杨珧，王川．基于AHP－模糊综合评价法的农旅融合度分析——以恩施贡水白柚产业为例［J］．中国农业资源与区划，2021，42（1）：220－230.

［187］杨振杰，刘笑笑．中华人民共和国农村公共服务供给70年回顾与展望［J］．湖北民族学院学报（哲学社会科学版），2019，37（3）：29－35.

［188］杨治．产业经济学导论［M］．北京：中国人民大学出版社，1985.

［189］姚海琴．乡村旅游业发展对农村劳动力就业的影响研究［D］．杭州：浙江大学，2014.

［190］姚林香，欧阳建勇．我国农村公共文化服务财政政策绩效的实证分析——基于DEA－Tobit理论模型［J］．财政研究，2018（4）：86－97.

［191］叶初升，惠利．农业生产污染对经济增长绩效的影响程度研究——基于环境全要素生产率的分析［J］．中国人口·资源与环境，2016，26（4）：116－125.

［192］叶锋，马敬桂，胡琴．产业融合发展对农业全要素生产率影响的实证［J］．统计与决策，2020，36（10）：87－91.

［193］叶露，李玉萍，梁伟红，等．投入产出视角下海南省农业与旅游业融合发展研究［J］．热带农业科学，2018，38（5）：103－108.

［194］叶云，汪发元，裴潇．信息技术产业与农村一二三产业融合：动力、演进与水平［J］．农业经济与管理，2018（5）：20－29.

［195］易信，刘凤良．金融发展、技术创新与产业结构转型——多部门内生增长理论分析框架［J］．管理世界，2015（10）：24－39，90.

[196] 尹利民. "在场"抑或"缺席": 农村公共服务中的乡镇政权——基于赣中地区 A 乡的调查与分析 [J]. 甘肃行政学院学报, 2011 (3): 23 – 31, 127.

[197] 于洪雁, 王群勇, 张博, 等. 中国旅游供需耦合协调发展的空间分异及驱动机制研究 [J]. 地理科学, 2020, 40 (11): 1889 – 1898.

[198] 袁庆明. 新制度经济学 [M]. 上海: 复旦大学出版社, 2019.

[199] 袁中许. 乡村旅游业与大农业耦合的动力效应及发展趋向 [J]. 旅游学刊, 2013, 28 (5): 80 – 88.

[200] 原农业部. 国家旅游局关于开展全国休闲农业与乡村旅游示范县和全国休闲农业示范点创建活动的意见 [EB/OL]. http://www.moa.gov.cn/nybgb/2010/dbq/201806/. 2010 – 08 – 20.

[201] 臧铖, 冼国明, 初晓. 外资开放、市场分割与产业升级——基于双循环新发展格局视角的探讨 [J]. 南方经济, 2022 (7): 69 – 86.

[202] 臧旭恒. 产业经济学 (第五版) [M]. 北京: 经济科学出版社, 2015.

[203] 张兵, 翁辰. 农村金融发展的减贫效应——空间溢出和门槛特征 [J]. 农业技术经济, 2015 (9): 37 – 47.

[204] 张进伟. 基于产业融合的传统农业与乡村旅游互动发展模式 [J]. 农业经济, 2016, 345 (2): 101 – 102.

[205] 张菊梅. 农村公共服务供给的模式与革新 [J]. 南昌大学学报 (人文社会科学版), 2021, 52 (1): 76 – 83.

[206] 张珺, 张妍. 基于灰色系统理论的生态农业与生态旅游业耦合协调度测算分析——以湖南省为例 [J]. 生态经济, 2020, 36 (2): 122 – 126, 144.

[207] 张开云. 农村公共产品供给效率的影响因素分析与路径构建 [J]. 东岳论丛, 2009, 30 (6): 134 – 136.

[208] 张肃. 中国城镇居民信息消费的空间相关性与影响因素分析——基于动态空间杜宾面板模型的实证研究 [J]. 数据分析与知识发现, 2017, 1 (5): 52 – 61.

[209] 张婷婷, 李政. 我国农村金融发展对乡村振兴影响的时变效应研究——基于农村经济发展和收入的视角 [J]. 贵州社会科学, 2019 (10): 159 – 168.

[210] 张莞. 乡村振兴战略下民族地区农旅融合提升发展研究 [J]. 农业经济, 2019 (4): 44 – 46.

[211] 张文建. 农业旅游 – 产业融合与城乡互动 [J]. 旅游学刊, 2011, 26 (10): 11 – 12.

[212] 张文彤. SPSS 统计分析基础教程 (第 3 版) [M]. 北京: 高等教育出版社, 2017.

[213] 张新成. 文化和旅游产业融合质量评价及空间溢出效应研究 [D]. 西安: 西北大学, 2021.

[214] 张义博. 农业现代化视野的产业融合互动及其路径找寻 [J]. 改革, 2015, 252 (2): 98 – 107.

[215] 张莹. 农业与旅游业互动发展研究 [D]. 济南: 山东师范大学, 2006.

[216] 张佑印, 顾静. 天津滨海新区旅游市场空间结构及游客行为研究 [J]. 干旱区资源与环境, 2013, 27 (6): 191 – 197.

[217] 张祝平. 乡村振兴背景下文化旅游产业与生态农业融合发展创新建议 [J]. 行政管理改革, 2021 (5): 64 – 70.

[218] 章艳秋. 产业结构升级对西部地区农村剩余劳动力转移的影响研究——基于西部 12 省 2000 – 2019 年面板数据分析 [J]. 农村经济, 2022 (7): 136 – 144.

[219] 郑群明. 城乡统筹发展应重视乡村旅游的作用 [J]. 旅游学刊, 2011, 26 (12): 11 – 12.

[220] 植草益. 信息通讯业的产业融合 [J]. 中国工业经济, 2001 (2): 24 – 27.

[221] 钟漪萍, 唐林仁, 胡平波. 农旅融合促进农村产业结构优化升级——以全国休闲农业与乡村旅游示范县为例 [J]. 中国农村经济, 2020, 427 (7): 80 – 98.

［222］周芳，朱朝枝. 农村三产融合的动态演进路径分析——基于扎根理论的研究方法［J］. 福建论坛（人文社会科学版），2021，347（4）：92 – 103.

［223］周蕾，段龙龙，王冲. 农业与旅游产业融合发展的耦合机制——以四川省为例［J］. 农村经济，2016（10）：40 – 45.

［224］周鹏飞，沈洋，李爱民. 农旅融合能促进农业高质量发展吗——基于省域面板数据的实证检验［J］. 宏观经济研究，2021（10）：117 – 130.

［225］周强. 经济增长、城镇化与旅游产业发展对城乡收入差异的影响——基于省级空间面板数据的实证研究［J］. 现代城市研究，2019（2）：60 – 68.

［226］朱湖英，杨洪. 武陵山片区农业与旅游业的共生关系研究［J］. 中国农学通报，2015，31（29）：259 – 266.

［227］朱启臻. 农业社会学［M］. 北京：社会科学文献出版社，2009.

［228］宗锦耀. 农村一二三产业融合发展理论与实践［M］. 北京：中国农业出版社，2017.

［229］左冰，杨艺. 旅游产业关联结构及其经济贡献研究——以广东省为例［J］. 旅游学刊，2021，36（4）：14 – 30.

［230］Alfonso G, Salvatore T. Does technological convergence imply convergence in markets? Evidence from theelectronics industry［J］. Research Policy，1998（27）：445 – 463.

［231］Anselin L. Interactive techniques and exploratory spatial data analysis［C］. //Paula L, Michael F G, David J M, et al. Geographical information systems, principles, technical issues, management issues and applications. New York：John Wiley & Sons, Inc. , 1999.

［232］Baldock D, Beaufoy G, Bennett G. Nature Conservation and New Direction in the EC Common Agricultural Policy［A］. London, Arnhem, Institute for European Environmental Policy（IEEP），1993.

［233］Barbieri C. Assessing the sustainability of agritourism in the US: a comparison between agritourism and other farm entrepreneurial ventures ［J］. Journal of Sustainable Tourism, 2013, 21 (2): 252 – 270.

［234］Barrios R G, Luis G B. Environmental and Technological Degradation in Peasant Agriculture: A Consequence of Development in Mexico ［J］. World Development. 1990, 18: 1569 – 1585.

［235］Baumol W. J. Macroeconomics of unbalanced growth: the anatomy of urban crisis ［J］. The American review, 1967, 57 (3): 415 – 426.

［236］Belletti G. The Socio – Economic Impact of Rural Development Policies: Realities and Potentials Project ［A］. Brussels, EU Fair CT4288, 2002.

［237］Cai J N, Leung P S, Mak J. Tourism's Forward and Backward Linkages ［J］. Journal of Travel Research, 2006, 45 (1): 36 – 52.

［238］Campbell E G, Weissman J S, Ehringhaus S. Institutional Academic-industry Relationships ［J］. American Medical Association, 2007, 298 (15): 1779 – 1786.

［239］ChenY Y, Thomas D, Zhang D C. Agritourism initiatives in the context of continuous out-migration: 3 comparative perspectives for the Alps and Chinese mountainregions ［J］. Sustainability, 2019 (11): 44 – 61.

［240］Elorst J. Specification and Estimation of Spatial Panel Data Models ［J］. International Regional Science Review, 2003, 26 (3): 244 – 268.

［241］European Commission. Green paper on the convergence of the telecommunications, media and information technology sectors, and the implications for regulation ［R］. http: //www. ispo. cec. be, 1997.

［242］Fagioli F F. Diotallevi F; Ciani A. Strengthening the sustainability of rural areas: The role of rural tourism and agritourism ［J］. Review of Agriculture Economy. 2014, 69: 155 – 169.

［243］Finocchio R, Esposti R. Determinants of farm diversification and interaction with the CAP. An application to FADN of Marche region (Italy) ［A］. In: Proceedings 12th Congress of the European Association of Agriculture Economics EAAE, Ghent, Belgium, August 26 – 29, 2008.

[244] Glaser B, Strauss A L. The discovery of grounded theory: Strategies for qualitative research [J]. Nursing Research, 1968, 17 (4): 364.

[245] González A, Terasvirta T, Dijk V. Panel smooth transition regression models [R]. Stockholm: Stockholm School of Economics, 2005.

[246] Greenstein S, Khanna T. What does industry convergence mean [A]//In: Yoffie, D (ed.): Competing in the age of digital convergence [C]. Boston, 1997: 201 – 226.

[247] Hori T, Ikefuj M, Mino K. Conformism and structural change [J]. International economic review, 2015, 56 (3): 939 – 961.

[248] Hutanaserani S, Roumasset J. Institutional Change and the Demographic Transition in Rural Thailand [J]. Economic Development and Cultural Change 1992, 40: 75 – 100.

[249] Im K, Pesaran M H, Shin Y. Testing for unit roots in heterogeneous panels. Journal of Econometrics, 2003: 115 (1), 53 – 74.

[250] Kitahara E. The direction of rural development policies in Japan [J]. Future of Rural Policy: From Sectoral to Place – Based Policies in Rural Areas, 2003, 1 (1): 61 – 75.

[251] Kuznets S. "Quantitative Aspects of the Economic Growth of Nations: VIII. Distribution of Income by Size" [J]. Economic Development and Cultural Change, 1963, 11 (2): 1 – 80.

[252] Lane, B. Sustainable Rural Tourism Strategies: A Tool for Development and Conservation', in B. Bramwell and B. Lane (eds) Rural Tourism and Sustainable Rural Development, Clevedon: Channel View Publications, 1994, 102.

[253] Manuela P A, Domenica G D, Antonello P. Life cycle of agrotouristic firms in Sardinia [J]. Tourism Management, 2006 (27): 1006 – 1016.

[254] Matsuyama K. Agricultural productivity, comparative advantage, and economic growth [J]. Journal of Economic Theory, 1992, 58 (2): 317 – 334.

［255］Menghini S, Sottini V A, Marinelli N, et al. Multifunctional diversification for the Italian wine producers: the state of the art in the adoption of deepening strategies ［A］. In: Proceedings 8th International Conference of Academy of Wine Business Research, Geisenheim, Germany, June 2014.

［256］OECD. Multifunctionality: The Policy Implications ［M］. Organisation for Economic Co-operation and Development. OECD Publications, 2003.

［257］Phillip S, Colin H, Kirsty B. A typology for defining agritourism Tourism Management, 2010, 31: 754 - 758.

［258］Renting H, Rossing W A, Groot J C, et al. Exploring multifunctional agriculture: A review of conceptual approaches and prospects for an integrative transitional framework ［J］. Journal of Environmental Management, 2009, 90: 112 - 123.

［259］Ringkar S, Teddy T, Arnold J. Friend or Foe? The complex relationship between indigenous people and policymakers regarding rural tourism in Indonesia ［J］. Journal of Hospitality and Tourism Management, 2019 (39): 20 - 29.

［260］Rosenberg N. Technological change in the machine tool industry: 1840 - 1910 ［J］. The Journal of Economic History, 1963, 23: 414 - 446.

［261］Schilling B. , Sullivan K. , Komar, S. Examining the economic benefits of agritourism: the case of New Jersey ［J］. Journal of Agriculture, Food Systems, and Community Development, 2012 (3): 199 - 214.

［262］Shishir R. The Many Benefits of Agro-tourism, Bangladesh Economic Association ［J］. Destination Marketing & Management, 2017, 23 (3): 20 - 27.

［263］Streifeneder T. Agriculture first: assessing European policies and scientific typologies to define authentic agritourism and differentiate it from countryside tourism ［J］. Tourism Management Perspect, 2016, 20: 251 - 264.

［264］Tew C. , Barbieri C. The perceived benefits of agritourism: The provider's perspective. Tourism Management, 2012, 33 (1): 215 - 224.

[265] Tiba S. Modeling the nexus between resources abundance and economic growth: An overview from the PSTR model [J]. Resources Policy, 2019, 64 (May).

[266] Torres R. Linkages between tourism and agriculture in Mexico [J]. Annals of Tourism Research, 2003, 30 (3): 546 –556.

[267] Torres R. , Momsen J. Challenges and potential for linking tourism and agriculture to achieve PPT objectives [J]. Progress in Development Studies, 2004, 4 (4): 294 –318.

[268] UNCED. Agenda 21d An Action Plan for the Next Century [A]. United Nations Conference on Environment and Development, New York, 1992.

[269] Van der Ploeg J, Roep D. Multifunctionality and rural development: the actual situation in Europe [M]. In: van Huylenbroeck G. , Durand G. (eds): Multifunctional Agriculture. A New Paradigm for European Agriculture and Rural Development. Hampshire, UK, Ashgate Publishing. 2003. van der Ploeg J D, Long N, Banks J, 2002.

[270] Van Sandt, A. , & McFadden, D. T. Diversification through agritourism in a changing US farmscape [A]. Western economics forum: Western Agricultural Economics Association, 2016.

[271] Veeck G. , Hallett I. , Che D, et al. The economic contributions of agricultural tourism in Michigan [J]. Geographical Review, 2016 (10): 421 –440.

[272] West O, Marland G. A synthesis of carbon sequestration, carbon emissions, and net carbon flux in agriculture: comparing tillage practices in the United States [J]. Agriculture Ecosystems and Environment, 2002 (1): 217 –232.

后　记

　　本书是在笔者博士论文基础上修改而成的，在此衷心感谢导师周发明教授的谆谆教诲。老师开阔的视野、敏捷的思维、渊博的知识引领着我一步步走出幽暗昏惑。感谢湖南农业大学经济学院各位老师在学业上的悉心指导，感谢工作单位湖南人文科技学院朱强教授以及各位同事在工作中给予的大力支持和无私帮助。

　　感谢生命中的每一次遇见，师长们的指导和亲友们的关爱我将终生铭记。感谢这个伟大的时代，让普通人家的孩子也可以自由地追逐梦想。感谢伟大的祖国，为我们创造了和平盛世，让我们能够幸福平安地工作、学习和生活。

　　漫漫前路，愿以感恩之心，砥砺前行，不负韶华。千淘万漉虽辛苦，但相信吹尽狂沙始到金。